AMORica Latina

Mein Kontinent – mein Körper

Erotische Texte lateinamerikanischer Autorinnen

Herausgegeben und übersetzt von

Erna Pfeiffer

Wiener Frauenverlag

CIP-Titelaufnahme in der Deutschen Bibliothek:
ISBN: 3-900399-50-6
Amorica Latina
Mein Kontinent – mein Körper. Erotische Texte
lateinamerikanischer Autorinnen
Hrsg. u. übers. aus d. Span. v. Pfeiffer, Erna
1991

Umschlaggestaltung: Diana Voigt
unter Verwendung eines Bildes von Emma Pineiro
Lektorat: Diana Voigt
Datenkonvertierung: PCG, Wien
technische Beratung: Gustav Freudmann
Druck: WIENER VERLAG, Himberg
technische Beratung: Rudolf Leonardelli

ISBN: 3-900399-50-6

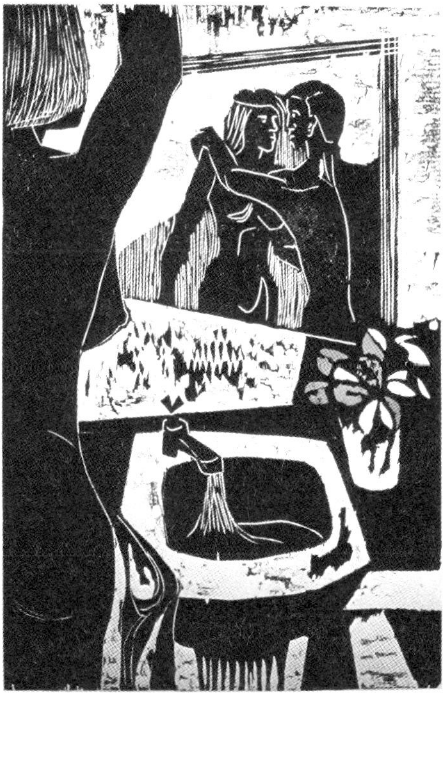

Vorwort

Erna Pfeiffer

Vorwort

Jede Auswahl ist ein Wagnis Jede Übersetzung ist ein Wagnis.

Welches Wagnis dann erst die Übersetzung einer Auswahl... Einer Auswahl von Texten, deren Selektionskriterien ich nicht wissenschaftlich begründen kann. Die einzige Basis, auf die ich mich bei meinen einsamen Entscheidungen stützte, war: „Erlaubt ist, was (mir) gefällt". Vergessen alles, was ich an der Schule, an der Universität, im akademischen Betrieb an Wertungsskalen gelernt hatte.

Zudem waren es ja Texte von Frauen, erotische Texte obendrein. Dafür fühlt sich die traditionelle Literaturwissenschaft ohnehin nicht zuständig. „Frauenliteratur" sei kein wissenschaftlicher Terminus, hatte man mir erst vor zwei Jahren schmerzlich klargemacht, als ich diesen Ausdruck als Titel für ein Proseminar wählen wollte. Da denke doch jeder gleich an Abtreibung, Scheidung, Geburtenkontrolle..., wie solle man dabei Techniken der literarischen Interpretation lernen? Und nun auch noch Erotik, Sexualität womöglich gar. Nein, besser kein Einlassen auf den tradierten Kanon. Wir befinden uns auf extraterritorialem Gebiet, abseits der „literatura consagrada". Kein Zufall, daß hier Ausdrücke wie aus Heiligenlitaneien verwendet werden. „Autores consagrados" – geheiligte Autoren –, nein, die sind's nicht, die hier zur Sprache kommen. Ganz im Gegenteil: irreverente, subversive, aufmüpfige Stimmen – „Las alborotadas" – Weibs-Stücke eben, Körper-Sprache, Bekenntnisse der „anderen Lippen"...

Wie es zu diesem Buch gekommen ist: Eines Tages war mir aufgefallen, wie anders Texte von Frauen – insbesondere Texte lateinamerikanischer Frauen – zum Thema Erotik sind. Wir kennen sie doch alle, die Texte der Nobelpreisträger, der Träger des Exotik- und Machismo-Boom, die der lateinamerikanischen Literatur zu diesem sagenhaften Höhenflug (auch der Verkaufszahlen) speziell im nüchternen, coolen Mitteleuropa verholfen haben. Gerade in unserem enterotisierten Ambiente lückenlos vollzogener Sexrevolution keimten offensichtlich Sehnsüchte nach dem Ganz-anderen, nach dem urwüchsig-heißblütigen Samba-Salsa-Tango-Paradies, wo eben die Männer noch richtige Männer sind und Frauenherzen noch gekonnt gebrochen werden. Wer dies suchte, konnte doch wahrhaft fündig werden in Werken wie *Das Labyrinth der Einsamkeit* (Octavio Paz), *Die verlorenen Schritte* (Alejo Carpentier), *Hundert Jahre Einsamkeit* (Gabriel García

Márquez) oder *Rayuela* (Julio Cortázar). Doch als Frau sich in Texten wiederzufinden, wo es etwa hieß:
„Am Anfang war die Kopula, vergewaltigen ist erklären“ (Rayuela)
– unmöglich!

Und dann entdeckte ich sie plötzlich, diese anderen Texte, die die fehlende Visionen beisteuerten: Zufällig, auf einem (wie konnte es anders sein) Frauenkongreß in Puerto Rico 1987, hörte ich zwei junge Costarikanerinnen Gedichte von Ana Istarú deklamieren:

„Meine Klitoris leuchtet auf
in den Bärten der Nacht
wie ein Blütenblatt aus Lava,
wie ein ungeheures Auge,
welches das Glück überkommt
[...]
Der Uterus vergißt
sein trautes Heim. Er entfesselt
die Saiten des Raums.“

Auch in mir hatte sich etwas entfesselt; nämlich die Neugier auf mehr Kostproben solcher Texte, und ich begann systematisch zu suchen. Auf demselben Kongreß hatte ich Luisa Valenzuela kennengelernt, deren *Waffentausch* mir kalte Schauer über den Rücken jagte, in dieser „perversen“ (?) Kombination von politischer und sexueller Gewalt, wie sie Frauen in Lateinamerika tagtäglich ausgesetzt sind. „Mein Kontinent – mein Körper“, nie war mir die Verflechtung bewußter geworden als bei der Lektüre dieses meisterlich geschriebenen und doch so grausigen Textes (der im übrigen, wie ich später erfuhr, auf einer wahren Geschichte beruht). Den Sommer 1989 verbrachte ich in Mexiko, und bald wurde mir klar, daß dieses Land, zusammen mit Argentinien, das „Eldorado“ der erotischen Frauenliteratur darstellt. Kaum eine namhafte Schriftstellerin oder Dichterin, die sich nicht mit dieser Thematik befaßt hätte, und zwar nicht eben zimperlich, in einer direkten Benennung, die der „mujer decente“, der „anständigen Frau“ in Lateinamerika jahrhundertelang strengstens verwehrt gewesen war. Jedes (wiedergewonnene) Wort war hier Verletzung eines uralten Tabus, Befreiung von Denk- und Aussprechverboten. Bald begann ich umgekehrt über die vorgefundenen (und auch in dieser Anthologie sichtbar werdenden) Lücken nachzudenken: Warum gab es in Bolivien, in Paraguay, in Honduras, überhaupt in Zentralamerika[1] und den Andenländern kaum bis gar keine erotische Literatur von Frauen? War es ein Informationsdefizit meinerseits oder gab es spezifische Gründe dafür? Mein vorläufiger Erklärungsversuch dafür lautet, daß in von akuter Gewalttätigkeit, Bürgerkrieg, Violencia, Drogenszene, politischen Morden und Folter gekennzeichneten Gesellschaften einerseits der dringende „Bedarf" auf einer anderen Ebene liegt – „Testimonio-Literatur", „literatura de denuncia" angesagt ist –, zum anderen unter den Bedingungen einer Diktatur bzw. diktatorischen Pseudo-Demokratien auch die äußeren Umstände nicht günstig sind für die Veröffentlichung von „gefährlichen", weil in gewisser Hinsicht ja auch – und besonders – subversiven Texten. Teilweise machte ich dann die Erfahrung, daß gerade politisch engagierte Schriftstellerinnen (denen der Zusammenhang: „lo privado es político" aufgegangen war) oft in der berühmten Schublade erotische Texte hatten, deren Publikation unter Umständen noch brisanter gewesen wäre als jene von Texten über politische Gewalt.

Was nun die Übersetzungen betrifft, so möchte ich gerne – in Abwandlung eines Gedichts von Leopold Schefer, das mir jemand einst ins Stammbuch geschrieben hat – ein Motto vorstellen, das ich beim Übersetzen zu beherzigen versuche:

> „Aus lauter kleinen Dingen
> besteht der Text, bestehen alle Texte,
> besteht das Leben.
> An jedes wende du dein ganz Gemüt,
> die ganze Seele, alle Lieb' und Treu."

Übersetzerische Treue ist ja etwas Wichtiges, doch erst bei dieser Anthologie merkte ich, wie schwierig es war, viele kleine Texte von vielen verschiedenen Autorinnen zu bearbeiten und doch an jeden einzelnen mein „ganz Gemüt" zu wenden. Normalerweise, wenn man einen längeren Roman oder auch einen ganzen Gedicht- oder Erzählband ein- und derselben Quelle übersetzt und nicht ein gänzlich unsensibler Klotz ist,

1 Mit Ausnahme von Nikaragua – hier hatte sich Gioconda Belli mit ihren wunderschönen, allerding bereits ins Deutsche übersetzten Gedichten hervorgetan. In Guatemala stieß ich auf Ana María Rodas, deren Lyrik der Wiener Erich Hackl demnächst in deutscher Übersetzung herausbringen will.

versetzt man sich nach einer gewissen Zeit in die Mentalität der Autorin oder des Autors, man identifiziert sich mit ihr oder ihm, entdeckt gewisse Gemeinsamkeiten und „lebt“ im Idealfall ganz im jeweiligen Text. So war es mir zumindest ergangen, als ich *Tristana* von Galdós übersetzt hatte: Nicht nur, daß ich mich mit der Titelheldin kräftig identifizieren konnte, zu meiner Überraschung entdeckte ich, daß der Autor auch dasselbe Geburtsdatum hatte wie ich etc. Bei siebenundzwanzig Texten von siebenundzwanzig verschiedenen Autorinnen aus den verschiedensten lateinamerikanischen Ländern – von Puerto Rico bis Argentinien – war das nahezu ein Ding der Unmöglichkeit. Wollte ich nicht in siebenundzwanzigfacher Schizophrenie enden, mußte ich hier einige Abstriche machen. Und doch war es faszinierend, vom argentinischen Spanisch ins Mexikanische zu hüpfen, heißen Karibikflair mit dünner Andenatmosphäre zu vertauschen, sensiblen Künstlerinnen des symbolhaften Verbrämens sogenannter „anstößiger“ Begriffe ebenso zwischen die Zeilen zu folgen wie couragierten Vorprescherinnen in verbotene Bezirke der „unflätigen“ Ausdrücke. Teilweise mußte ich mir, da ich doch als wohlerzogene Österreicherin auch nicht gerade sattelfest in der Huren- und Zuhältersprache war, erst einschlägige Wörterbücher und Literatur zulegen (Bornemann und Mutzenbacher sei Dank) und meinen Sprachschatz um diese Dimension erweitern. Andere Schwierigkeiten entstanden durch die Tatsache, daß das Geschlecht des Sprechers bzw. der Sprecherin im Spanischen sehr einfach durch die männlichen bzw. weiblichen Endungen von Adjektiven und Substantiven markiert werden kann: Ein -o wird in ein -a verwandelt, und schon entstehen Fügungen wie „amora“, „cuerpa“, „salvaja“ und Ähnliches. Im Deutschen würde dies manchmal etwas gekünstelt klingen, und so habe ich auf Markierungen wie „Die Wild*in*“ für „salvaja“ verzichtet, weil es sich nicht k(r)ampflos ergeben hätte und womöglich auch nicht verstanden würde. Die WortklauberInnen mögen es mir verzeihen...

Lange schlaflose Nächte habe ich damit verbracht, mir eine sinnvolle Unterteilung der einzelnen Beiträge zu überlegen: Eine Gliederung nach Themen hätte streckenweise gewaltsam hingebogen gewirkt, eine Reihung nach dem Geburtsdatum der Autorinnen erschien mir pietätlos, und so habe ich mich schließlich dazu entschlossen, die einzelnen Texte nach ihrem Erscheinungsdatum zu ordnen. So kann vielleicht annähernd die Entwicklung nachvollzogen werden, die sich in unserem Jahrhundert – bei all den zwischendurch auftretenden Lücken – in der lateinamerikanischen Frauenliteratur abgespielt hat, obwohl auch hier wieder gilt, daß die Texte etwa einer Alfonsina Storni an Radikalität der Gedanken und Empfindungen denen unserer Zeitgenossinnen um nichts nachstehen.

Zusammen mit der großen Delmira Agustini bildet sie den Auftakt der – wie ich sie genannt habe – „früh(reif)en Lyrikerinnen", die unser Jahrhundert mit neuen Glocken (oder Kelchen) einläuten. So verfremdet etwa Delmira den im Symbolismus und Modernismus häufig als Symbol der Reinheit und Keuschheit gebrauchten Schwan zu einem erotisch besetzten Objekt des Verlangens; eindeutig ist hier die Perspektive bereits die der in Liebesdingen aktiven Frau – völlig im Gegensatz etwa zur herkömmlichen Opferrolle im Mythos von Leda mit dem Schwan. Auch Alfonsina Storni wechselt in ihrem berühmten Gedicht vom „kleinen Männchen" die herkömmliche Rollenverteilung: Die sprichwörtliche „Halbstundenliebe" wird hier von der spröden Liebhaberin praktiziert, nicht etwa von einem männlichen Bordellbesucher; klarerweise wischt sie so „zweitausend Jahre" mit einem Federstrich hinweg, zweitausend Jahre scheinheiliger Konventionen und „falscher Schamesröte", die sie hiermit überwindet. Wichtig sind auch beider „Visionen", das „Träumen", das am Anfang jeglichen Begehrens steht.

Im zweiten Kapitel finden wir die „Vorprescherinnen" in der Prosa; zweifellos hätte zu ihnen auch die Chilenin María Luisa Bombal gehört, deren Werke jedoch bereits vollständig ins Deutsche übersetzt waren, so daß ich sie hier ausgeklammert habe. Ähnlich wie im Werk der Bombal ist es auch bei der kürzlich verstorbenen Inés Arredondo die schwüle, sinnliche Atmosphäre, die ihre Werke beherrscht und einen ersten Ansatz hinsichtlich Thematisierung des bisher Verbotenen bietet, wozu natürlich ganz besonders der Inzest gehört, der in Arredondos Erzählung *Sommer* zum ersten Mal aus dem Blickwinkel der ihren Sohn begehrenden Mutter zur Sprache kommt. Hier finden wir auch bereits den unverhohlen begehrlichen Blick auf den (jungen) männlichen Körper, der in seiner ekstatischen Schönheit, hier im Höhenflug eines gewaltigen Sprunges, verklärt erscheint. Während in dieser Erzählung noch einmal das Bewußtsein des Verbots über die Regungen des Unbewußten siegt, setzt sich María Luisa Mendozas Ausencia über sämtliche Konventionen hinweg. Nicht nur, daß sie die aktive Rolle in ihren leidenschaftlichen Liebesverhältnissen übernimmt, es findet auch eine Erotisierung der gesamten unbelebten Umwelt statt: So wird das Symbol der fortschrittsbewußten Zwanziger, der Zeppelin, als überdimensionales Phallussymbol angesehen und verherrlicht, auch die ganze Schilderung des Flugerlebnisses erinnert an Freudsche Interpretationen von „Erektionsträumen" (wie es in seiner Diktion heißt, denn weiblicher Orgasmus war hier ja noch nicht mitgedacht). Sicher bezeichnend für Mendozas Text sind die sexuellen Konnotationen der technischen Geräte und Errungenschaften, die uns – denkt man an den österreichischen „Auto-Erotismus" – ja auch nicht fremd sind. Rosario Ferré, die Dritte im Bunde dieses Abschnitts, bringt schließlich insofern eine entscheidende Zäsur, als hier zum ersten Mal ein Zusammenkitten des für Lateinamerika typischen, schizophrenen Frauenbildes versucht wird: Nicht Heilige *oder* Hure, Eva *oder* Maria, sondern beides in einem ist ihre Isabel, worauf schon die beiden Epigramme zu Beginn des Textes hinweisen. Gerade das ist der Autorin ja auch besonders angekreidet worden, denn Aussagen wie „unter jeder Dame der hohen Gesellschaft verbirgt sich eine Hure" wurden in ihrer sozialen Brisanz natürlich schnell erkannt (und bekämpft).

Das dritte Kapitel ist zeitgenössischen Texten der achtziger Jahre gewidmet, die sich durch immer größere Offenheit und positive Besetzung des Erotischen auszeichnen, daher auch der (von einer Gedichtsammlung der mexikanischen Lyrikerin Elsa Cross übernommene) Untertitel „Bacchantinnen". Den Auftakt macht hier Aline Pettersson, die einerseits zum ersten Mal in der mexikanischen Literatur ein homoerotisches Verhältnis zwischen Männern aus der Perspektive der an dem Dreiecksverhältnis beteiligten Frau schildert, zum anderen auch insofern eine Rollenumkehrung begeht, indem Virginia – die gar nicht mehr die in ihrem Namen anklingende Jungfräulichkeit verkörpert – den jungen Gabriel – auch er kein Erzengel mehr – in den Künsten der Liebe etwas matriarchalisch, wie eine bemutternde Glucke, unterweist. Schließlich ist sie es auch, die – mit einer unerwarteten Schwangerschaft, noch dazu von zwei „potentiellen" Vätern, konfrontiert – im Alleingang das Schicksal ihres Körpers und des darin heranwachsenden neuen Lebens reflektiert und letzten Endes auch bestimmt.

Die klassisch-zeitlose, fast würde ich sagen anakreontische Lyrik von Elsa Cross bringt einerseits eine Rückwendung zu alten, prähispanischen indianischen Mythen (die beileibe nicht so „aseptisch"-naiv waren, wie uns manchmal weiszumachen versucht wird; die IndianerInnen sind letztlich ja erst durch ihre Versklavung und Kolonialisierung ihrer Sexualität beraubt worden, man denke nur an die reichhaltigen erotischen

Skulpturen Perus oder Ekuadors). Andererseits erschien mir in ihren Gedichten die Überschreitung von Grenzen der Zeit, des Raumes und der Person wichtig, die im erotischen Erleben stattfindet und in letzter Konsequenz sozusagen zur kosmischen Einheit von Weiblich/Männlich, Ich und Du führt („Welcher Körper gehörte wem?" „Was war innen oder außen? Was war es nicht?"). Ana Istarú habe ich bereits als Schlüsselerlebnis bezüglich erotischer Texte lateinamerikanischer Autorinnen erwähnt. Ihr und Luisa Valenzuela gemeinsam ist die – absolut zulässige, ja notwendige – Verknüpfung von Politik und Sexualität, da ja auch Machismus eine Form der Ausbeutung und Unterdrückung darstellt; so hat neuerdings auch der alte, das Problem verschleiernde Widerspruch „Klassenkampf oder Feminismus" für die Frauenbewegung Lateinamerikas zu existieren aufgehört und sich die Erkenntnis durchgesetzt, daß erst in der fruchtbaren Kombination beider eine dauerhafte und tiefergehende Befreiung der Frau und des Mannes stattfinden kann.

Tragisch-komisch die Geschichte der *Señorita* von Gabriela Rábago, die zwar zu Beginn eine schwüle, sinnliche Atmosphäre der Begierde aufbaut, aber auch eine herbe Entzauberung jungfräulich-idealer Vorstellungen von Liebe bei dem ältlichen Fräulein vornimmt. Jungfernschaft als Belastung und Bürde, dies entspricht so gar nicht herkömmlichen Vorstellungen von Keuschheit als Tugend, und am Ende findet sich der Mann in der traditionell weiblichen Rolle der Prostituierten, Liebe zu einer käuflichen Ware degradiert. Nebenbei werden wir auch mit dem Drama der häßlichen Frau konfrontiert, denn „die Liebe gehört ausschließlich den schönen Frauen, stimmt's nicht?" Um käufliche Liebe, diesmal aus der Perspektive der alternden Bordellmutter, geht es auch in den „schwarzen Zimmern" der Ekuatorianerin Eugenia Viteri. Vargas Llosa-Fans geraten sicher in Versuchung, diesen Text auf eine Ebene mit dessen Roman „Der Hauptmann und sein Frauenbataillon zu setzen, und derartige Vergleiche mögen in Anbetracht der systematischen Organisation des als „Schule" (des Lebens?) etikettierten Hurenhauses naheliegen; die Unterschiede liegen zweifellos in der Perspektive, die hier eindeutig eine froschartige ist, aus dem Blickwinkel der alten, abgetakelten und sterbenskranken Floremilia, die sich in der Gewalt der Ärzte befindet, bzw. dem ihrer wehrlosen vierzehnjährigen Schwester, welche ihre ersten „Liebeserlebnisse" unter dem viel zu schweren, schwabbeligen Körper ihres „Hausherrn" macht, ewiges Drama sexueller Ausbeutung der lateinamerikanischen „Muchachas".

Isabel Garmas Text „Die Bilder mag vielleicht Illustration des André Hellerschen Bonmots „Die wahren Abenteuer sind im Kopf" darstellen; kontrapunktisch werden hier Innenwelt und Außenwelt, Imaginäres und Reales, Traumwelt der Frau und die nackte Wirklichkeit ineinander verflochten. Nelly Keoseyáns „Gesang an die Hindin stellt eine Hymne an die ideale, in der Hirschkuh verkörperte Liebe dar, zugleich auch eine Anspielung an ein Gedicht der berühmten mexikanischen Dichterfürstin des 17. Jahrhunderts, Sor Juana Inés de la Cruz (die ja selbst eines der tragischesten Frauenschicksale ihrer Zeit durchmachte); im Text der mexikanischen Nonne heißt es:

„Si ves el ciervo herido	„Siehst du den verletzten Hirsch,
que baja por el monte, acelerado,	der vom Berg herab kommt schnelle,
buscando, dolorido,	für seinen Schmerz in eilger Pirsch
alivio al mal en un arroyo helado,	Lindrung zu suchen in des Baches Helle,
y sediento al cristal se precipita,	darin er dürstend seine Nüstern kühlt;
no en el alivio, en el dolor me imita."	nicht Linderung, der Schmerz ist's, den er mit mir fühlt."

Und jede/r kennt wohl die Strophe aus „Guantanamera" von José Martí, wo der verwundete Hirsch auch eine männliche Figur (vielleicht die des Guerillero) ist; wie gesagt, geht im Spanischen die Verwandlung „ciervo" – „cierva" rasch und schmerzlos vor sich. Obwohl Nelly selbst meint, es sei ihr jedenfalls nicht absichtlich unterlaufen, halte ich auch die graphische Anordnung ihrer Gedichte für bezeichnend, da durch die Öffnungen der einzelnen Spalten sozusagen die weibliche Anatomie verkörpert erscheint, was durch den Gebrauch von Wörtern wie „öffnen", „Kluft", „Brunnen" noch zusätzlich unterstrichen wird. Auch Marjorie Agosíns Gedichttitel *Münder der Liebe, Geduld* und *Zelebration der Messer* sind in diesem Sinne programmatisch zu verstehen: Nur wo der Mann behutsam, geduldig und respektvoll vorgeht, kann der geschlechtliche Akt zu einem beiderseitigen Lusterlebnis werden, und selbst da noch herrschen Konnotationen von Schmerz, Verletztwerden und Durchdringen vor.

Rosamaría Roffiels Gedichte sind eines der wenigen Zeugnisse von sich bekennender Lesbenliteratur, die mir im lateinamerikanischen Raum untergekommen sind. In ihrem *Gesang an die Mona Lisa* versucht sie zudem ein von Männern geprägtes Stereotyp – das der lächelnden Frau – als erotisches Bild umzudeuten: das Geschlecht der Frau als ewiges

Lächeln ihrer „anderen" Lippen. Auch in María Rosario Andradas Lyrik finden wir eine Umarbeitung alter Mythen vor, diesmal den vom Paradies, das sozusagen durch Eros wiedergewonnen werden kann. Beeindruckend auch ihre Darstellung sexuellen Verlangens als eines brüllenden, gierigen Pumas – hier natürlich wiederum ein für Lateinamerika typisches Totemtier. In der Lyrik der Puertorikanerin Loreina Santos Silva finden wir schließlich den – zum Scheitern verurteilten – Versuch, in der Ekstase, im orgiastischen Erleben, einen „Ausflug" in die Ewigkeit zu machen, vergeblich, da auch „die Ekstase nicht unendlich dauern kann..."

Die drei kurzen Texte der Kolumbianerin Carmen Cecilia Suárez verstehe ich sozusagen als Trilogie der drei literarischen Hauptgattungen: ein prosaischer Text, in dem die „Geschichte" (Begegnung und Verlust) im Mittelpunkt steht; ein „lyrischer", insofern, als hier das subjektive Erleben der Protagonistin im Vordergrund steht, nämlich der „Traum" vom – sich letztlich als inexistent herausstellenden – nicht-machistischen Mann, und schließlich ein dramatischer Text (*Endlich!*), der die ganze Heuchelei einer Gesellschaft bloßlegt, in der (ideale) Liebe und Sex als unvereinbar dargestellt werden. Einen ähnlichen Ansatz bringt Ruth Bazante in ihrem Gedicht *Weiße Liebe*: Auch hier geht es um Überwinden des Schwarz-Weiß-Denkens bzw. um das unvermeidliche gegenseitige „Abfärben" konträrer Partner, wenn sie sich nur ernstlich aufeinander einlassen. Die Frau, die zu Beginn des Gedichtes als „still, leise und schwarz" dargestellt wird, nimmt im Verlaufe der Begegnung die „weiße" Farbe (des Überlegenen, vielleicht auch in bezug auf die herrschende, weiße Rasse) an und „bedunkelt" ihrerseits den Geliebten.

Die beiden folgenden Texte der Argentinierinnen Esther Andradi und Alicia Kozameh beschäftigen sich mit der kindlichen Sexualität und Erotik aus der Perspektive kleiner Mädchen im Vorschulalter. In beiden spielt die Mutter-Tochter-Beziehung, die mit Angstgefühlen und Verboten besetzt ist, eine große Rolle. Die Mutter erscheint hier als Bestrafende, Beschneidende, die aufkeimende sexuelle Neugier und Lust ihrer Töchter unterbindet, bei Andradi „für immer und ewig das Häutchen ausreißt". Einmal geht es dabei um das Thema Selbstbefriedigung, geschickt verpackt in das Bild vom „Unkraut auszupfen" (Andradi), das andere Mal um das Gemisch aus Angst und Lust, Neugierde und Nicht-Wahrhaben-Wollen, mit dem das Thema Sexualität bei der kleinen Alcira behaftet ist: Zwar schließt sie – nicht nur symbolisch – die Augen vor der auf dem Gehsteig liegenden blutigen Binde, doch ist sie gleichzeitig magisch angezogen von dem „Glatten, Weichen", was der Onkel in seiner grauen Hose hat, das immer größer und größer wird und das sie so gerne „sehen will". Beide Erzählungen räumen mit dem Mythos „kindlicher Unschuld" auf und unterstreichen die aktive, begehrende Rolle des Mädchens.

Ähnlich Conny Rojas Sanín, die aus dem erotischen Erleben ein Fest, einen „sinnlichen und rhythmischen Tanz" macht, in dem auch die „Zauberflöte" sexuell konnotiert ist. „Im Galopp dem Mond entgegen" reitet sie auf ihrem feurigen Fohlen in einem Gedicht, das im Original besonders des Rhythmus' wegen reizvoll ist. In *Elixir* schließlich wird der Körper des Mannes als Traube besungen, von der die Frau sozusagen die berauschenden „Früchte der Liebe" pflückt. In Carmen Boullosas Lyrik finden wir, wie schon oben angedeutet, diese „Verweiblichung" des Vokabulars („La salvaja"), die möglicherweise mit der hingabebetonten Rolle der Frau in ihren Gedichten zusammenhängt. Gegen das alles verzehrende Feuer der Liebesglut helfen auch alle Hilferufe an die sonstige wehrlose Kreatur nichts, die Kleider machen sich selbständig und öffnen ohne Zutun der Trägerin ihr Gewebe.

Unsere Liebe Frau von den Schlangen der Kubanerin Daína Chaviano stellt den Liebeskampf zwischen Mann und Frau in einen magischen Kontext, des etwa aus der aztekischen Überlieferung bekannten Mythos vom Kampf zwischen Adler und Schlange. Ganz aus der Erlebensweise der „Schlangenfrau" in atemberaubenden Mutationen geschildert, drückt sich hier die Ambivalenz weiblichen Verlangens aus, das sowohl Lust am „Verschlingen" als auch am „Verschlungenwerden" beinhaltet.

Iliana Godoys *Unbesiegtes Fleisch* singt von oralen Genüssen und Regungen, wenn hier auch masochistische Bilder von Dolchstichen und Speeren anklingen, eine Assoziation, die sich im übrigen durch fast alle hier vertretenen Gedichte auch anderer Lyrikerinnen zieht: Wörter wie „traspasada", „penetrada", „horadada", „hincada", „herida", „abierta", „crucificada", „transverberada", alle gleichbedeutend mit „durchbohrt" oder „durchdrungen" und stets aus der Perspektive der Penetrierten gebraucht, stellen wohl eine uralte „conditio feminina" dar, die einerseits anatomisch begründet sein mag, andererseits aber auch zum Symbol jahrhundertelanger mißbräuchlicher und sadistischer Ausnützung weiblicher Verletzlichkeit wird.

Antwort und Reaktion darauf, sowie bittere Vergeltung und Rache für erlittene Erniedrigungen stellen die beiden letzten Texte von Mercedes

Valdivieso und Lucía Guerra dar. Valdiviesos Quintrala ist nicht nur feministische Neudefinition einer in der offiziellen Geschichte verpönten und verteufelten „Hexen"-Figur, sondern gewissermaßen auch Gegenstück zu M. L. Mendozas *Erster Spiegel*: Der dort überdimensional aufgeblasene Zeppelin/Phallus fällt in sich zusammen, verkümmert zu einem „verknitterten, leeren Rest seiner selbst", und zwar dadurch, daß sich die Frau die traditionell männlichen Waffen (hier das Messer, bei L. Guerra den Colt, vgl. bei L. Valenzuela den Revolver) aneignet und zur Gegenwehr gebraucht. Damit wird auch der Mythos der unterwürfigen, gewaltfreien, wehrlosen und sexuell passiven Frau radikal zerschlagen, was insbesondere in der triumphierenden Schlußpose – nackt vor der Kirche mitten im Ort aufgepflanzt – zum Ausdruck kommt. Ganz im gleichen Tenor Lucía Guerras *Von Spiegeln und Satyrn*, eine bitterböse Absage an Freud und all seine verwirrenden Theorien über den „dunklen Kontinent der Frau". Diesen wiederzugewinnen, und zwar auf dem Hintergrund des kolonialisierten, vergewaltigten und (vom internationalen Kapital) „penetrierten" Kontinents Amerika (das im Spanischen ja weiblich ist), mag mit ein Anliegen der hier präsentierten Anthologie sein. Machen wir uns auf die Reise...

Die leeren Kelche:

Früh(reif)e Lyrikerinnen der Zwanziger

Delmira Agustini

(Uruguay)

Delmira Agustini

Geboren am 24. Oktober 1886 in Montevideo, gestorben am 6. Juli 1914 ebenda.

In eine begüterte Familie hineingeboren, war Delmira ein wohlbehütetes und privilegiertes Wunderkind. Mit zwei Jahren konnte sie lesen, mit fünf schreiben, mit zehn schrieb sie ihre ersten Gedichte (die später auch veröffentlicht wurden). 1907 erregte sie großes Aufsehen mit ihrem ersten Gedichtband *El libro blanco*, vor allem wegen dessen leidenschaftlicher Töne, die im Werk eines jungen, unverheirateten Mädchens Anlaß zu allerlei Vermutungen gaben und sie zur „erotischen Dichterin" stempelten. Andererseits sind auch manche Versuche unternommen worden, sie zum „Mythos" hochzustilisieren und alles Erotische in ihrem Werk lediglich symbolisch-geistig zu deuten, wie etwa im Werk der spanischen Mystikerinnen. Weder das eine noch das andere kann jedoch ihrer widersprüchlichen Persönlichkeit gerecht werden, die sich in ihren Briefen – als kindlich-naive „Puppenfrau" gab, in ihren Gedichten jedoch zu einer reifen Ausdrucksform findet.

Nach einer in Brüche gegangenen Verlobung machte sie, die unter Schlaflosigkeit und Traumzuständen gelitten hatte, eine Nervenkrise durch. Sie heiratete schließlich am 14. August 1913 den Auktionator Enrique Job Reyes, einen gänzlich unpoetischen, bürgerlichen Typ, den sie nach 21 Tagen Ehe wieder verließ. Sie reichte die Scheidung ein, traf sich aber nach wie vor mit ihrem Exmann, der sie schließlich bei einer dieser Zusammenkünfte am 6. Juli 1914 in einer obskuren Pension ermordete, woraufhin er Selbstmord beging. Bis heute steht nicht fest, ob Delmiras frühes und gewaltsames Ende auf ein Eifersuchtsdrama zurückgeht oder auf ein gemeinsames Selbstmordkomplott.

Delmira Agustini gilt als bedeutendste Vertreterin des lateinamerikanischen Modernismo, was auch von dessen Hauptvertreter Rubén Darío (mit dem Delmira intensiven Briefwechsel pflegte) ausdrücklich anerkannt wurde. Sie ist die erste lateinamerikanische Dichterin, die freizügig über erotische Themen spricht, und zwar aus weiblicher Perspektive. Ihr für die damalige Zeit ausgesprochen gewagter Erotismus macht sie so zur Vorläuferin einer sich auf den weiblichen Körper und dessen Begehren besinnenden modernen lateinamerikanischen Frauenliteratur.

In der Einleitung zu *Los cálices vacíos* (1913) sagt Delmira Agustini:

„Es reizt mich zu deklarieren, daß, mögen schon meine früheren Bücher aufrichtig und wenig überlegt gewesen sein, diese Leeren Kelche, die aus einem wunderbaren hyperästhetischen Moment entsprungen sind, das aufrichtigste, am wenigsten überlegte von allen darstellen… Und auch mein liebstes."

Damit man sich einen Begriff davon bilden kann, wie diese ersten authentischen Äußerungen weiblicher Erotik nicht nur von der zeitgenössischen, sondern auch noch von der späteren patriarchalischen Kritik aufgenommen wurden, hier eine Kostprobe aus dem Vorwort ihres späteren Herausgebers, Alberto Zum Felde, der 1944 über sie schreibt:

„Zutiefst feminin in ihrer Sensibilität, […] sie selbst ganz Symbol und Essenz der Weiblichkeit, ist Delmira Agustinis Vers zugleich von einer zerebralen Männlichkeit, die vielleicht bis dahin von keiner anderen Dichterin erreicht worden ist, ausgenommen die Heilige Theresia von Avila, die erhabene Gelehrte. Das Wort Männlichkeit mag vielleicht in diesem Fall hart und paradox erscheinen; aber es ist einfach kein anderes zu finden in unserer beschränkten Sprache der Definitionen, um diese ihre Fähigkeit zur geistigen Abstraktion zu bezeichnen und diese Ausdruckskraft, die bisweilen der männlichen Mentalität zu eigen ist; denn die beiden Arten intellektueller Abstraktion, die metaphysische und die mathematische, sind charakteristisch männlich; und wenn sie – was ohnehin äußerst selten vorkommt – bei einer Frau auftreten, entsprechen sie einem Temperament ohne Weiblichkeit, einer Maskulinisierung des Charakters. Ein moderner Endokrinologe würde uns sofort auf ein Hormonproblem verweisen. Aber Delmira Agustini, dieses in allem außergewöhnliche Geschöpf, vereint zur Verzweiflung der Hormonexegeten die männliche Abstraktionsfähigkeit mit der tiefsten Weiblichkeit des Temperaments; […] Poesie reicht von der kompliziertesten metaphysischen Idee bis hin zur enervierendsten Wollüstigkeit."

Werke:

El libro blanco. Montevideo: O.M. Bertani, 1907 (Lyrik).

Cantos de la mañana. Montevideo: O.M. Bertani, 1910 (Lyrik).

Los cálices vacíos. Montevideo: O.M. Bertani, 1913 (Lyrik).

El rosario de Eros. Montevideo: Máximo García, 1924 (Lyrik).

Los astros del abismo. Barcelona: Máximo García, 1924 (Lyrik).

Poesías completas. Buenos Aires: Editorial Losada, 1944 (Gesammelte Lyrik, hg. von Alberto Zum Felde).

Correspondencia íntima. Montevideo: Publicaciones del Departamento de Investigaciones, 1969 (Briefwechsel).

Verschiedene Anthologien und Werkausgaben.

Los cálices vacios

Visión

Acaso fue un marco de ilusión,
en el profundo espejo del deseo,
o fue divina y simplemente en vida
que yo te vi velar mi sueño la otra noche?
En mi alcoba agrandada de soledad y miedo,
taciturno a mi lado apareciste
como un hongo gigante, muerto y vivo,
brotado en los rincones de la noche,
húmedos de silencio,
y engrasados de sombra y soledad.

Te inclinabas a mí, supremamente,
como a la copa de cristal de un lago
sobre el mantel de fuego del desierto;
te inclinabas a mí, como un enfermo
de la vida a los opios infalibles
y a las vendas de piedra de la Muerte.

Te inclinabas a mí como el creyente
a la oblea de cielo de la hostia...
–Gota de nieve con sabor de estrellas
que alimenta los lirios de la Carne,
chispa de Dios que estrella los espíritus–.
Te inclinabas a mí como el gran sauce
de la Melancolía
a las hondas lagunas del silencio;
te inclinabas a mí como la torre
de mármol del Orgullo,
minada por un monstruo de tristeza,
a la hermana solemne de su sombra...
Te inclinabas a mí como si fuera
mi cuerpo la inicial de tu destino
en la página oscura de mi lecho;

Delmira Agustini

Die leeren Kelche

Vision

War's denn ein Rahmen der Illusion
am tiefen Spiegel des Verlangens,
war's wunderbar und einfach Wirklichkeit,
daß meinen Schlaf ich dich bewachen sah des andern Nachts?
In meiner Kammer, die sich weitete vor Einsamkeit und Angst,
erschienest schweigsam du an meiner Seite
wie ein Riesenpilz, tot und lebendig,
hervorgequollen aus den Winkeln der Nacht,
den von Stille feuchten,
geschmiert von Einsamkeit und Schatten.

Du neigtest tief dich über mich
wie zur kristallnen Schale eines Teiches
auf dem brennenden Tischtuch der Wüste;
du neigtest zu mir dich wie ein des Lebens
Kranker zum unfehlbaren Opium
und zu den steinernen Binden des Todes.

Du neigtest zu mir dich so wie der Gläubige
zur himmlischen Oblate der Hostie…
„Schneetropfen mit Sternengeschmack,
der nährt die Lilien des Fleisches,
Funken Gottes, der die Geister Sterne sehen läßt."
Du neigtest zu mir dich so wie die große Weide
der Melancholie
zu den tiefen Lagunen des Schweigens;
du neigtest zu mir dich so wie der marmorne
Turm des Stolzes,
von einem Ungetüm der Trauer untergraben,
zum feierlichen Bruder seines Schattens…
Du neigtest zu mir dich, als wäre
mein Leib Initiale deines Geschicks
auf dem dunklen Blatt meiner Bettstatt;

te inclinabas a mí como al milagro
de una ventana abierta al más allá.

¡Y te inclinabas más que todo eso!

Y era mi mirada una culebra
apuntada entre zarzas de pestañas,
al cisne reverente de tu cuerpo.
Y era mi deseo una culebra
glisando entre los riscos de la sombra
a la estatua de lirios de tu cuerpo.

Tú te inclinabas más y más...y tanto,
y tanto te inclinaste,
que mis flores eróticas son dobles,
y mi estrella es más grande desde entonces.
Toda tu vida se imprimió en mi vida...

Yo esperaba suspensa el aletazo
del abrazo magnífico; un abrazo
de cuatro brazos que la gloria viste
de fiebre y de milagro, ¡será un vuelo!
Y pueden ser los hechizados brazos
cuatro raíces de una raza nueva.

Y esperaba suspensa el aletazo
del abrazo magnífico...
Y cuando
te abrí los ojos como un alma, vi
¡que te hacías atrás y te envolvías
en yo no sé qué pliegue inmenso de la sombra!

du neigtest zu mir dich wie zu dem Wunder
eines Fensters, das zum Jenseits offen.

Und du neigtest mehr dich noch als alles das!

Und da war mein Blick eine Natter,
auf der Lauer zwischen Hecken von Wimpern
auf den ehrerbietigen Schwan deines Körpers.
Und da war mein Verlangen eine Natter,
die zwischen den Klippen des Schattens
zur Lilienstatue deines Körpers glitt.

Du neigtest mehr dich noch herab… und tiefer,
so tief hast du herab dich geneigt,
daß meine Liebesblüten doppelt sind
seit damals und größer auch mein Stern.
Dein ganzes Leben hat sich meinem Leben eingeprägt…

Ich wartete gespannt des Flügelschlags
der herrlichen Umarmung; eine Umarmung
von vier Armen, die die Wonne kleidet
in Fieber und in Wunder, muß ein Flug sein!
Und es können die verzauberten Arme
vier Wurzeln einer neuen Rasse sein.

Und ich wartete gespannt des Flügelschlags
der herrlichen Umarmung…
Und als
die Augen ich dir aufschlug wie eine Seele, sah ich,
daß du zurückwichst und dich hülltest
in irgendeine ungeheure Falte des Schattens!

Delmira Agustini

El cisne

Pupila azul de mi parque
es el sensitivo espejo
de un lago claro, muy claro...
tan claro que a veces creo
que en su cristalina página
se imprime mi pensamiento.

Flor del aire, flor del agua,
alma del lago es un cisne
con dos pupilas humanas,
grave y gentil como un príncipe;
alas lirio, remos rosa...
pico en fuego, cuello triste
y orgulloso, y la blancura
y la suavidad de un cisne.

El ave cándida y grave
tiene un maléfico encanto;
– clavel vestido de lirio,
trasciende a llama y milagro...
sus alas blancas me turban
como dos cálidos brazos;

ningunos labios ardieron
como su pico en mis manos;
ninguna testa ha caído
tan lánguida en mi regazo;
ninguna carne tan viva
he padecido o gozado:
viborean en sus venas
filtros dos veces humanos.

Del rubí de la lujuria
su testa está coronada;
y va arrastrando el deseo
en una cauda rosada...

Delmira Agustini

Der Schwan

Blaue Pupille meines Parks
ist der sensible Spiegel
eines klaren, glasklaren Teiches...
so klar, daß mir's zuweilen schiene,
auf seiner kristallnen Seite
stünde mein Denken eingeschrieben

Blume der Luft, Blume des Wassers,
Seele des Teichs ist ein Schwan
mit zwei menschlichen Pupillen,
wie ein Prinz stolz und galant;
Lilienflügel, Rosenfedern...
Schnabel in Flammen, der Hals
traurig und stolz, und die Weiße
und Sanftmut eines Schwans...

Der strahlendweiße, stolze Vogel
hat einen unheilvollen Charme;
als Lilie verkleidete Nelke,
haftet an ihm ein Hauch von Wunder und Flamme...
seine weißen Flügel verwirren mich
wie zwei warme Arme;

nie haben Lippen so gebrannt
wie sein Schnabel in meinen Händen lodert;
kein Haupt ist je gesunken
so schmachtend in meinen Schoß;
kein Fleisch, so feurig wie das seine,
hab' je ich noch erduldet noch genossen:
Der Liebe doppelt menschlich Zaubertrank
in seinen Venen gleich der Viper woget.

Vom Rubin der Wollust
ist sein Haupt gekrönt;
schleift hinter sich her das Verlangen
in einem Schweif, rosa getönt...

Delmira Agustini

Agua le doy en mis manos
y él parece beber fuego;
y yo parezco ofrecerle
todo el vaso de mi cuerpo…

Y vive tanto en mis sueños,
y ahonda tanto en mi carne,
que a veces pienso si el cisne
con sus dos alas fugaces,
sus raros ojos humanos
y el rojo pico quemante,
es sólo un cisne en mi lago
o es en mi vida un amante…

Al margen del lago claro
yo le interrogo en silencio…
y el silencio es una rosa
sobre su pico de fuego…
Pero en su carne me habla
y yo en mi carne le entiendo.

– A veces ¡toda! soy alma;
y a veces ¡toda! soy cuerpo –.
Hunde el pico en mi regazo
y se queda como muerto…
¡Y en la cristalina página,
en el sensitivo espejo
del lago que algunas veces
refleja mi pensamiento,
el cisne asusta de rojo,
y yo de blanca doy miedo!

Delmira Agustini

Wasser geb' ich ihm in meinen Händen,
und Feuer scheint er zu trinken;
und das ganze Gefäß meines Körpers
scheine ich ihm zu bieten...

Und so sehr lebt er in meinen Träumen,
und so tief dringt er ein in mein Fleisch,
daß manchmal ich denke, ob der Schwan
mit den flüchtigen Flügeln, den zweien,
seinen seltsam menschlichen Augen
und dem roten Schnabel brennendheiß
nur ein Schwan mag in meinem Teich
oder Geliebter im Leben sein.

Am Rande des klaren Teichs
befrage ich ihn schweigend...
und das Schweigen ist eine Rose
auf seinem Schnabel aus Feuer...
Doch in seinem Fleisch er zu mir spricht,
und ich verstehe ihn in meinem Fleisch.

„Manchmal bin ich – ganz – Seele;
und manchesmal bin ich – ganz – Leib"
Er senkt den Schnabel in meinen Schoß,
wo er wie tot bleibt...
Und in dem sensiblen Spiegel
des Teiches, der zuweilen
meine Gedanken widerspiegelt,
auf der kristallklaren Seite,
sieht der Schwan so schrecklich rot aus
und ich so entsetzlich weiß!

Aus: Los cálices vacíos. Montevideo: O. M. Bertani, 1913.

Alfonsina Storni

(Argentinien)

Alfonsina Storni

Geboren am 29. Mai 1892 in Sala-Capriasca im Schweizer Tessin, gestorben am 25. Oktober 1938 in Mar de la Plata.

Alfonsina wurde während eines Aufenthalts ihrer 1885 nach Argentinien emigrierten Eltern bei Schweizer Verwandten geboren, 1896 kehrten sie nach San Juan, Argentinien, zurück, wo sie in recht ärmlichen Verhältnissen lebten. 1901 übersiedelte die Familie in die Stadt Rosario; der Vater, ein Alkoholiker, ging bald mit seinem Kaffeehaus pleite, und die Mutter, die ein Lehrerinnendiplom aus der Schweiz mitgebracht hatte, eröffnete eine kleine Privatschule im eigenen Haus. Außerdem versuchte sie sich und die Familie mit Näharbeiten über Wasser zu halten. Alfonsina selbst begann mit 13 Jahren in einer Hutfabrik zu arbeiten. 1906 starb der Vater; als zu Ostern eine fahrende Theaterkompanie nach Rosario kam, ergriff Alfonsina die Gelegenheit und zog ein Jahr lang mit ihr durch die Lande. 1909 ging sie nach Coronda (Santa Fe), um dort in einer LehrerInnenbildungsanstalt zu studieren. Um sich finanziell über Wasser halten zu können, arbeitete sie am Wochenende als Sängerin in einem Schmierentheater in Rosario, bis dieses Doppelleben zufällig aufflog und es zu einem Skandal an der Schule kam – Anlaß für ihren ersten Selbstmordversuch. 1911 erhielt sie ihr Lehrerinnendiplom und begann an einer Schule in El Rosario zu unterrichten. Zu dieser Zeit lernte sie einen (verheirateten) Politiker und Journalisten kennen, von dem sie bald ein Kind erwartete; um der „Schande" in der Provinz zu entgehen, schlug sie sich nach Buenos Aires durch, wo 1912 ihr Sohn Alejandro geboren wurde. Um ihn zu erhalten, mußte sie alle möglichen Arbeiten annehmen, von Kassierin in einer Apotheke über Verkäuferin in einem großen Warenhaus bis zur Korrespondentin einer Handelsfirma. 1916 kam ihr erstes Gedichtbändchen, *La inquietud del rosal*, heraus; ihr Leben lang stotterte sie die Schulden für die Auflage ab, abgesehen davon, daß er sie ihre Stelle kostete. Nun begann aber die Literaturkritik auf sie aufmerksam zu werden; sie erhielt Zugang zu den männlich dominierten Literaturzirkeln und erhielt sich und ihren Sohn von nun an mit journalistischen Beiträgen und sporadischen Dichterlesungen. Ihre finanzielle Rettung stellte die Ernennung zur Leiterin der Internatsschule Marcos Paz dar. Dort kümmerte sie sich um die Bibliothek und kam wieder mehr zum Schreiben. 1918 erschien *El dulce daño*, über dessen Entstehung sie schrieb:

„So machte ich dieses Buch:
Stöhnend, weinend, träumend, ach, verflucht!
Trauriger Schmetterling, grausame Löwin.
Licht und Schatten zugleich hab' ich gegeben."

Eine weitere Nervenkrise zwang sie, sich aus dem Internat zurückzuziehen; zeitweilig arbeitete sie indessen als Aufseherin in einer Schule für geistig behinderte Kinder, die sie mit Geschichten und Liedern beruhigte. 1920 reiste sie nach Montevideo, wo sie auf Einladung der Universität mehrere Vorträge hielt, unter anderem über ihre große Vorgängerin Delmira Agustini, für die sie tiefe Bewunderung hegte. Nach der Anerkennung und Sympathie, die ihr in Uruguay zuteil geworden war, fühlte sie sich in Buenos Aires wieder einsam und unverstanden und litt unter starken Depressionen. Dabei schrieb sie hektisch und nervös bei jeder sich bietenden Gelegenheit: während sie die Hefte ihrer Schüler korrigierte, im Kaffeehaus, in der Straßenbahn, auf Telegrammformularen. Mit 28 publiziert sie *Languidez*, ihre dritte Lyriksammlung, mit der Widmung: „Denen, die so wie ich keinen einzigen ihrer Träume verwirklichen konnten." 1921 halfen Freunde ihr aus ihrer mißlichen finanziellen Situation, indem sie eigens für sie einen Posten am Teatro Infantil Labardén schufen, wo sie Kindern Schauspielunterricht erteilte und auch selbst einige Dramen für Kinder schrieb. Für *Languidez* erhielt sie den „Primer Premio Municipal de Buenos Aires" und den Zweiten Staatspreis, ihr Ruf als Dichterin begann sich zu festigen. 1930 bekam sie Gelegenheit, eine Freundin auf eine Europareise zu begleiten, wo sie auch eine Stippvisite in ihrem schweizerischen Geburtsdorf machte. 1934, nach ihrer Rückkehr nach Argentinien, begann eine neue Schaffensepoche mit *Mundo de siete pozos*; ihr Stil wurde immer sarkastischer und herausfordernder, gegen Ende jedoch versank sie in tiefe Melancholie. Als sich 1935 eine Krebserkrankung bemerkbar machte, war dies der Anfang vom Ende für sie. Sie wird operiert, hält jedoch die chemotherapeutische Nachbehandlung aufgrund ihrer Nervosität nicht lange durch. In den Jahren 1937/38 scheiden zudem zwei ihrer besten Freunde, die renommierten Dichter Horacio Quiroga und Leopoldo Lugones, durch Selbstmord aus dem Leben. Noch einmal wird Alfonsina Storni nach Montevideo eingeladen, wo sie zusammen mit Gabriela Mistral und Juana de Ibarbourou das große „weibliche Dreigestirn" der lateinamerikanischen Poesie bildet. In ihren letzten Gedichten klingen bereits konkrete Selbstmordgedanken an. Sie verabschiedet sich von ihrem Sohn und quartiert sich in einer Pension in Mar de la Plata ein. Dort schreibt sie am 22. Oktober 1938 das Gedicht *Voy a dormir – Bald werd ich schlafen*, das sie noch zur Post bringt und das zwei Tage nach ihrem Tod von der Zeitung „La Nación" veröffentlicht wird. Am 25. Oktober 1938 sucht Alfonsina Storni am Strand La Perla den Tod im Meer.

Wenn ihr zu Lebzeiten auch nicht der durchschlagende Erfolg etwa einer

Gabriela Mistral beschieden war, so gilt Alfonsina Storni doch als eine der großen Wegbereiterinnen der modernen lateinamerikanischen Frauenliteratur, insbesondere wegen ihrer ausdrücklich feministischen Thematik, ihrem originellen und zeitweilig sarkastischen Stil, der sich gegen hergebrachte Stereotypen des Weiblichen als des „sanften, unterwürfigen Elements" wendet. So sticht sie gerade wegen ihres rebellischen Geistes und ihrer nonkonformistischen Haltung, besonders in ihren späten, urban geprägten „antisonetos" hervor.

Anläßlich des Dichtertreffens in Montevideo 1938 sagt Alfonsina Storni in ihrer berühmten Rede mit dem Titel „Entre un par de maletas a medio abrir y las manecillas del reloj" („Zwischen zwei halbgeöffneten Handkoffern und dem Uhrzeiger") über ihre Kindheit:

„Ich wachse auf, unbewacht wie ein Tierchen, bade in Kanälen, klettere auf Quittenbäume, lege den Kopf zum Schlafen auf die Reben... Mit zwölf Jahren schreibe ich die ersten Verse. Ich falte das Papier und lege es unter das Nachtlicht, damit es meine Mutter vor dem Schlafengehen lese. Überaus schmerzlicher Erfolg: Am andern Morgen versuchen mich, nach einer erregten Auseinandersetzung, einige kräftige Ohrfeigen davon zu überzeugen, daß das Leben schön sei."

In einem Brief an R. Brenes Mesén schreibt Alfonsina Storni über ihre Beziehungen zu Männern:

„Ich bin dem Druchschnitt der Männer, die mich umgeben, unterlegen, und physisch, als Frau, bin ich ihre Sklavin, ihr Model, ihre Modelliermasse. Ich kann ihn nicht frei lieben, zu viel Stolz habe ich in mir, um mich zu unterwerfen. Mir fehlen aber physische Mittel, um ihn zu unterwerfen."

(abgedruckt in Revista Ibericoamericana, Mexico 1939, I, no. 1, S. 14)

Werke:

El dulce daño. Buenos Aires: Sociedad Cooperativa Editorial Limitada, 1918 (^{2}1920; Lyrik).

Irremediablemente. Buenos Aires: Buenos Aires, 1919 (Lyrik).

Languidez. Buenos Aires: Buenos Aires, 1920 (Lyrik).

Ocre. Buenos Aires: Babel, 1925. (Lyrik).

El amo del mundo. Comedia en tres actos. In: *Bambalinas – Revista Teatral* (Buenos Aires), Año IX, No. 470, 1927 (Dreiakter; uraufgeführt am 10. 3. 1927 am Teatro Cervantes in Buenos Aires).

Dos farsas pirotécnicas. Buenos Aires: Buenos Aires, 1931 (Zwei Farcen).

Mundo de siete pozos. Buenos Aires, o. J. [1934] (Lyrik).

Antología poética. Buenos Aires: Espasa-Calpe, 1938 ([10]1951; von der Autorin selbst zusammengestellte Anthologie, mit z. T. vorher unveröffentlichten Gedichten).

Mascarilla y trébol, círculos inmantados. Buenos Aires: Mercatali, 1938 (Lyrik).

Teatro infantil. Buenos Aires: R. J. Roggero, 1950 (Kindertheater).

Obras completas. Vol. I: *Poesías.* Buenos Aires: Latino Americana, 1964.

Obras escogidas. Buenos Aires: Sociedad Editora Latino Americana, 1984 (Ausgewählte Werke in zwei Bänden: Theater und Lyrik).

Verschiedene Anthologien und Werkausgaben sowie Neuauflagen ihrer Bücher.

Deutsch:

Verwandle die Füße. Ausgewählte Gedichte Spanisch – Deutsch. Übertragung von Waltrud Kappeler. Zürich: Arche Verlag, 1959 (zum 40. Verlagsjubiläum [o. J.] in einer „einmaligen numerierten Sonderausgabe" wiederaufgelegt).

Englisch:

Selected Poems. Edited by Marion Freeman. Fredonia (New York): White Pine Press, 1987.

Hombre pequeñito

Hombre pequeñito, hombre pequeñito,
Suelta a tu canario que quiere volar...
Yo soy el canario, hombre pequeñito,
Déjame saltar.

Estuve en tu jaula, hombre pequeñito,
Hombre pequeñito que jaula me das.
Digo pequeñito porque no me entiendes,
Ni me entenderás.

Tampoco te entiendo, pero mientras tanto
Abreme la jaula que quiero escapar;
Hombre pequeñito, te amé media hora,
No me pidas más.

Veinte siglos

Para decirte, amor, que te deseo,
Sin los rubores falsos del instinto,
Estuve atada como Prometeo,
Pero una tarde me salí del cinto.

Son veinte siglos que movió mi mano
Para poder decirte sin rubores:
„Que la luz edifique mis amores".
¡Son veinte siglos los que alzó mi mano!

Pasan las flechas sobre mis cabellos,
Pasan las flechas, aguzados dardos...
¡Son veinte siglos de terribles fardos!
Sentí su peso al libertarme de ellos.

Kleines Männchen

Ach du kleines Männchen, ach du kleines Männchen,
Laß' dein Vögelein frei, denn fort will sich's schwingen...
Das Vöglein bin ich, ach du kleines Männchen,
Laß' mich doch springen.

Ich saß in deinem Käfig, ach du kleines Männchen,
Ach du kleines Männchen, du sperrtest mich ein.
Nun und nimmer wirst du mich verstehen,
Drum nenn' ich dich klein.

Ich versteh' dich ja auch nicht, aber inzwischen
Mach auf mir den Käfig, ich will entwischen;
Kleines Männchen, ich liebte dich eine halbe Stund',
Für mehr besteht kein Grund.

Zweitausend Jahre

Um dir zu sagen, Liebster, daß ich dich begehre,
Ohne daß falsche Röte im Gesicht mir siedet,
War wie Prometheus ich am Felsen angeschmiedet,
Doch eines Nachts entfloh dem Kerker ich der Ehre.

Zweitausend Jahre wischte meine Hand hinweg,
Um dir zu sagen ohne Schamesröte:
„Das Licht erleuchte meine Liebesnöte."
Zweitausend Jahre stemmte meine Hand hinweg!

Es flitzen Pfeile über meine Locken,
Es flitzen Pfeile, spitze Speere...
Zweitausend Jahre sind's mit ihrer Schwere!
Wie hab' ich ihre Last gespürt, als los ich war den Brocken.

Aus: Irremediablemente. Buenos Aires: Buenos Aires, 1919.

Soñar

Las mujeres solteras sueñan de varios modos.
Unas sueñan con joyas otras sueñan con flores,
Otras sueñan con vagos y tímidos amores.
¡Son mis ardientes sueños tan distintos de todos!

Porque son mis deseos rebeldes a la brida
– Como potros – yo sueño con músculos de atleta
Repujados en bronce; con la fecunda veta
De una vena que arrastran, en tumulto, la Vida;

Con caricias audaces; y con el beso acre,
Mordaz y calcinante de una boca de lacre.
Transfigúrome entonces y, en pasional derroche,

Soy lingote de plomo. Me enciendo al rojosombra.
Me fundo en el aliento de aquel que no se nombra.
Renazco entre sus brazos.
¡Y así toda la noche!

Aquella tarde

El sol, padre de culpas, requemaba mi piel
Cuando te vi llegar por entre la arboleda;
He debido sentirme dócil como la seda;
He debido ponerme blanca como el papel;

Porque la voluntad se me murió en la miel
Y tus labios sedientos sin que recordar pueda
Cuál es la maestría que a tus labios se enreda
Y cómo y con cuál arte fuiste bueno y cruel.

Pero sé que en tus brazos me doblé como un lirio,
Que la tarde y su hechizo le prestaron delirio
A tus ojos azules empapados de ruego.

Y hasta tengo conciencia de una muerte interior
Cuando, crucificados en la cruz del amor,
Me quemaron los labios tizones de fuego!

Alfonsina Storni

Träumen

Die ledigen Frauen träumen auf verschiedne Weisen.
Einige träumen von Schmuck, andre von roten Rosen,
Wieder andre von Liebschaften, schüchternen, losen.
Wie anders sind die Flammen, welche meine Träume speisen!

Denn meine Wünsche widersetzen sich dem Zügel
– Wie Fohlen –; so träum' ich von Muskeln der Athleten,
in Bronze gemeißelt; vom Lebensstrom, dem steten,
der kühn und fruchtbar anschwillt ihrer Adern Hügel;

Von kühnen Liebesspielen; und von herben Küssen,
scharf und brennend, wie von Siegellackverschlüssen.
Verklärt werd' ich dann, in Leidenschaft entfacht,

Zu Barren aus Blei. Entflamme in Schattenrot.
Verschmelz' im Atem dessen, was zu nennen man uns verbot.
Werde in seinen Armen neu geboren.
Und das die ganze Nacht!

An jenem Abend

Die Sonne, Mutter der Schuld, brannte auf meiner Haut,
Als ich dich kommen sah durch die Allee;
Wohl bin ich geworden weiß wie Schnee;
Wohl ward mir zumute wie Seide, so traut;

Denn der Wille im Seim mir erstarb ohne Laut
Und deine dürstenden Lippen, eh' ich's verseh',
Bevor deiner Lippen Bravour ich versteh',
Noch wie's dir gelang, gut zu sein und verrauht.

Doch ich weiß, in deinen Armen bog ich mich wie eine Lilie,
Denn der Abend und sein Zauber verliehen Delirien
Deinen blauen Augen, feucht in ihrem Verlangen.

Und dann weiß ich noch von einem inneren Tod,
Als Flammen mir die Lippen sengten, glühend rot,
Während beide wir am Kreuz der Liebe gehangen!

(Zu Lebzeiten unveröffentlicht. Aus: Obras escogidas. Poesía. Bd. 2. Buenos Aires: S.E.L.A., 1984.)

Wenn die Frauen die Männer lieben...: Vorprescherinnen der 60er und 70er Jahre

Inés Arredondo

(Mexiko)

© Erna Pfeiffer

Inés Arredondo

Geboren am 20. März 1928 in Culiacán im nordmexikanischen Bundesstaat Sinaloa, gestorben am 2. November 1989 in Mexico-City.

Über ihre Kindheit schrieb sie: „Ich bin in Culiacán, Sinaloa, geboren. Wie alle Menschen habe ich mehrere Kindheiten, aus denen ich auswählen kann, und seit langem habe ich mir die ausgesucht, die ich im Haus meiner Großeltern verbracht habe, auf einer Zuckerrohr-Hacienda namens „Eldorado" in der Nähe von Culiacán. Sich die Kindheit auszusuchen ist in unserer Zeit eine Art, die Wahrheit zu suchen, zumindest eine Teilwahrheit. [...] Auf Eldorado bewahrheitete sich, daß, wenn Kreativität Sache von Verrückten ist, die Verrückten recht hatten." (in: *Obras completas,* S. 3).

Sie studierte zwischen 1947 und 1951 Philosophie, Spanische Philologie und Schauspiel an der UNAM in Mexico-City; in ihrer Hausarbeit (Licenciatura) beschäftigte sie sich mit der politischen und sozialen Thematik im mexikanischen Theater von 1900 bis 1950. Von 1952 bis 1955 arbeitete sie an der Biblioteca Nacional der UNAM. Gleichzeitig wirkte sie an der Erstellung eines von der UNESCO herausgegebenen Lexikons der lateinamerikanischen Literatur sowie an einem bei Porrúa veröffentlichten Lexikon mexikanischer Geschichte und historischer Persönlichkeiten mit. Zudem schrieb sie Drehbücher für Radio und kommerzielles Fernsehen. 1961 erhielt sie ein Literaturstipendium des Centro Mexicano de Escritores, ein Jahr darauf ein Stipendium der Fairffield Foundation in New York. 1961 und 1962 arbeitete sie als Protokollführerin bei der ALALC, der Lateinamerikanischen Freihandelsassoziation, in Mexiko und Uruguay. Von 1963 bis 1965 lebte sie in Montevideo, wo sie auch Vorträge über mexikanisches Theater hielt. Damals ließ sie sich nach dreizehnjähriger Ehe von dem bekannten Schriftsteller Tomás Segovia scheiden, von dem sie drei Kinder hatte. Inés Arredondo war auch Redaktionsmitglied der *Revista Mexicana de Literatura* bis zu deren Einstellung im Jahr 1965. Ein Jahr darauf schrieb sie zusammen mit dem anerkannten mexikanischen Schriftsteller Juan García Ponce ein Drehbuch zu ihrer eigenen Erzählung, *La Sunamita*; der daraus entstandene Film (Regie Héctor Mendoza) erhielt den 2. Preis für Experimentalfilm des Jahres 1966. Zwischen 1965 und 1968 hatte sie Lehraufträge für Literatur an der UNAM bzw. deren angeschlossener Filmakademie inne. Von 1965 bis 1967 schrieb sie als Kritikerin in der Zeitschrift *¡Siempre!,* und von 1965 bis 1970 betätigte sie sich als Mitarbeiterin von Radio Universidad der UNAM. Ebendort wirkte sie bei der Erstellung eines Lexikons mexikanischer Schriftsteller mit, das 1967 erschien. Weiters war sie von 1965 bis 1967 Professorin an der Theaterakademie des Instituto Nacional de Bellas Artes. 1967 drehte sie wiederum eine Verfilmung einer ihrer

Erzählungen, *Mariana*, in Zusammenarbeit mit Juan García Ponce, Regie führte dabei Juan Guerrero. 1970 hatte sie Lehraufträge für Theatergeschichte an der Universidad Iberoamericana inne. Von 1971 bis 1973 war sie Leiterin der Aufsatz- und Lektüreworkshops der UNAM. 1981 erhielt sie den Master in Spanischer Philologie mit einer Arbeit über Jorge Cuesta, zwei Jahre zuvor war sie mit dem renommierten Literaturpreis „Xavier Villaurrutia" ausgezeichnet worden. Nachdem sie fünf Wirbelsäulenoperationen über sich ergehen lassen mußte und in den letzten acht Jahren praktisch ans Haus gefesselt war, widmete sie sich nur noch dem Schreiben bzw. der von ihr geleiteten experimentellen Erzählerwerkstatt. Zu ihrem 60. Geburtstag wurden ihr 1988 umfangreiche Ehrungen und Würdigungen zuteil, u. a. wurde ihr die Ehrendoktorwürde der Universidad Autónoma de Sinaloa in ihrer Heimatstadt verliehen. Zuletzt galt Inés Arredondo als eine der angesehensten mexikanischen Erzählerinnen.

In einem Interview, das mir Inés Arredondo am 25. Juli 1989, wenige Monate vor ihrem Tod, in ihrer Wohnung in Mexico-City gegeben hat, meint sie auf die Frage, ob sie eine Erzählung oft überarbeitet, viel herumfeilt:

„Nein, im allgemeinen schreibe ich sie einfach nieder. Ich sage immer, ja, es wandert viel in den Papierkorb, und zwar deshalb, damit die, die gerade anfangen, wissen, daß man nicht geizig sein darf und Sachen in den Papierkorb schmeißen muß: Wenn etwas schlecht geschrieben ist – in den Papierkorb damit! So, wie die Dinge heute liegen, gestehe ich dir, daß es den berühmten Papierkorb bei mir nicht gibt, aber andererseits hebe ich sie doch eine Zeitlang auf, lasse sie ruhen, und wenn ich genügend kritische Distanz habe, dann veröffentliche ich sie, aber es kommt selten vor, daß ich sie gleich veröffentliche."

Ebenda sagte Inés Arredondo über die „Lust am Schreiben":

„IA – Mir liegt die Sinnlichkeit, nicht die Sexualität.

EP – Schreiben ist ja auch etwas Sinnliches...

IA – Mhm. Vielleicht sogar so sehr, daß ich nicht einmal auf der Maschine schreiben kann, es muß mit der Hand sein.

EP – Die Lust, eine Feder in der Hand zu halten...

IA – Ja, und es zu sehen, nicht wahr, und es in der Hand zu haben. [...] Ich glaube schon, daß das Schreiben mit der Hand etwas Sinnliches an sich hat."

Werke:

La Señal. México: Era, 1965. 2. Aufl.: México: UNAM, 1980 (Erzählungen).

Inés Arredondo

Río Subterráneo. México: Joaquín Mortiz, 1979. 2. Aufl.: México: Mortiz-SEP, 1986 (Erzählungen).

La Sunamita y otros cuentos. México: Secretaría de Educación Pública, 1981 (Erzählungen).

Acercamiento a Jorge Cuesta. México: SepSetentas Diana, 1982 (Diplomarbeit über den bekannten mexikanischen Essayisten und Lyriker).

Opus 123. México: Editorial Oasis, 1983 (Erzählungen).

Historia Verdadera de una Princesa. México: CIDCLI, 1984 (Erzählung für Kinder).

El destino. México: Colibrí – SEP, o. J. (Erzählung für Kinder).

Los Espejos. México: Joaquín Mortiz, 1988 (Erzählungen).

Obras completas. México: Siglo XXI – DIFOCUR, 1988.

Mehrere Erzählungen von Inés Arredondo sind ins Englische, Deutsche und Holländische übersetzt worden. So ist ihre Erzählung *Die Sunamiterin* in die Anthologie *Frauen in Lateinamerika: Erzählungen und Berichte,* hg. von Marco Alcántara und Barbara Kinter, München: dtv, 1983, aufgenommen worden.

Inés Arredondo

Sommer

Ich saß in einem Liegestuhl im Schatten des Feigenbaums und sah Román und Julio zu, die in der Nähe Volleyball spielten. Es wurde allmählich ziemlich heiß, und eine drückende Windstille legte sich über den Garten.

„Genug, Kinder. Sonst wird die Limonade warm."

In vollkommener Übereinstimmung, ohne ein Wort zu wechseln, brachen sie das Spiel ab. Julio fing den Ball im Flug und steckte ihn unter seinen Arm. Das Knirschen der Kieselsteine unter seinen Füßen kam näher, während ich die Gläser füllte. Da standen sie nun vor mir, und es war eine Freude, sie anzusehen, Román blond, Julio dunkel.

„Während ihr spieltet, dachte ich, womit ich denn meine Zeit zugebracht habe, seit Román vier Jahre alt war… Ich habe nicht gemerkt, wie sie vergangen ist, ist es nicht seltsam?"

„Überhaupt nicht, denn du warst ja die ganze Zeit bei mir," sagte Román lachend und gab mir einen Kuß.

„Außerdem glaube ich, daß diese Jahre gar nicht wirklich vergangen sind. Sie könnten sonst nicht so jung aussehen."

Román und ich lachten zur gleichen Zeit. Der Junge lief rot an, senkte die Augen und verlegte sich darauf, mit abgewinkeltem Zeigefinger gegen den einen Nasenflügel zu drücken, mit dieser Geste, die so typisch war für ihn.

„Laß deine Nase in Ruhe."

„Ich mach' es doch nicht zum Spaß, ich hab' eine deformierte Nasenscheidewand."

„Weiß ich doch, aber du wirst dir wehtun."

Román sprach in gereiztem Tonfall, als ob der andere ihn mit seinem Verhalten belästigte. Julio wiederholte die Geste noch ein- oder zweimal, mit gesenktem Kopf, und begab sich dann, ohne ein Wort zu sagen, zum Haus.

Zum Abendessen erschienen sie schon frisch geduscht und fröhlich.

„Was habt ihr denn gemacht?"

„Ausgeruht und dann die Mathematikaufgabe. Diesem begriffsstutzigen Kerl mußte ich erst das kleine Einmaleins erklären, bis er die Differenzialgleichungen kapiert hat."

Sie aßen mit gewohntem Appetit. Als sie ihre Milch tranken, setzte Román eine feierliche Miene auf und sagte zu mir:

„Ich muß ernsthaft mit dir sprechen."

Julio wurde rot und stand auf, ohne uns anzusehen.

„Ich laß' euch allein."

„Nichts da. Schön hiergeblieben." Und zu mir gewandt fuhr er fort: „Es geht nämlich um ihn, drum will er sich davonschleichen. Er hat von zu Hause Nachricht erhalten, daß sie ihm kein Geld mehr schicken können, und nun will er das Studium aufgeben und sich eine Arbeit suchen. Er sagt, schließlich sind wir ja erst im ersten Studienjahr..."

Julios Fingerknöchel waren gelb, so fest hielt er die Lehne seines Stuhls. Es schien ihn große Anstrengung zu kosten, sich zurückzuhalten; er hob sogar den Kopf, als wollte er sprechen, senkte ihn aber wieder, ohne ein Wort gesagt zu haben.

„... ich wollte dich fragen, ob er nicht hier bei uns wohnen kann. Es ist doch mehr als genug Platz und..."

„Selbstverständlich; ist doch klar. Geht gleich seine Sachen holen; nimm das Auto, um sie herzubringen."

Julio sagte keinen Ton; er stand noch so da wie früher und schenkte mir nur einen Blick, der alles andere als dankbar war, eher ein stummer Vorwurf. Román packte ihn beim Arm und zerrte an ihm. Julio ließ den Stuhl los und ließ sich mitschleppen, ohne Widerstand entgegenzusetzen, wie ein lebloser Körper.

„Mach das Bett, bis wir zurück sind", schrie mir Román zu und gab Julio einen kräftigen Schubs, der ihn durch die Haustür auf die Straße beförderte.

Ich machte die Fenster in Románs Zimmer weit auf. Die Luft war feucht, und im Westen zuckten Blitze auf, die den verhangenen Himmel erleuchteten; der ferne Donner machte das Zirpen der Grillen noch sanfter. Vom Abstellbord nahm ich den Stoffkasper weg, den Román so viele Jahre lang mit ins Bett genommen hatte, und versteckte ihn in einem oberen Fach des Schrankes. Die beiden Betten, das Zeichenbrett, die Zirkel, die Weltkarte und die Lineale, alles war in Ordnung. Einzig und allein eine Kommode mußte man für Julio kaufen. Ich stellte den Wecker auf das Bord, wo früher die Stoffpuppe gewesen war, und setzte mich aufs Fensterbrett.

„Aber hier sieht Sie doch keiner."

„Ich weiß, aber..."

„Was aber?"

„Schon gut. Gehen wir."

Nie wäre ich auf die Idee gekommen, unten im Fluß zu baden, obwohl mein eigener Garten an sein Ufer grenzte. Wir verbrachten den Vormittag im Wasser, und dort, bis zum Bauch drin untergetaucht, aßen wir unsere Melone und spuckten die Kerne in die Strömung. Wir warteten nicht, bis das Wasser an unserem Körper vollständig verdunstete. Ständig waren wir feucht, und auf diese Weise war der heiße Wind fast angenehm. Zu Mittag stieg ich im Badeanzug hinauf zum Haus und kam mit Sandwiches, Keksen und einer großen Thermosflasche mit Eistee zurück. Dicht neben dem Wasser und im Schatten der Mangobäume legten wir uns hin, um Siesta zu machen.

Als ich die Augen öffnete, brach schon der Abend herein. Ich begegnete Julios Blick, den er mit vagem Vorwurf auf mich gerichtet hielt. Román schlief noch immer.

„Was ist los mit dir?" sagte ich leise.

„Warum?"

„Ach, nichts", es war mir ein wenig peinlich.

Julio stand auf und setzte sich zu mir. Ohne den Blick zu heben, sagte er: „Ich möchte weg."

Ich wurde verlegen, wußte aber nicht warum und konnte ihm nur mit einer konventionellen Phrase antworten:

„Fühlst du dich nicht wohl bei uns?"

„Es geht nicht darum, es ist nur..."

Román rührte sich, und Julio flüsterte mir schnell zu:

„Bitte sagen Sie ihm nichts davon."

„Mama, sei doch nicht so, wozu läßt du dich so lange bitten? Frisier dich und komm."

„Kann schon sein, daß der Film nichts Besonderes ist, aber man unterhält sich doch immer dabei."

„Nein, ich hab' euch schon gesagt, daß ich nicht will."

„Was wollen Sie denn allein den ganzen Abend in diesem Riesenhaus tun?"

„Ich will einmal allein sein."

„Laß sie, Julio, wenn sie so anfängt, ist sie unerträglich. Es hat mich schon gewundert, daß sie so lange ausgehalten hat, ohne einen dieser Anfälle zu kriegen. Aber jetzt ist es ja schon harmlos, man sagt, kurz nach dem Tod meines Vaters..."

Als sie weggingen, war er noch immer dabei, ihm die alte Geschichte zu erzählen.

Die Hitze drang durch jede Pore in den Körper ein; die Feuchtigkeit war ein kochender Dampf, der einen einhüllte und gefangennahm, jeden Gegenstand auf der Erde zugleich vereinte und isolierte, einer Erde, die man nicht mit bloßen Füßen betreten konnte. Sogar die Fußbodenfliesen zwischen dem Bad und meinem Schlafzimmer waren lauwarm. Ich kam in mein Zimmer und ließ das Handtuch fallen; vor dem Spiegel band ich meine Haare auf und ließ sie frei auf meine Schultern gleiten, feuchte Haare auf dem feuchten Rücken. Ich lächelte meinem Spiegelbild zu. Dann legte ich mich mit dem Bauch auf den eiskalten Beton und drückt mich gegen ihn: die Schläfe, die Wange, die Brüste, den Bauch, die Schenkel. Ich streckte mich mit einem Seufzer aus und döste ein; im Halbschlaf hörte ich im Hintergrund das vibrierende, träge Summen der Insekten im Garten.

Später stand ich auf, warf mir einen kurzen Morgenmantel über, und barfuß, mit offenem Haar, ging ich in die Küche, öffnete den Kühlschrank und holte drei dicke, harte Mangos heraus. Um sie zu essen, setzte ich mich auf die Stufen hinter dem Haus, auf der dem Garten zugewandten Seite. Ich nahm eine und schälte sie mit den Zähnen, dann biß ich tief bis zum Kern hinein; ich riß ein großes Stück heraus, das kaum in meinem Mund Platz hatte, und fühlte wie das Fruchtfleisch zerquetscht wurde und der Saft durch meine Kehle rann, aus meinen Mundwinkeln, über mein Kinn, dann zwischen den Fingern durch und die Unterarme entlang. Ungeduldig schälte ich die zweite. Und ruhiger, schon fast gesättigt, begann ich die dritte zu essen.

Ein Pantoffelgeklapper ließ mich den Kopf heben. Es war Toña, die näherkam. Ich blieb sitzen mit der Mango in der Hand, unbeholfen, reglos, und der Saft auf der Haut begann rasch zu trocknen und unangenehm zu werden, eine klebrige Kruste.

„Ich bin noch einmal zurückgekommen, weil ich das Geld vergessen habe", – sie blickte mich lange mit ihren glänzenden Augen an und lächelte: „Nie habe ich Sie so essen gesehen, das ist lecker, nicht wahr?"

„Ja, es ist lecker." Und ich lachte, hob den Kopf noch mehr und ließ die letzten schweren Tropfen ein wenig über meinen Hals laufen. „Sehr lecker." Und ohne zu wissen, warum, begann ich laut und herzlich zu lachen. Toña lachte auch und ging in die Küche. Als sie wieder bei mir vorbeikam, sagte sie in ungezwungenem Tonfall:

„Bis morgen."

Ich legte mich auf die Stufe und sah durch die Zweige, wie sich der Himmel langsam veränderte, bis es Nacht wurde.

Eines Samstags fuhren wir drei ans Meer. Ich wählte einen verlassenen Strand aus, weil es mir peinlich war, daß man mich mit den Jungen auf Ausflug sehen könnte, als wären wir Gleichaltrige. Unterwegs sangen wir, bis uns die Kehle weh tat, und als das Sedimentgestein in den Strand mündete und wir am Horizont das Meer spiegeln sahen, verstummten wir alle drei.

Bei der Palmengruppe ließen wir unseren Proviant zurück, und dann suchte sich jeder von uns eine Düne, um sich umzuziehen.

Das Tosen des Meeres dröhnte dumpf in der von Sonne schwülen Luft.

Nachdem ich mich eingeölt hatte, ging ich bis an die feuchte Linie, die die Flut im Sand hinterläßt. Ich setzte mich auf die harte, fast trockene Kruste, die von den Wellen nicht berührt wird.

Weit weg hörte ich das Rufen der Jungen; ich wandte den Kopf, um sie zu sehen: Nur wenige Meter trennten sie von mir, aber das Meer und die Sonne lassen die Entfernungen anders erscheinen.

Sie liefen zu mir, und es hatte den Anschein, als würden sie mich umrennen, aber kurz bevor es dazu kam, bremste Román mit nach vorn gestreckten Beinen und ließ sich, eine riesige Staubwolke aufwirbelnd, auf den Rücken fallen, während Julio sich bäuchlings neben mich warf, so kraftvoll und rückhaltlos, als wollte er einen Kopfsprung ins Schwimmbad machen. Sie blieben ruhig, mit geschlossenen Augen liegen; beider Flanken zuckten, glänzend von Schweiß. Trotz des Meeres konnte ich das Keuchen ihres Atems hören. Ohne den Blick von ihnen zu wenden, klopfte ich mir den Sand ab, mit dem sie mich überschüttet hatten.

Román hob den Kopf.

„Was bist du bloß für ein Tolpatsch, Kumpel, beinah' wärst du auf sie draufgefallen!"

Julio rührte sich nicht einmal.

„Und du? Schau, wie du sie voll Sand gemacht hast."

Er hatte noch immer die Augen geschlossen, zumindest schien es so; vielleicht beobachtete er mich immer so, ohne daß ich es merkte.

„Wir werden dir ein paar Fünfkampfübungen zeigen, was?"

Román stand auf, und als er an Julio vorbeikam, stieg er ihm mit einem Fuß auf die Rippen und sprang über ihn. Ich sah diesen überdimensionalen, derben Fuß auf dem schmalen Torso.

Sie liefen, kämpften, die schlanken Glieder in einem nervösen, anmutigen Knäuel ineinander verschlungen. Dann kniete Julio nieder und beugte sich zu Boden, seinen Körper zu einem kompakten Hindernis formend, während Román sich entfernte.

„Nun wirst du den Hechtsprung sehen", rief mir Román zu, bevor er Anlauf nahm und auf Julio und mich zurannte.

Ich sah ihn, wie er sich zusammenzog und sich vibrierend in die Luft warf, die Hände nach vorne gestreckt und das Gesicht zwischen den Armen verborgen. Sein Körper dehnte sich ins Unendliche und schwebte dahin in dem Sprung, der ein Flug war. Sonnengebräunt, wendig sein Schatten auf dem Sand. Der Körper strömte wie ein Fluß neben mir dahin, aber ich durfte ihn nicht berühren. Es war nicht ersichtlich, wozu Julio da war, da unten, denn es gab keine Notwendigkeit, irgendetwas zu überspringen, es handelte sich nicht um eine Übung: Fliegen, sich in der Zeit der Harmonie wie im eigenen Bett austrecken, im Pleinair der Fülle zu sein, das war alles.

Ich weiß nicht, wann ich, als Román endlich auf den Sand fiel, aufstand, ohne ein Wort zu sagen, ans Ufer ging, Schritt für Schritt ins Meer hinein, gewappnet gegen die Brandung.

Das Wasser war so kalt, daß es mich einen Augenblick lang fröstelte; ich durchschritt die Brandung und warf mich meinerseits kraftvoll kopfüber ins Wasser. Dann begann ich zu schwimmen. Das Meer glich sich den Rundungen meines Armes an, erwiderte den Rhythmus meiner Bewegungen, atmete. Ich ließ mich auf dem Rücken treiben, und die Sonne verbrannte mir das Gesicht, während das eiskalte Meer mich zwischen Himmel und Erde hielt. Ein lauer Lufthauch schwebte langsam im Mittag; eine große Würde erdrückte jeglichen Gedanken; in der Ferne vereinzelt Vogelschreie und das Tosen der Wellen.

Verwirrt stieg ich aus dem Wasser. Ich war froh, als ich niemanden sah. Da standen meine Sandalen, ich zog sie an und spazierte über den Strand, der heiß war wie glühende Kohlen. Und wieder mein Körper, mein schweres Gehen, das Spuren hinterläßt.

Unter den Palmen nahm ich das Handtuch und begann mich abzutrocknen. Als ich die Schuhe auszog, rief der Kontakt mit dem kalten Sand im Schatten ein unangenehmes Gefühl in mir hervor; ich wandte den Kopf, um das Meer zu sehen; dennoch blieb ein quälender Mißton, fast so etwas wie aufkeimende Angst, in mir zurück.

Ich hatte lange Zeit im Halbschlaf auf dem Bauch gelegen, als ich seine heisere Stimme mein Ohr streifen fühlte. Er berührte mich nicht, sondern sagte nur: „Noch nie bin ich mit einer Frau zusammengewesen."

Regungslos blieb ich liegen. Ich hörte den Wind dicht am Boden über den Sand schmirgeln.

Als wir unsere Sachen zusammenpackten, um nach Hause zu fahren, bemerkte Román:

„Er spinnt, den ganzen Nachmittag ist er dagelegen und hat sich von den Wellen überspülen lassen. Nicht einmal als ich ihm sagte, er solle essen kommen, hat er sich gerührt. Das Bild läßt mich nicht los, er sah aus wie ein Ertrunkener."

Nach dem Abendessen gingen sie einen Spaziergang oder Besuch machen, den Mädchen nachschauen oder mit ihnen sprechen und lachen, ohne zu wissen, warum. Alleingelassen, ging ich aus dem Haus. Ich schlenderte ohne Eile durch das angrenzende Brachland und stieg vorsichtig auf die Steine und die knackenden Triebe des Portulaks. Vom Fluß her stieg das stoßweise, breite Quaken der Frösche hoch, es mochten Hunderte, Tausende sein. Der Himmel tiefhängend wie ein Dach, klar und zum Greifen nahe. Es stimmte mich zufrieden, als ich sah, daß das Funkeln der Sterne genau dem Quarren der Frösche entsprach.

Ich ging weiter, bis ich an eine Biegung kam, wo man durch die Bäume hindurch den Fluß sehen konnte, da unten, weiß. Im Halbschatten des fremden Gartens blieb ich stehen, als wollte ich mich unterstellen, und sah ihn dahinfließen. Unter meinen Füßen eine dicke Laubschicht, und darunter noch die feuchte Erde, die nach diesem gesunden Ferment riecht, welches dennoch der Verwesung so nahe ist. Ich lehnte mich an einen Baum und schaute auf das Flußbett unten, das taghell war. Unwillkürlich strichen meine Hände über die schlanke, sinnliche und feine Linie und die brennende Rauheit der Rinde. Die Frösche und die erhöhte Note einer Grille, der Fluß und meine Hände, die den Baum erkannten. Alles Wege des Blutes, fremden und meines eigenen, allen gemeinsam und hier, zu dieser Stunde, an diesem dunklen Flußufer, in Wallung geraten.

Die Schritte auf dem dürren Laub, das Murmeln, ersticktes Lachen, alles war ganz natürlich, aber ich erschrak und ging hastig von dort weg. Vergebens, denn ich stieß unversehens auf zwei schwarze Silhouetten, die sich gegen eine Gartenmauer lehnten und leicht erbebten in einer konvulsiven Umarmung. Plötzlich hatten sie aufgehört zu reden, zu lachen, und waren verstummt.

Ich konnte nicht umhin, Lärm zu machen, und als ich rasch und verschämt flüchtete, hörte ich deutlich die volltönende Stimme der Toña, die sagte:

„Mach dir keine Sorgen, es ist die Señora."

Die Wangen brannten mir, und der Kontakt mit dieser Stimme verfolgte mich die ganze Nacht hindurch in Träumen, merkwürdigen, schweren Träumen.

Ein Tag glich dem andern; äußerlich waren sie alle gleich, aber man spürte, wie wir Schritt für Schritt tiefer in den Sommer eindrangen.

In jener Nacht war die Luft viel schwüler als sonst, vollkommen verschieden von allem, was ich bis dahin gekannt hatte. Jetzt, in der Erinnerung, atme ich sie wieder tief ein.

Ich hatte keine Kraft, um spazierenzugehen, ja nicht einmal, um mir ein Nachthemd überzuziehen; nackt blieb ich auf dem Bett liegen, schaute durch das Fenster auf einen fixen Punkt am Himmel, vielleicht auf einen Stern zwischen den Zweigen. Ich jammerte nicht, lag bloß da, wie ein krankes Tier, das sich der Natur überläßt. Ich dachte an nichts, und fast könnte ich sagen, daß ich nichts fühlte. Das einzig Wirkliche bestand darin, daß mein Körper entsetzlich schwer war; nein, vielmehr war es so, daß ich mich einfach nicht rühren konnte, wenngleich ich nicht weiß warum. Und dennoch, das war alles: Unbeweglich lag ich stundenlang, ohne einen einzigen Gedanken, als triebe ich auf dem Meer unter diesem klaren Himmel. Aber ich hatte keine Angst. Nichts drang bis zu mir; der Lärm, die Schatten, die Geräusche, alles war fern, und das einzige, was blieb, war mein eigenes Gewicht auf der Erde oder auf dem Wasser; darum zentrierte sich alles in jener Nacht.

Ich glaube, daß ich fast nicht atmete, zumindest erinnere ich mich nicht daran; ich verspürte auch kein Bedürfnis danach. Diesen Zustand kann man nicht beschreiben, denn man ist fast nicht da, noch ihn in der Zeit messen, denn es ist eine andere Tiefenschicht, der er angehört.

Ich erinnere mich, daß ich hörte, wie die Jungen zurückkamen, den Hausflur absperrten und tuschelnd auf ihr Zimmer gingen. Ich hörte ihre Schritte sehr deutlich, aber auch dann noch bewegte ich mich nicht. Es war eine verlockende Falle, diese seltsame Schwere.

Als ich das leise Geräusch hörte, verspannte sich alles in mir, ich lauschte nervös, als wäre es das, worauf ich diese ganze nicht endenwollende Zeit gewartet hatte. Ein Knistern und eine Art Erschütterung, wie die Schwingung, die ein Wort in der Luft hinterläßt, ohne daß jemand eine Silbe gesagt hätte, und mit einem Satz sprang ich aus dem Bett. Draußen auf dem Gang atmete jemand, man konnte es nicht hören, aber er war dort, und seine erregte Brust hob und senkte sich im selben Rhythmus wie meine; das machte uns einander gleich, beseitigte jegliche Distanz. Neben dem Bett stehend, hob ich sehnsüchtig die Arme und schloß die Augen. Nun wußte ich, wer jenseits der Tür war. Ich ging nicht, sie zu öffnen; als ich die Hand auf die Türschnalle legte, hatte ich keinen einzigen Schritt getan. Ich ging ihm auch nicht entgegen, wir trafen uns einfach, auf der anderen Seite der Tür. In der Dunkelheit war es unmöglich, ihn genau zu sehen, aber das war auch nicht nötig, ich spürte seine Haut sehr nahe an der meinen. Wir blieben einander gegenüber stehen, wie zwei Blinde, die sich in die Augen schauen wollen. Dann legte er seine Hände auf meinen Rücken und erschauerte. Langsam zog er mich an sich und hüllte mich in seine große, mühsam gezügelte Begierde. Er begann mich zu küssen, zuerst ganz flüchtig, wie zerstreut, und dann wurde sein Kuß allmählich ein einziger, ununterbrochener. Ich umarmte ihn mit allen meinen Kräften, und da fühlte ich in meinen Armen und Händen seine Flanken pulsieren, seinen Rücken beben. Inmitten dieses einzigen Kusses in meiner Einsamkeit, dieses sanften Taumels, tasteten meine Finger den Torso wie einen Baum ab, und dieser junge Körper erschien mir wie ein Fluß, der im Verborgenen dahinströmt, sei es unter der goldenen Sonne oder in der Blindheit der Nacht. Und da sprach ich den geheiligten Namen aus.

Julio verließ sehr bald danach unser Haus, sicher haßte er mich, zumindest hoffe ich das. Die Demütigung, an Stelle des anderen angenommen worden zu sein, und das Entsetzen darüber, zu wissen, wer dieser andere in mir war, bewirkte, daß er mich heftig zurückwies in dem Augenblick, da er den Namen hörte, und in der Dunkelheit mit den Fäusten auf mich einschlug, während ich sein Schluchzen hörte. Aber an den folgenden Tagen weigerte er sich, mich anzusehen, und war so niedergeschlagen, daß es schien, er schämte sich für sich selbst. Am Abend vor seiner Abreise sprach ich das erste Mal seit der Nacht des Kusses unter vier Augen mit ihm und erklärte es ihm, so gut ich konnte; ich sagte ihm, daß ich selber nichts davon gewußt hätte, daß ich aber nicht glaubte, daß meine Unwissenheit mich unschuldig machte.

„Das zwischen uns war eine Lüge, denn auch wenn es sich erfüllt hätte, wären wir getrennt. Und dennoch, inmitten der Beklemmung und der Leere, fühle ich eine große Freude: Ich freue mich darüber, daß ich die Schuldige bin und daß du es bist. Es freut mich, daß du für die Unschuld meines Sohnes büßt, auch wenn das ungerecht sein mag."

Dann schickte ich Román nach Mexico-City zum Studieren und blieb allein zurück.

Aus: La Señal. México: Ediciones Era, 1965.

María Luisa Mendoza Romero

(Mexiko)

María Luisa Mendoza Romero

Über ihr Geburtsjahr kursieren mindestens vier verschiedene Versionen, ein Verwirrspiel, das von der Autorin gezielt und mit größtem Genuß gefördert wird. Persönlich befragt, meint sie, ein Wert zwischen 1935 und 1938 käme ihr in etwa recht... Ihr Geburtsort ist Guanajuato, eine alte Bergwerksstadt etwa 400 km nördlich von Mexico-City.

Sie absolvierte an der Universidad Femenina de México eine Ausbildung als Designerin für Innenausstattungen, die sie 1947 abschloß, sowie als Bühnenbilderin am Instituto Nacional de Bellas Artes (bis 1953). Zudem studierte sie von 1950 bis 1954 Spanische Philologie an der UNAM.

Seit 1954 ist sie in diversen mexikanischen Tageszeitungen, darunter *Excélsior, Novedades, El Universal,* als Journalistin tätig. 1962 gründete sie die Zeitung *El Día,* später auch die Frauenzeitschriften *La Mujer de Hoy* und *Mujeres.* Bekannt wurde sie durch ihre zahlreichen Sendungen in verschiedenen Fernsehstationen des Landes; unter anderem leitete sie von 1980 bis 87 das Programm „Un Día un Escritor", im Canal 13, wo täglich mexikanische Schriftsteller interviewt wurden.

María Luisa Mendoza ist neben ihrer schriftstellerischen und journalistischen Tätigkeit stets politisch engagiert gewesen; so war sie etwa 1985–1988 Kongreßabgeordnete der regierenden Partei PRI, und 1987 wurde sie von ihrem Land zur Dritten Weltabrüstungskonferenz als Delegierte entsandt. Weiters ist sie Mitglied der Vereinigung „Parlamentarierinnen der Welt für den Frieden". Seit Jänner 1989 ist sie Verantwortliche für den Bosque de Chapultepec, die „Grüne Lunge" der von Umweltverpestung bedrohten mexikanischen Hauptstadt. Auch sonst ist sie in verschiedenen Tierschutz- und Umweltorganisationen aktiv. Für ihre 30jährige journalistische Tätigkeit bekam sie 1984 den mexikanischen Staatspreis für Journalismus und Information.

María Luisa Mendozas Schreiben zeichnet sich durch eine stark barocke, üppige, exotische Note aus, die sie stilistisch etwa in die Nähe von Alejo Carpentier stellt, jedoch mit einem ausgeprägten Sinn für Humor und mit Mexikanismen gespickten Wortspielen, die das Übersetzen ihrer Texte nicht gerade zu einem Kinderspiel machen...

In einem Brief vom 19. März 1990 schreibt mir die als „La China" bekannte Autorin:

„Das Jahrhundert geht schon seinem Ende zu, und wir Frauen leben noch immer unter seiner Fuchtel, der männlichen, was letzten Endes nicht das Schlechteste ist, meinst Du nicht auch? Ich bin eine Masochistin in Sachen

Liebe – ebenfalls eine Verschwendung –, Voyeurin, und wenn ‚mich die göttliche Gabe überkommt', wie meine Mutter sagen würde, möchte ich am liebsten auf und davonlaufen, denn die Freiheit, die mich so viele Tränen gekostet hat, ist frei von allen Fesseln."

Werke:

Con él, conmigo, con nosotros tres. Cronovela. México: Joaquín Mortiz, 1971 (^{2}1971, ^{3}1973, ^{4}1984; Roman über das Massaker von Tlatelolco, geschrieben 1968/69 im Rahmen eines Stipendiums des Centro Mexicano de Escritores; für ihn bekam sie 1972 den Literaturpreis „Premio Magda Donato").

La O por lo redondo. México: Grijalbo, 1971 (Sammlung ihrer 1962–1972 in der gleichnamigen Kolumne veröffentlichten Zeitungsartikel).

Maquinita de hacer ruido (zusammen mit der Malerin Carmen Parra). México, 1972 (künstlerisch gestaltetes Objektbuch im Eigenverlag).

Crónica de Chile. México: Diana, 1972 (Reportagen; Staatspreis „Bernal Díaz del Castillo").

Allende el Bravo (zusammen mit ihrem damaligen Mann Edmundo Domínguez Aragonés). México: Diana, 1973 (Chronik).

¡Oiga Usted! México: Samo, 1973 (Vorträge).

De Ausencia. México: Joaquín Mortiz, 1974 (^{2}1975, ^{3}1984; Roman über eine mexikanische femme fatale, auch interpretiert als „weiblicher Dorian Gray").

Ra-re-ri-ro-Rusia (URSS). México: Fondo de Cultura Económica, 1974 (Reisebericht über die UdSSR).

Carmen Serdán – Tris de sol. México: Departamento Editorial de la Secretaría de la Presidencia, 1976 (^{2}1987; Biographie einer mexikanischen Revolutionärin).

Las Cosas. México: Joaquín Mortiz, 1976 (kritische Texte über die Konsumgesellschaft, mit Collagen der Autorin illustriert).

Retrato de mi Gentedad. México: Instituto Nacional de Antropología e Historia, 1979 (Fotos und Impressionen aus dem alten Guanajuato).

El perro de la escribana o Las piedecasas. México: Joaquín Mortiz, 1982 (^{2}1982; Roman).

Ojos de papel volando. México: Joaquín Mortiz, 1985 (^{2}1990; Erzählungen).

El Día del Mar. México: Secretaría de Educación Publica, 1985 (Erzählungen für Kinder).

Trompo a la uña. Villahermosa: Gobierno del Estado de Tabasco, 1989 (Sammlung ihrer in der gleichnamigen Kolumne in Excélsior veröffentlichten Zeitungsartikel).

Zur Zeit hat sie eine Autobiographie für den Fondo de Cultura Económica in Vorbereitung.

María Luisa Mendoza Romero

Erster Spiegel

Bereits aufgeblasen, in einer sich über viele Meter hinziehenden Schwellung, schwerfällig sich wiegend, rhythmisch hin- und herschaukelnd, stillstehend in der Luft, schwebend, als hätte es kein Gewicht, als wäre es der Luftballon eines Riesenkinds, das ihn an tausenden Seilen hielte, so gigantische Ausmaße nahm es an. Blöde, stumpfsinnig, fast könnte man sagen, stupide, Pendel des Windes, gezähmter Äolus, im Behälter gefangener Hauch, elefantös, leicht komisch, faszinierend, Teufelsmaschine, Schirm aus gelbem und rotem Wachstuch, phallische Reminiszenz im Unterbewußten, Aufforderung, in die weiße Zone der Kindheit im Park mit Amme und Kinderwagen zurückzukehren, um keine schlechten Gedanken aufkommen zu lassen an den überdimensionalen Penis dort oben, entzündet, aber nicht bedrohlich, Rute im Schaufenster, unerreichbarer anstößiger Gegenstand, der seinen Kopf eines brünstigen Bocks über den makellosen Venushügel eines Himmels lustwandeln ließ, der sein Begehren nicht erwiderte, frigid, homosexuell, jenseits von Gut und Böse, blauer Schenkel, an dem das Lenkschiff – denn das ist es – seine prall gespannte priapische Haut spazierenführen kann, die bereits zittert vor so viel blähendem Inhalt, der nach Gas und Gummi riecht und pfeift, wenn er in der Werkstatt von Ford ausgelassen wird; ein Zittern, das andererseits nichts zu bedeuten hat außer einem leichten Schwindelgefühl in dem Blechgehäuse, das von den Kabeln hängt, die es am Boden festhalten, das Gehäuse an ihm vertäut halten und beide in der Höhe gefangen halten, zur Unterhaltung der Kinder, die raten, was zuerst war, die Henne oder das Ei, der Zeppelin oder die Fahrgastkabine...

Bereits aufgebläht wartete also der moderne Dinosaurier darauf, daß sich die Aufenthaltsräume des zweistöckigen Gehäuses, das ihn noch an die Erde band trotz all seiner unendlichen Aufgeblasenheit, mit der er sich als echter Ballon erweisen wollte, im Frieden und nicht im Krieg, nein, der war vorbei, darauf, daß sich die Schiebefenster, die noch die Brise des blühenden Feldes hereinließen – Duft nach Narden, nach römischen Blumen im Aufblühen – mit Reisenden füllten, die sich aus ihnen beugen würden, um hinauszusehen, Taschentücher oder Mützen oder Kappen zu schwenken, oder gar Botschaften, die sie dort oben dann fallen zu lassen gedachten, wenn die Reise erst anfinge, wenn sie endlich Platz genommen hätten in ihren Korbmöbeln mit luftgefüllten Kissen, miserablem Abglanz en miniature der göttlich angehauchten Seele des großvaterhaften Ballons, eine Hälfte außerhalb des Hangars, die andere Hälfte noch drinnen, damit die Damen – also sie – ein Stoßgebet verrichteten, das noch einmal die schlechten, wollüstigen und sündigen Gedanken an das pralle Fleisch der Männer vertreiben sollte, wenn diese ihre mit Venen und Samen gefüllten Zeppeline zu den schwarzen Dreiekken ihrer eigenen Sünden zwischen den Beinen der Damen – also ihren – hinlenken, die nun „keuschestes Herz unserer Jungfrau Maria..." murmelten, und damit die Herren insgeheim über die sexuelle Vorstellung lachten (das wäre ja Wahnsinn), die der idiotische Zeppelin in ihnen erweckte, in ihren Gehirnen, die doch daran gewöhnt waren, Luftblasen mit Champagner zu assoziieren und mit Kurtisanenbesitz in nächtlichen Ausschweifungen, die für sie erfunden waren, die ehrenwerten Herren, die durch die Welt reisten oder in Italien lebten oder heute zum Beispiel mit dem Lenkschiff spazierenfuhren, als Vorkämpfer dessen, was man später „eine neue aristokratische Sportart" nennen sollte.

Die waghalsigen Reisenden der Luft, als solche bezeichnet in der heutigen Morgenzeitung, die in den Cafés gelesen wurde, in Schlafzimmern, die sich noch der frischen Aprilluft verschlossen, in Gängen des Heiligen Offiziums und des Vatikans und der zahlreichen roten samtigen vergoldeten ungelüfteten urgemütlichen ex profeso verführerischen übelbeleumundeten Häuser, freudenreich und lusterweckend, lasterhaft und mit einem Wort: Bordelle, und mit einem anderen: Kuppelburgen des römisch-katholischen apostolischen Roms der Extravaganzen, die waghalsigen Reisenden der Luft warteten nervös am Fuß der Treppe versammelt, die ein wenig steil war für die zwanzig Gemahlinnen oder auch unvermählten Damen, welche dort harrten, in ihre engen, am Steißbein oberhalb der Pobacken aufgebauschten Röcke gehüllt, die noch ein wenig an die Krinoline erinnerten, diese bereits vergessene und dennoch allgegenwärtige Großmutter, vor allem was die Rundungen betraf, die eine frivole Mode von Überröcken sowie die bemerkenswerte Tendenz, die Knöchel und den Wadenansatz immer mehr unbedeckt zu lassen, noch zusätzlich hervorhob, was durch unfehlbare und geheimnisvolle Zauberkraft der Keuschheit abträgliche Gedanken heraufbeschwor, eine unsichtbare Krinoline, die eine Metamorphose mitmachte, sich von Wolle, Flockseide oder Federn in lüsternes Fleisch verwandelte, das durch die unerforschliche Weisheit der Natur die vom Schneider kreierte Ausbuchtung ersetzte, in ein wahrhaftes Hintergestell von Fleisch und Blut, das da wackelte und wedelte und abends nicht abgenommen zu werden brauchte, sondern am Ende des Bürzels am Gesäß der Frauen haften blieb, welche in der Dunkelheit fachkundige Kurtisanen waren und am Morgen, wie eben an diesem Morgen, elegante Damen, nach der Mode der zwanziger Jahre gekleidet, die anscheinend gut begannen, abseits von blutigen Kriegen oder Stoffetzen, die weibliche Körper bis zur Verzweiflung bedeckten.

Es warteten, wie wir sagten, die vierundzwanzig Gemahle oder Bräutigame oder Liebhaber oder Frauenhasser oder Päderasten oder gewöhnlichen teufelverlassenen Sterblichen, alle ohne Ausnahme den Nacken in einen steifen Kragen gezwängt mit vorne abgerundeten oder spitzen Ekken oder nach außen umgeschlagenen wie eine Markierung bei der Seite im Buch, wo man stehen geblieben war, alle ohne Ausnahme mit Krawatte, Gilet und Hut, einige aus Stroh, andere aus Filz, ein gewagter Jüngling auch mit Schirmmütze, oder mit einem Soldatenkäppi der einzige Militär, der weder Kragen noch Krawatte noch Uhrkette mit Taschenuhr noch Gilet noch Hut noch Kappe oder Mütze trug, sondern einfach ein Käppi, wie es sich eben für Angehörige der Landstreitkräfte gehört.

Es warteten auch elf Kinder verschiedener Altersstufen, denn man kann ja nie mit Sicherheit sagen, wie alt ein Kind ist, wenn man nicht selber ein Kind zur Welt gebracht hat, um mit mehr oder minder großer Gewißheit das Alter der übrigen Kinder von anderen Männern und Frauen angeben zu können, die danach lechzten, einmal jenen schwülstigen, schweigsamen Apparat erklimmen zu dürfen, der seinerseits darauf wartete, bestiegen zu werden. Die frisch gewaschenen Kleinen, die in den Ankleidezimmern bei sich zu Hause herausgeputzt worden waren oder in den Empfangssalons der Hotels, diesen winzigen Kammern, die an die Schlafzimmer jedes italienischen Beherbergungsbetriebs angehängt sind, garniert mit Porzellangirlanden, goldenen Uhren, die nicht funktionieren, einem Sofa und zwei unbequemen Fauteuils, die dazu dienen, darauf die Pakete abzulegen, die man in den vornehmen Geschäften und Kaufläden erstanden hat, die auf dem Gebiet der handgenähten Wäsche Einzelstücke herstellen, wie man sie in keinem anderen Geschäft oder Kaufladen der Stadt Rom wiederfindet und noch viel weniger in einem Geschäft oder Kaufladen irgendeiner anderen Stadt auf der Welt, die Bambini, regungslos wegen des Abenteuers, das sie nun gleich erleben würden, und wegen der nicht enden wollenden unendlichen Fülle von wunderbaren Zylindern, Flaschenzügen, Saugrohren, Kabeln und Seilen und Bindfäden und Drähten und runden oder geraden Eisenteilen,

Schloten, Fensterscheiben, Teilen aus edlen Hölzern, die Fächer an den Fenstern bildeten, und, vor allem das, vor allem die unzählbare Menge an Sandsäcken, die am Treppenabsatz am Ende der Stiege aufgetürmt waren und gleichfalls darauf warteten, durch ein Loch abgeworfen zu werden, das einstweilen noch durch ein langmaschiges metallisches Netz verschlossen war, das, wie sie wußten, aufgemacht werden würde, um daraus die köstlichen Säckchen zu werfen, die den Ballast darsteilten, zusammen mit friedlichen Manifesten zur Erinnerung an den Jungfernflug des Zeppelin M1 – des ehemaligen Lenkschiffs der Königlichen Marine –, warteten.

Im Haupteingang erschien nun der Kapitän des Luftschiffes und lud die Reisenden ein, den Aufstieg über die Stufen der Treppe in Angriff zu nehmen, wobei er sich mehrmals verbeugte und lachend viele unverschämte Zähne entblößte, die zwischen den roten Lippen glänzten wie angemalt, und von seiner Brust Goldfäden herabhängen ließ, zu denen dann noch tausende kleine verdrehte Kordeln aus Gold hinzukamen, die die Schulterbesätze säumten und sich der Schwerkraft gehorchend in Pendelbewegungen schaukelten.

Da flatterten die Ausflügler flink auf die Aufforderung hin herbei und formten eine bunte Gänsereihe, die unter Geschnatter, Gekicher, Gezeter oder gedämpften Rufen, elegant halblaut hingehaucht mit vom Tee und exquisiten Speisen geschliffenen Stimmen, um den strengen Lehren verstorbener, pensionierter oder noch tätiger Gouvernanten Ehre zu machen, die sich tapfer schlugen in den hintersten Salons der Adelshäuser, Schlösser, Chalets oder Stadtresidenzen, um den Kindern beizubringen, wie man mit sanftem Tonfall spricht, der nicht in den Ohren weh tut und der vor allem nicht von anderen Personen gehört würde, denen keine Rolle als Gesprächspartner oder Konfidenten zukäme, die aber sonst Kenntnis über Daten oder Familiengeheimnisse oder Seelenzustände erlangen könnten, die man doch nur denen anvertrauen wollte, denen dies aufgrund ihrer sozialen Stellung, durch gewisse Umstände bedingt oder aus eigenem Recht zustand.

Das Schiff, großspurig so benannt von der Privatgesellschaft, die in hartem und erbittertem Kampf das Lenkschiff erworben hatte, in einem Kaufgeschäft, um das man sie selbst in den exklusivsten Börsenkreisen des mediterranen Italien beneidet hatte, war in zwei Stockwerke geteilt, die miteinander durch eine mit weinrotem Samt ausgelegte Wendeltreppe verbunden waren. Die Sitze, vierzehn auf der rechten Seite und vierzehn auf der linken Seite, oben und unten, boten Platz für Paare, die die Landschaft mit derselben Leichtigkeit betrachten konnten, wenn auch der Passagier, der nicht das Glück hatte, am Fenster zu sitzen, sei es durch einen unglücklichen Zufall, sei es aus der ehelichen Verpflichtung, der Gefährtin die bessere Sicht zu überlassen, einige leichte, nichtsdestoweniger aber lästige Bewegungen machen mußte, um zu erspähen, was unten vorging, dort unten, wo die Menschen arbeiteten und sich dabei durch die Straßen der päpstlichen Stadt fortbewegten. Dieses unvermeidliche Heranrücken des Sitzes an das Fenster wurde noch, obgleich dies eigentlich nicht sein sollte, durch das unfeine Gefühl der aufgeblasenen Sitze erschwert, die auf ersten Anhieb, beim Draufsetzen, das Gefühl einer harten, nebeligen Masse vermittelten, die den ganzen Körper gelatineartig umgab, so daß dieser, einem drehenden Schwindel ausgeliefert, keine Ruhe fand oder aber im Gegenteil hilflos umhergetrieben wurde in den Wassern eines magischen Flusses, der einen stürmisch umwerfen wollte, wie einen Reisenden in einem armseligen Indianerkanu. Natürlich wurde diese Unzukömmlichkeit sofort rationalisiert und akzeptiert, ja mehr noch, aufgrund des exotischen Kitzels, das sie bot: Luftkissen, die wissen gar nicht mehr, was sie noch alles erfinden sollen!

Wenn einer der Anwesenden noch eine gewisse Angst gehegt hatte, wie sie natürlich und logisch angesichts des bevorstehenden Abhebens in die Lüfte sein mochte, so machten die anmutige Innenausstattung des Dampfers, seine bezaubernden Accessoires, die Teppiche, die von Margariten überquellenden Beistelltischchen, die Modezeitschriften, mit denen man sich die Zeit vertreiben konnte, alle zweifellos neu in ihrer jungfräulichen Unberührtheit, die mit Perlmutter besetzten Zigarrenschachteln, sehr originell in ihrer an ultramarine Zeppeline erinnernden eiförmigen Gestalt, und das prompte Service von Bedienten, die ebenfalls als Matrosen verkleidet waren, als ob die Companie auf diese Art und Weise eine Hommage an die Königliche Marine abstatten wollte, indem sie Gemeinsamkeiten des Reisekomforts unterstrich: Ballon mit schwangeren Segeln, Backbord und Steuerbord, die in der Steuergondel ihren krönenden Abschluß fanden, schweben anstatt zu segeln, Sand anstelle des Ankers, Kompaß gleich Kompaß, Seile gleich Tauen, himmlische Lüfte statt Brisen auf hoher See, Diener, die den Balloneuren dampfenden Kaffee in Tassen aus feinstem chinesischen Porzellan servierten, so erwies sich also jegliche Furcht als unwahrscheinlich und absurd. Die Lenkschiffer fühlten sich hiemit wie neue Christoph Kolumbusse, ja mehr noch, unbeschwerte Marco Polos. Sicher, gelassen, ließen sie in ihren Herzen den Ruf „Land in Sicht!" und in ihrem Geist die Phantasie heranwachsen, den Traum sich verwirklichen.

Die Landschaft glitt rückwärts, und in der Gruppe machte sich eine nur allzu plausible Jungfernfahrtstimmung breit: Der Hangar ist schon leer, wir sind draußen, es geht los, voran und aufwärts. Was für ein herrliches politisches Motto das abgeben würde! dachte sie, während ihr Gesichtchen die vielen anderen von Mechanikern und Reportern betrachtete, von denen die ersteren Zeichen mit verschiedenen hübschen farbigen Fähnchen machten und zweitere mit dem Magnesiumlicht ihrer Kameras leuchteten und Plop-Plops in den Morgen abfeuerten wie Leuchtkäferchen, die sich durch einen Weckkataklysmus in der Stunde geirrt hatten. Und so begann plötzlich der Lärm. Hunderttausend Zahnräder rollten ihre dunklen Glanzlichter, ihre schlüpfrigen öligen unberührbaren Häute; es spannten sich die Koppelriemen, das lichterfüllte Wachstuch pochte, schnalzte bedrohlich, es fiel der erste sandgefüllte Sack zu Boden, und dann waren es zehn Zentimeter, bald ein Meter, dann drei, und auf diese Weise, während sich das Monstrum in die Lüfte erhob, stieg mit ihm ein unerträgliches Getöse auf, ein höllisches Gedröhn wie von einer Lokomotive, begleitet von mißtrauischen, zweifelnden, verabschiedenden, hypnotisierten, reuevollen oder ruhigen Blicken von Leuten, die schon alle möglichen Höllen gesehen hatten, und dieses Ungetüm wird mich nicht aus der Fassung bringen, schließlich und endlich hat es mich schon so gereizt, adieu, Erde, adieu; so reiß' dich zusammen, das ist doch die natürlichste Sache der Welt, du erlebst eben den Anbruch des neuen Zeitalters der mutierenden Reisen mit; Rom – Paris in zwanzig Stunden, Rom – New York in zweiundsiebzig? hast du Töne!, schau nur, schau, wie die Menschen zwergenklein werden, die Gebäude wie Puppenhäuser, die Bäume wie Flaum, sieh nur, sieh, die goldene Stadt mit ihrer silbergrauen korinthischen Säule des Tibers und ihrer kolosseischen Kasserolle, ihrem gespaltenen türkischen Honig von Viktor Emanuel, ihren Brücken und Alleen, ihrer rigorosen lesbischen Ehe zwischen der Via Appia und der Via Aurelia, ihren fünf Millionen Katern, die unter den Ruinen und den Tischen der Kaffeehäuser im Freien und im Eingesperrten dahinlaufen und die man von hier aus nicht mehr sehen kann, endlich ohne diesen Geruch nach Gepisse und ohne diese biblischen Blicke von rabbinischen Richtern, die den Hunden haarloser Herrchen oder behaarten Herrenhunden kein Pardon geben, die rabbinische Hunde niemals begnadigen und so fort.

Von nun an werde ich immer in der himmlischen Maschine reisen, denn als alte Fliegerin weiß ich, wie man den Zeppelin zum Zappeln bringt, dachte Ausencia Bautista, während sie sich das Moiré des Kleiderbausches zurechtrückte, der Ton in Ton mit dem Sonnenschirmchen gehalten war, das gedemütigt schien von den Aufstiegsmanövern, von denen es, zusammen mit Ausencia, gen Himmel getragen wurde, sie: die Beschirmung vor der Sonne, Schattenspenderin, Schutz und Schirm über jedem Schirmhütchen, Abschirmung vor guten und schlechten Gedanken, vor Wortblasen, Blikken, die töten wie Dolchstiche, vor kurzsichtigen Stielaugen oder Augengezwinker, das geblendet von Farben oder Geschmäckern oder Verheißungen war, oder auch manchesmal vor männlichen mauschelnden malträtierenden Küssen, Vorboten anderer Küsse, von denen das Schirmchen kein Zeugnis ablegen konnte, denn seine Zeugenschaft beschränkte sich auf das, was sich unter der Sonne abspielte, Sonnendach, Markise war es, Mittelding zwischen Sonne und Sonnenblume, brachte das Schirmchen Halbschatten und üble Nachreden und Einkaufs- sowie Sündenlisten hervor. Das Schirmchen wurde abgespannt, wenn die unter seinen Unterröcken ausgeheckten Vorgänge in die Tat umgesetzt wurden, verwickelt in sein graziöses Gerippe in der Übertreibung, unnütz in der Klausur zwischen Beinkleidern aus Stoff, die gestern noch Sonnensegel waren, heute, seit einer halben Stunde Halbwirklichkeit, Abmagerung wegen Nutzlosigkeit, Diät in Dunkelhaft, da keine Sonne da war, die es abzuschirmen galt.

Als Ausencia und Sonnenschirmchen sich anschickten, den Spazierflug im Zeppelin zu machen, hatte die Levitation bereits ihre Schrecken für sie beide verloren, diese kupplerischen Gefährtinnen, wie Zwillinge gekleidet: beide in Moiré Farbe Duvivier.

Das Glück zeigt sich manchmal in den düstersten Farben, schwarz oder rot, aber es kann auch duvivierfärbig sein. Duvivier, Ausencias Freund, hatte ihr den Luftpaß gegeben, für den Zeppelin, kaum daß er von der Tournée gehört hatte, die dieses Frühjahr nach Rom kam. Ausencia, Ausencia, dein Platz ist in den Höhen, Schönheit, sagte er zu ihr und zog noch ein bißchen mehr an dem Batisthemd, das einen Halbmond der runden, erigierten, düsteren Brustwarze der Frau verdeckte, die für die ockerfarbenen Konterfeis posierte, welche Julien auf wundersame Art in Porträts verwandelte, durchsichtig für sein Auge der Kamera mit Laufbildern, die er zu patentieren gedachte, oder in hübsche altmodische schwarze Schattenrisse aus Papier, die er an die feine Gesellschaft Roms verkaufte und dank derer er sich napoleonisch am Leben erhielt, wenn schon nicht kaiserlich, so doch fürs erste auskömmlich, modus vivendis recortaris, rief Ausencia aus, negroris putativis, setzte Julien schulmeisterlich in dem latinisierenden Kauderwelsch hinzu, das meistens, nicht immer, denn das hing von der Stärke des Weins oder dem Prasseln des Regens ab, in einem düsteren Koitus endete, der die Frau in höchsten Genüssen schwelgen ließ und auf einen Sitz den armen Künstler entleerte, der zwischen der Bedrängnis von Schweiß und Samen davon träumte, eine Aladinsche Wunderlampe zu erfinden, die irgendwann einmal, mit der Zeit, sich zu bewegten Bildern fortentwickeln würde, welche die Menschen von anderen Samenergüssen und anderen Aladinen träumen lassen würde.

Julien Duvivier, sagte Ausencia bei sich, ist ein herrlicher verkommener aufs Vögeln versessener Franzmann, aber genau das gefällt mir an ihm, diesem Hungerleider, würdig wie der Rebell aus meiner Vergangenheit, wie die Minenarbeiter aus meiner Gegenwart, Minenarbeiter… Minen, meine Vergangenheit… Sie ergriff – mit ihrer Hand, die an eine Löwenklaue erinnerte, wie an der Kugel eines Klavierbeins, eines Tischbeins in einem dunklen Salon mit geschlossenen Balken, es klopft draußen, Ausencia, wer kann denn das sein um diese Stunde?… Ausencia, es klopft draußen – das mit Spitzen und applizierten Blümchen gesäumte Schirmchen und kehrte mit ihren großäugigen Augen zurück zum Fenster und zur Erde, die da weit unten in Miniaturausgabe lag und sie daran erinnerte, daß diese Stadt da Rom hieß und daß in einer ihrer Straßen, in einem ihrer Zimmer, Julien dabei war, seine wirklichkeitsgetreuen Photographien auszuarbeiten, die die Krümmung ihres Busens festhielten, umschmeichelt vom italienischen Licht einer Stadt, die Sonnenkringel des Adriatischen, Jonischen, Tyrrhenischen und des Mittelländischen Meeres empfing.

Ach, Ausencia, wenn dein Vater dich sehen könnte! Mein Vater, Scheißeinwanderer aus Nordspanien, Arschkriecher der Reichen. Was hat dem elenden Kerl denn seine ganze Speichelleckerei bei den Mächtigen genützt, hier möcht' ich ihn sehen, wie er rausschaut und die Alpen sucht, die sind im Norden, haben sie gesagt, denn da unten, das sind die Apenninen, vielleicht kann ich sie sehen, wer hätte dir das gesagt, Ausencia, schau nur, da sitzt du nun und siehst und schaust und ahnst die Erschütterungen des Vesuvs voraus, die die ganze Horde von Prostituierten in heißer Scheiße geschmort haben, mitten in voller Aktion, so wie du. Ich eine Hure? das wäre ja noch schöner, na, die möcht ich sehen, sehen möcht' ich sie, diese Weibsbilder mit eng geschnürtem Korsett, wie sie sich anstellen mit den Typen, mit denen ich's aufgenommen hab', die haben mir Sachen eingebrockt, so wahr ich hier vor dir stehe, so wie ich da stehe... Wenn mein Vater mich sehen könnte, wiederholte Ausencia, würde er sich Hals über Kopf in mich verlieben... Wenn ich ein Mann wäre, würde ich mit mir selbst ins Bett gehen... aber dann müßt' ich ja eine Frau sein, und das hängt mir schon beim Hals raus...

„Verzeihen Sie, gnädige Frau, was meinen gnädige Frau, werden wir zum Mittagessen in Rom zurück sein?" (wie schnell, mit welcher Voreile habe ich sie aus ihren Gedanken gerissen, Weib, Weibsstück, gestandenes, pralles, so mag ich sie, üppig und füllig, wie gut sie mich gehört hat, trotz des Höllenlärms, trotz des ganzen Radaus. Schon nimmt sie die Watte aus dem Ohr, schon schaut sie mich an, schon antwortet sie mir...)

„Haben Sie mit mir gesprochen?, wie meinen? Ach Gott, ich kann überhaupt nichts hööören!" (gut siehst du aus, junger Mann, sehr gut mit diesem vollen Schnurrbart, den dunklen Pistazienaugen, süßer Augenstern, wie alt mag er wohl sein?... denk nicht daran. Es bleibt mir nichts übrig als auf ihn einzugehen, wo ich doch so köstlich in meinen luftigen Luftschlössern geschwelgt habe... womöglich hab' ich mich gar geirrt, und der Herzog hat mich gar nicht angesprochen, und ich mach' mich lächerlich, was für ein Lärm).

„ Ich habe Sie gefragt, gnädige Frau, ob Sie meinen, daß der..."

Die fliegenden Passagiere bewahrten wohlweislich Schweigen in jener Jungfräulichkeit von Schweigsamkeiten wegen des Riesengetöses, dem Hämmern der Ambosse auf den wattierten Steigbügeln jedes Ohres, das mit der rosafarbenen Watte geschützt war, welche die Stewards verteilt hatten wie Blumen für die auditiven Knopflöcher, mit der Empfehlung, die schalleitenden Löcher zu schützen vor dem ohrenbetäubenden, kreischenden, durchdringenden, dröhnenden, markerschütternden Krach, den die nomadischen Maschinen des Zeppelins von sich gaben. Daher hätten weder die Marquise, die gewohnt war, immer alles zu bekommen, worauf sie gerade Appetit hatte, noch der Herzog, ein alter Geilspecht, weil ihm gar nichts anderes übrig blieb – jedem das seine – nicht einmal ein hohes C gehört, das jemand von sich geschleudert hätte. Nicht die Bohne hörten sie, um es in wenigen unhörbaren Wörtern zu sagen.

Ausencia zeichnete einen Kreis mit ihrem behandschuhten Fingerchen der rechten Hand und zeigte zu Boden, wobei das Schirmchen auf denselben glitt ohne irgendeinen Extralaut, denn der unzweifelhaft dabei erzeugte existierte in diesen Höhen nicht, welche von den malmenden Eisen und akustischen Fieberhaftigkeiten gesättigt waren.

(Hat sich die Dame einschüchtern lassen oder nimmt sie wirklich nicht einmal meine Lippenbewegungen wahr? Sehr wohl hat mich das Biest verstanden, ganz bestimmt eine Mexikanerin, glaubt denn die Schönheit womöglich, man sieht ihr nicht an, daß sie auf Verlustierung aus ist? Und stinkreich muß sie sein, sieh mal einer bloß diesen Ring über dem Handschuh, diese Ohrgehänge, allein der Stoff des Überrocks, was der gekostet haben muß, diese Brustschnüre, wie gut genäht, diesen Aufzug hat sie hier in Europa erstanden..., Widerspenstige, Wilde, herrliches Weib, für wen hältst du dich eigentlich? Wer magst du sein?)

Reinaldo Olavarrieta deutete ein Ja von oben nach unten an mit seinem dunklen Gesicht, das alles offen ließ, mit den grünlichen Augen und dem blonden Schnurrbart, gemeinsamer Nenner seiner Familie aus Tabasco, die immer schon was übrig hatte für die spanischen Geilspechte und für das Schwängern der Kreolinnen.

(Vergiß es, Ausencia, das ist nur Ablenkungsmanöver. Ein gutaussehender Mann, ich streit's ja nicht ab, gutes Stofftuch, das von seinem Anzug, gutes Gold am Stockknauf, gut erhaltenes, gepflegtes Gebiß, gutgebaut mit herrlichen langen Beinen. Und die Krawattennadel. Soweit so gut, er ist nicht schlecht beisammen, der edle Kavalier, stinkreicher Mexikaner, was mag er wohl vorhaben? Jedenfalls nicht mit mir, denn was mich anlangt, so hab ich's mir jetzt bequem gemacht in meiner Liebschaft, ich hab keinen, aber auch nicht den geringsten Bedarf. Der spinnt ja, wenn er glaubt...)

Verstohlen ließ Ausencia ihre Augen über den Boden schweifen, den sie überflogen, den Raster von Straßen und Gebäuden mit den geometrischen Dachterrassen, die weiß herleuchteten, spiegelten, in der Hitze Glanzlichter und Funken sprühten, die einen Kontrast zu den Baumreihen bildeten, welche zwischen Wänden versunken zu ahnen, aber nicht zu sehen waren. Es waren nicht mehr die Mauern, an denen man vorbeispaziert, mit Balkonen und Jalousien und Sonnenschirmen und Vordächern und Markisen und Mauernischen, Friesen und Skulpturen, Balustraden geschmückt mit Statuen, Thronsesseln, Adlern, Drachen, die überladene kleeblattförmige Springbrunnen oder Wasserspeier halten, öffentliche Wasserhähne oder Steinringe zum Anbinden von Tieren, oder kreisförmige Rampen oder Kieswege oder marmorne Platten oder Rasen mit Blumen oder Tore oder Gitter oder ekklesiastische Gardinen oder kurze Stiegen für die Findelkinder oder die Bettler oder elliptische Behälter mit Wasser, damit die Hunde daraus trinken können oder damit der Finger darin eintauche ins segenspendende Naß auf der Stirn, im Zeichen des Heiligen Roms. Es waren nur die Dächer von Häusern und Museen und Tempeln und Gerichtsgebäuden und was es sonst alles gibt in einer Stadt, in der fraglos alle Wege zusammenführen. Stadt des Kinderkreuzzuges und der Huren, goldene Stadt ganz aus Ocker überall, ganz Kniebeugen und schattige Plätze und kleine Tischchen, um zu trinken oder die vorbeigehenden Leute zu beobachten. Die Dächer in Kuppel- oder Turmform, ganz ungeziegelt, verschroben, mit Balken und Gipstraversen mit überladener Stukkatur und szenographischen Fresken in bukolischer Manier: nackte Frauen, kranke Bacchen, Cupidos ohne Unterhosen, Bogen, Schwäne, Teiche, Kreuze, Dreispitze, Spiegel, Jungfrauen, Heilige Johannesfiguren, Jesuskinder, Pietàs, Pfeile, obispus habemus, Köcher und kadaverische Landschaften für die Schlemmereien vom Quattro- bis zum Seicento. Ein wahres Fanal von feudaler Ornamentik.

(Was mag das da wohl sein, dieser Grind, dieses Häufchen? Mein Gott, das ist ja die Villa Borghese...! Dort muß jetzt der arme Julien sein und die Paolina[1] porträtieren, dieses faulenzerische Weibsstück, das ihn so ganz marmorn verblödet hat, zum Bourgeois gestempelt wegen der Borghesesippschaft. Ich kann mir schon vorstellen, wie er zwischen den Wandmalereien verzweifelt die Tür zum Abort sucht, die sich im zweiten Saal befindet hinter der Jünglingsgestalt mit dem abgeschlagenen Helm und die er immer verfehlt – die Tür, nicht die Jünglingsgestalt – in der Eile, weil er es schon nicht mehr aushält. Mein unnützer geiler Julien.)

(Meine Galleria Borghese... Galleria Reinaldo... welch schöne Proportionen, ein exakt bemessenes Schmuckkästchen für die Königin der Reitknechte[2] oder die Kurtisane mit den Silberketten, Männergesicht, kurzhaarig, meine heiß Geliebte, ohne Scherz, dieser Teufel von Carpaccio[3]... meine Galerie.)

Ausencia nahm den Spiegel aus der Tasche und betrachtete sich. Reinaldo sah sie an, und sie sah sich an, und der Reflex des Blickes blickte sie an, normale Nase, nicht glänzend, Mund in Ordnung, Kletterrose,

1 Gemeint ist die berühmte Skulptur Canovas der Fürstin Paolina Borghese, der Schwester Napoleons, die in der Stellung einer „ruhenden Venus" die Galleria Borghese beherrscht.

2 Angespielt wird auf das Gemälde „Madonna dei Palafrenieri" von Caravaggio, das ursprünglich für die Kapelle der Reitknechte in der Kirche Santa Anna gemalt wurde, dann aber zu gewagt erschien und von dem gewieften Kardinal Borghese für seine Kunstsammlung erworben wurde.

3 Bezieht sich auf das Gemälde einer Kurtisane von Vittore Carpaccio, ebenfalls in der Galleria Borghese in Rom.

Augen mit Wimperntusche ohne Vorurteile, das Haar kaum merkbar hervorlugend über der Stirn und unter den Backenknochen, der Hut aus brauner Seide mit der aufgestickten Glitzerrosette auf der rechten Seite, frühlingshaftes Topfhütchen.

Reinaldo musterte ganz eigenartig ihr maßgeschneidertes Kostüm mit langem Überrock, den Saum des Überrockes, wie er sich an die Filzstiefel anschmiegte, die nach außen hin mit Knöpfen wie Puppenaugen – neun an der Zahl – verziert waren. Zwei Millimeter schwarzer Strumpf, der bis zum Knie hinauf reichen mußte und dort wohl von dem an die feine Seide genähten Strumpfband gehalten wurde. Das Knutschen im Geiste glitt hinauf bis zur bedeckten Büste, an der kaum merkbar ein brillantenbesetztes Goldblatt auf und abwogte. Und die Augen.

Sie blickten sich an an diesem Morgen der ungenierten Blicke. Sie verstanden sich, keiner wußte worin, aber sie sprachen in dem Tohuwabohu von Bäumen in der Villa Borghese, von Gängen, süßen Geschmäkkern, städtischen Verheißungen. So vertieft, daß sie gar nicht merkten, wie sie selbst mit ihren eigenen stillen Meinungen niedergingen und nur mehr ein gedämpftes Dröhnen zu hören war wie beim Heruntergehen und Landen der Luftschiffe, die dereinst auf unendlich sich hinziehenden Schlangenlinien der Flughäfen ausrollen sollten, die in diesem Augenblick auf einem Stück Papier vom Erfinder des Zeppelins entworfen wurden, der schon längst jenen Eröffnungsflug des M 1 der Königlichen Marine vergessen hatte und mit Kontrolltürmen, elektronischem Radar und Stimmen vertraut war, die durch unsichtbare Leitungen eines Funksystems übertragen wurden, das im Begriff war, Bernhardinerköter der Interkontinentalverbindungen zu werden.

Aus: De Ausencia. México: Joaquín Mortiz, 1974.

Rosario Ferré

(Puerto Rico)

Rosario Ferré

Geboren am 28. September 1942 in Ponce (Puerto Rico).

Sie stammt aus einer der mächtigsten Familien der Insel, einer angesehenen ehemaligen Großgrundbesitzer- und Politikerfamilie: Ihr Vater war Gouverneur von Puerto Rico, ihr Großvater, ein Franzose, war mit Ferdinand Lesseps nach Amerika gekommen, und, als dessen Panama-Kanal-Projekt in Brüche ging, dort geblieben. Aufgrund dieser „historischen Vorbelastung" schien Rosario also für das Dasein einer eleganten Dame der High Society bestimmt, begann jedoch schon früh diese Sicherheiten zugunsten einer literarischen Karriere aufzugeben. Bald nach dem Tod ihrer Mutter, von der sie genug geerbt hatte, um sich selbständig zu machen, fing sie an zu schreiben. Nach ihrer Scheidung brach sie endgültig mit ihrer bürgerlichen Umgebung. Rosario Ferré hat englische und lateinamerikanische Literatur studiert (Masters Degree an der Universidad de Puerto Rico, Ph. D. an der University of Maryland, USA). Sie gründete und leitete zwischen 1972 und 1976 eine der wichtigsten Literaturzeitschriften ihres Landes, *Zona de carga y descarga.* Für ihre literarischen Werke hat sie verschiedene Literaturpreise erhalten, darunter „El Ateneo de Puerto Rico" und den renommierten „Premio Casa de las Américas" (Kuba). Sie lebt zur Zeit in Washington.

Ihr literarisches Werk zeichnet sich vor allem durch die bewußt karikatureske Wiederaufnahme etablierter Diskurse aus, das Neu- und Umschreiben von in Märchen, Filmen etc. enthaltenen Mythen des Weiblichen, prototypisch dafür ihre Erzählung *La Bella Durmiente.* Gleichzeitig versucht sie – immer vor dem Hintergrund des historischen puertorikanischen Kontextes – durch die Gleichsetzung „texto = sexo" die geschlechtliche Natur gesellschaftlicher Umgangsformen bloßzulegen, wie etwa in der hier vorliegenden Erzählung *Cuando las mujeres quieren a los hombres,* die gewissermaßen zum literarischen Manifest einer ganzen Generation von lateinamerikanischen Schriftstellerinnen geworden ist. Sie basiert auf einer historischen puertorikanischen Gestalt, der Prostituierten Isabel Luberza, die mit ihrem Gewerbe einen enormen Reichtum angehäuft hatte und zur Entstehungszeit dieser Erzählung gerade ermordet worden war.

In ihrem Aufsatz *La cocina de la escritura* (in *La sartén por el mango. Encuentro de escritoras latinoamericanas,* hg. von Patricia Elena González und Eliana Ortega, Río Piedras – Puerto Rico]: Ediciones Huracán, 1985, S. 137-154) schreibt Rosario Ferré:

„In meinem Fall ist das Schreiben ein zugleich konstruktiver und destruktiver Impuls; eine Möglichkeit zum Wachsen und Verändern. Ich schreibe, um mich Wort für Wort aufzubauen; um meinen Horror vor dem Nichtexistieren zu zerstreuen, als menschliches Gesicht, das spricht. [...] Dieses konstruktive Bedürfnis, aus dem heraus ich schreibe, hängt eng mit meinem Liebesbedürfnis zusammen: Ich schreibe, um mich neu zu erfinden und die Welt neu zu erfinden, um mich davon zu überzeugen, daß alles, was ich liebe, ewig ist. Aber mein Impuls zu schreiben ist auch ein destruktiver Impuls, ein Versuch, mich und die Welt zu vernichten. Das Wort ist, wie die Natur selbst, unendlich weise und erkennt, wann es das Überholte und Zersetzte niederreißen muß, um das Leben auf neuen Fundamenten aufzubauen."

Die Anfänge ihres Schreibens schildert sie dort folgendermaßen:

„Am Tag meines Debüts als Schriftstellerin saß ich lange Zeit vor meiner Schreibmaschine, in Gedanken versunken. Meine erste Erzählung zu schreiben bedeutete unausweichlich, meinen ersten Schritt in Richtung Himmel oder Hölle zu tun, und diese Gewißheit ließ mich zwischen einem Zustand von Euphorie und von Depression schwanken. Es war fast, als wäre ich im Begriff, geboren zu werden, als steckte ich schüchtern meinen Kopf aus den Toren des Limbus hervor. Wenn meine Stimme falsch klingt, sagte ich mir, wenn mein Wille versagt, dann sind alle meine Opfer umsonst gewesen. Dann habe ich blödsinnig auf diesen Schutz verzichtet, den mir – trotz aller Nachteile – die Tatsache bot, vorbildliche Gattin und Hausfrau gewesen zu sein, und dann werde ich verdienterweise von der Pfanne ins Feuer gefallen sein."

Über die Obszönität im weiblichen Literaturschaffen schreibt Rosario Ferré ebenda:

„...nie hatte ich mich gefragt, was für einen Zweck ich damit verfolgte, wenn ich eine obszöne Sprache in meinen Erzählungen verwendete. Als mir bewußt wurde, mit welcher Beharrlichkeit die zeitgenössische Literaturkritik von Frauen sich um das schlüpfrige Thema herumdrückte, wurde mir meine eigene Intention klar: Meine Absicht war eben die gewesen, diese Waffe der sexuell erniedrigenden und peinlichen Beleidigung, die man jahrhundertelang gegen uns Frauen geschwungen hatte, gegen diese Gesellschaft zu kehren, gegen ihre längst überholten und unannehmbaren Vorurteile. War die Obszönität traditionellerweise verwendet worden, um die Frau zu degradieren und zu erniedrigen, so sagte ich mir, müßte sie doppelt wirksam sein, um sie zu erlösen. Falls in meiner Erzählung ‚Wenn die Frauen die Männer lieben' [...] die obszöne Sprache Anstoß dafür gewesen sein sollte, auch nur eine einzige Person aufzurütteln angesichts der sexuellen Ausbeutung der Frau, dann ist es mir egal, wenn man mich als pornographische Schriftstellerin betrachtet."

Rosario Ferré

Werke:

Papeles de Pandora. México: Joaquín Mortiz, 1976 (^{2}1979, ^{3}1987; Erzählungen).

Sitio a Eros. México: Joaquín Mortiz, 1980, ^{2}1986 (Essays, in denen sie ihre ästhetische und feministische Position absteckt, sozusagen als „Ko-Text" zu ihrem lyrischen und erzählerischen Werk zu lesen).

Los cuentos de Juan Bobo. Río Piedras (Puerto Rico): Ediciones Huracán, 1981 (als Kindergeschichten „getarnte" Erzählungen).

Fábulas de la garza desangrada. México: Joaquín Mortiz, 1982 (Lyrik und kurze Erzähltexte; in ihnen werden historische und mythische „Modelle der Weiblichkeit", wie z.B. Antigone, Medusa, Francesca, Maria Magdalena, hinterfragt).

Maldito amor. México: Joaquín Mortiz, 1986, ^{2}1988 (Roman und drei Erzählungen; von ihr selbst ins Englische übersetzt).

„El acomodador". Una lectura fantástica de Felisberto Hernández. México: Fondo de Cultura Económica, 1986 (literaturwiss. Abhandlung über Felisberto Hernández).

El árbol y sus sombras. México: Fondo de Cultura Económica, 1989 (Essays).

Unveröffentlichte Werke:

Las dos Venecias (Lyrik und Erzählungen)

Vecindarios Excéntricos (Autobiographie).

Rosario Ferré

Wenn die Frauen die Männer lieben

die nutte, die ich kenne,
ist nicht aus china, nicht aus hongkong,
denn die nutte kommt aus ponce,
aus dem viertel san antón.

plena von san antón

„wir erkennen nur stückweise und prophezeien nur stückweise, wenn aber das vollkommene kommt, wird das stückwerk verschwinden. denn jetzt schauen wir durch einen spiegel mit unklarem bild, dann aber von angesicht zu angesicht."

PAULUS, Erster Korintherbrief, XIII, 12,
bekannt auch unter dem Namen *Brief von der Liebe*.

Es war, als du starbst, Ambrosio, und jeder von uns die Hälfte deiner gesamten Erbschaft hinterlassen hast, daß dieses Tohuwabohu losgegangen ist, dieser Höllenskandal, der wie ein verbeulter, eiserner Reifen durch die ganze Gegend gescheppert ist und deinen guten Namen an den Wänden des Ortes zerschmettert hat, dieses Verwirrspiel, das du ins Rollen gebracht, nach Herzenslust angefeuert hast, um uns beide gleichzeitig bergab kullern zu lassen. Man könnte meinen, du hättest es absichtlich gemacht, aus reinem Vergnügen, nur um uns zuzuschauen, wie wir dir an allen vier Ecken Kerzen anzünden, um zu sehen, wer gewinnen würde, oder zumindest haben wir das damals gedacht, bevor uns schwante, was deine wirklichen Absichten waren, wie geschickt du uns manipuliert hattest, damit wir allmählich ineinander verschmelzen, unsere Umrisse ineinanderfließen lassen sollten wie bei einem alten Foto, das man liebevoll unter sein Negativ legt, wie diese andere trostlose Fratze, die wir in uns tragen und die eines Tages plötzlich aus unserem Gesicht durchscheint, wenn wir vor einem Spiegel stehenbleiben, den jemand von der Wand abgenommen hat.

Im nachhinein nimmt sich das Ganze gar nicht so merkwürdig aus, fast mußte es ja so kommen, wie es gekommen ist. Wir, deine Geliebte und deine Frau, haben immer gewußt, daß sich unter jeder Dame der hohen Gesellschaft eine Prostituierte verbirgt. Man sieht es ihnen an der genüßlichen Art an, wie sie ein Bein langsam über das andere schlagen und dabei die Schenkel an der Seide des Höschens reiben. Man erkennt es daran, wie ihnen die Männer zum Hals heraushängen, sie haben ja keine Ahnung, wie es unsereiner geht, bedient wie sie sind mit ein und demselben fürs ganze liebe Leben. Man sieht es ihnen an der Art an, wie sie auf den Füßchen ihrer Wimpern von einem Mann zum anderen hüpfen und Schwärme von grünen und blauen Lichtern am Grunde ihrer Vaginen verbergen. Denn wir haben immer gewußt, daß jede Prostituierte eine potentielle Dame ist, die sich verzehrt vor Sehnsucht nach einem kleinen Häuschen, weiß wie ein Täubchen, das sie nie besitzen wird, so ein Häuschen samt Balkon mit versilberter Balustrade und Stuckgirlanden mit Früchten über den Türen, sich verzehrt vor Sehnsucht nach dem Klappern des Geschirrs, wenn unsichtbare Hände den Tisch decken. Denn wir, Isabel Luberza und Isabel la Negra, waren uns seit Anbeginn der Zeiten in unserer Leidenschaft für dich, Ambrosio, immer näher gekommen, wir hatten uns eine in der anderen geheiligt, ohne es zu merken, indem wir uns von allem reinigten, was uns definierte, die eine als Prostituierte und die andere als Dame der Gesellschaft. So daß es am Ende, als eine von uns über die andere siegte, unser edelster Liebesakt war.

Du warst schuld daran, Ambrosio, daß man bis heute nicht weiß, welche von uns beiden welche war, Isabel Luberza, die Geld sammelte, um die Gipslöwen am Platz zu restaurieren, die aufgehört hatten, farbiges Wasser aus dem Maul zu speien, oder Isabel la Negra, die ihren Körper bereit hielt, um den Samen der Söhnchen aus reichem Hause in Empfang zu nehmen, dieser Sprößlinge deiner Freunde, der Gutsbesitzer, die jede Nacht in meine Hütte kamen, flügellahm und verzagt ihre Lüste daherschleppten wie sterbenskranke, rachitische Jungtäuberiche, halb verhungert vor Gier angesichts des Banketts meines Körpers; Isabel Luberza, die Ehrendame des Roten Kreuzes, oder Elizabeth the Black, Vorsitzende der Young Lords, die von ihrer Tribüne aus verkündete, sie sei der leibhaftige Beweis dafür, daß es keinen Unterschied gebe zwischen Puertorikanern und New Yorkern, denn in ihrem Fleisch hätten sie sich allesamt gefunden; Isabel Luberza, die Spenden sammelte für die Stadt des Kindes, die Stadt des Schweigens, die Modellstadt, in einem von Fernando Pena[1] kreierten Aufzug mit langen Handschuhen aus weißem Glacéleder und einer Stola aus Silbernerz, oder Isabel die Negertreiberin, Ausbeuterin der dominikanischen Mädchen, die auf dem Schmuggelweg nach Puerto Ri-

1 Renommierter kubanischer Modeschöpfer, der lange Zeit in Puerto Rico lebte und sich nun in Florida niedergelassen hat.

co kamen und auf den Stränden von Guayanilla von den Schiffen geladen wurden; Isabel Luberza, die populäre Dame von Welt, Begleiterin von Ruth Fernández[1], der Seele von Puerto Rico, in den Wahlkampagnen selbst zur Musik geworden, oder Isabel la Negra, die Seele von Puerto Rico in der Gosse, die Salsakönigin von San Antón, die Flitsche von Chichamba, die hurigste Hetära aus dem Barrio La Cantera, die Kalle aus Cuatro Calles, die Nutte aus Kalkutta, die Muschel von Machuelo Abajo, die geilste Gunstgewerblerin aus dem ganzen Coto Laurel; Isabel Luberza, die auf dem Dach ihres Hauses in Keksschachteln Marke „La Sultana" Täubchen züchtete, um für alle Kranken des Ortes warme Süppchen kochen zu können, oder Isabel la Negra, von der keiner behaupten konnte, sie ließe ihn kalt, weil sie weder Fisch noch Fleisch sei; Isabel Luberza, eifrige Herstellerin von Zuckerwerk, gehäkelten Deckchen und Söckchen in himmelblauem Noppenmuster, mit Lochstickerei verzierten Krägelchen an den feinsten Leinenhemdchen, welche die ehemaligen Schülerinnen von Sacré Coeur für ihre Babies bei ihr bestellt hatten; Isabel im Rhythmus von Rumba Macumba Candombe Bámbula; Isabel das Wunder von Quimbamba, wie sie ihre fleischige Fülle wabbelnd durch die glutheißen Straßen der Antilleninsel schaukelt, einen Busen wie Pampelmusen unter der Bluse; Isabella die Zweite, Königin von Spanien, Herrin über die adeligste Straße von Ponce; Isabel die Schwarze Ritterin, die einzige, der je die Ehre zuteil wurde, in den Orden des Heiligen Präputiums Christi aufgenommen zu werden; Isabel, Schwester von Ludwig dem Heiligen, König von Frankreich, Schutzpatronin des Dorfes Santa Isabel, das seit Jahrhunderten unter den blaublütigen Titten von Doña Juana[2] dahinschlummert; Isabel Luberza die Katholische, Malerin der exquisitesten Skapuliere vom Heiligsten Herzen Jesu, das seitlich drei Tropfen des göttlichen Rubins verströmt, welche als einzige imstande sind, Satan Einhalt zu gebieten; Isabel die Heilige der Oblaten, die ein Tablett mit ihren beiden rosigen Puddingtitten aufträgt; Isabel Luberza, die Jungfrau mit dem Finger, die ihren Daumen fromm aus einem in ihren Umhang gestickten Löchlein steckt; Isabel la Negra, die einzige Braut des Homokrates Tunta, die einzige, die seine mißgebildeten Füße geküßt und sie mit ihren Tränen gewaschen hat, die einzige, die zusammen mit den Kindern zum

1 Populäre schwarze Sängerin, die vor einigen Jahren Senatorin des Partido Popular Democrático von Puerto Rico war.

2 Mythologische Figur und nach ihr benannter Berg in Puerto Rico, in dessen zwei Gipfeln das Volk ihre legendären großen Brüste zu sehen vermeint.

Rhythmus seines Rufs Hesheybarskissesmilkyweys durch die glühenden Straßen von Ponce tanzte; Isabel, die Schwarze Perle des Südens, die Königin von Saba, the Queen of Couch, Couch Whisky, die Tongolele, Salome, die ihren Bauch in bengalischen Kreisen in den Augen der Männer zum Kreiseln bringt, seit undenklichen Zeiten ihre vielfältige Pflaume und ihren monumentalen Hintern für sie tanzen läßt, auf allen Wänden, in allen Straßen, dieses Verwirrspiel vom Zaun bricht zwischen ihr und ihr, oder ihr und mir, oder mir und mir, denn je mehr die Zeit vergeht und je mehr ich sie liebgewinne, je mehr ich sie hasse, desto schwerer fällt es mir, diese Geschichte zu erzählen, und desto weniger kann ich zwischen uns beiden unterscheiden.

So viele Jahre bin ich mit der Wut im Hals herumgerannt, die mir darin steckengeblieben war wie ein schlecht eingeschlagener Faßspund, Ambrosio, so viele Jahre habe ich mir jeden Morgen die Fingernägel lackiert und bin dabei ans Schlafzimmerfenster gegangen, um besser hinauszusehen, immer hab' ich sie mir mit Cherries Jubilee lackiert, weil dies das grellste Rot war, das es damals gab, immer mit Cherries Jubilee, während ich an sie dachte, Ambrosio, an Isabel la Negra, oder vielleicht hatte ich damals auch schon angefangen, an mich zu denken, an diese andere Frau, die in mir heranzuwachsen begonnen hatte wie eine Zyste, denn eigentlich war es merkwürdig, daß ich, Isabel Luberza, deine Ehefrau, die doch einen so erlesenen Geschmack hatte, diese schreiende Farbe mochte, knallig wie die Farben, die den Negern gefallen. Einen nach dem anderen fuhr ich die Konturen der weißen Monde an der Basis meiner Fingernägel nach, sorgfältig ließ ich die Härchen des Pinsels am Rande meiner mandelförmig gefeilten Nägel entlanggleiten, am Rand zur Nagelhaut, die mich immer ein wenig brannte beim Kontakt mit dem Nagellack, weil mir immer die Hand auskam, wenn ich sie zurückschnitt, denn wenn ich die schutzlose, weiße Haut zwischen den Scherenspitzen zusammengedrückt sah, packte mich immer ein wenig die Wut, und ich konnte nicht vermeiden, an sie zu denken.

Da saß ich auf dem Balkon dieses Hauses, das jetzt uns beiden gehören wird, Isabel Luberza und Isabel la Negra, dieses Hauses, das nun selbst ein Teil derselben Legende werden wird, der Legende von der Prostituierten und der Dame aus guter Gesellschaft. Da sitze ich auf dem Balkon meines neuen Bordells, ohne daß es jemand ahnt, die Balustrade aus langen versilberten Säulchen neuerdings in shocking pink gestrichen, vor mir aufgereiht wie fröhliche Phalli; die weißen Stuckgirlanden an der Fassade, die dem Haus diesen romantischen und etwas allzu respektablen Anstrich einer Hochzeitstorte gaben, dieses Gefühl, mit gespritztem Zuckerguß überzogen zu sein, steif wie das Ballettröckchen einer Debütantin, sind jetzt in warmen Farben gestrichen, in Chartreusegrün mit Orangetönen, Lila mit Dahliengelb, in diesen Farben, die die Männer einladen, sich zu entspannen, die Arme am Körper herabgleiten zu lassen, als führen sie auf Deck eines weißen Ozeanriesen dahin. Die Wände des Hauses, weiß und staubig wie Reiherflügel, neuerdings flaschengrün gestrichen, grün wie der Bauch einer Flasche, um sie durchsichtig zu machen, damit wir, wenn du und ich, Ambrosio, im großen Salon stünden, sehen könnten, was sich in jedem einzelnen Raum abspielt, in jedem Zimmer, wo wir uns in zwanzig identische Bilder zerlegt sehen werden, gespiegelt in den Körpern derer, die diese Zimmer mieten werden, um darin ihre gleichgültigen Orgasmen zu erleben, völlig abstrahiert von unserer Anwesenheit, und in ihren Körpern ein ums andere Mal, bis ans Ende der Zeiten, das Ritual unserer Liebe wiederholen.

Da sitze ich auf dem Balkon und warte, daß sie ins Haus kommen, um sie zu holen, um sie mitzunehmen, sitze und warte, um sie vorbeifahren zu sehen auf dem Weg zu dem Grab, das für mich bestimmt war, das man jetzt aber ihr geben wird, dem geheiligten Körper von Isabel Luberza, diesem Körper, von dem niemand je den kleinsten Splitter ihres weißen Gesäßes gesehen hat, die zarteste Faser ihrer weißen Brüste; entrissen ist ihr nun diese schamhafte Haut, die ihr Fleisch verhüllt hatte, endlich verspielt diese Jungfräulichkeit einer ehrbaren Mutter, einer ehrbaren Gattin, die nie ein Bordell betreten hatte, nie in aller Öffentlichkeit niedergebügelt worden ist, wie ich es so oft wurde, die nie einen anderen Teil ihres Körpers als Arme, Hals, Beine unterhalb der Knie bloßgestellt hat, zur Augenweide für die lüsternen Blicke der Männer. Nackt liegt jetzt ihr Körper da und schwarz gefärbt, das Geschlecht bedeckt von einem kleinen Dreieck aus Amethysten, darunter auch der, den der Bischof am Finger trug, die Brustwarzen in Nester aus Brillanten gefaßt, dick und rund wie Erbsen, die Füße in rote Glitzerschuhe gesteckt, an jeder Spitze zwei Herzen aufgestickt, von den Fersen rinnen noch ein paar Blutstropfen. Alles in allem herausgeputzt wie eine Königin, wie ich mich herausgeputzt hätte, wenn das mein Begräbnis gewesen wäre.

Ich warte darauf, ihr, wenn sie da unter einem Berg von vermodernden Blumen vorbeischaukelt, ihr Parfum Fleur de Rocaille unter die Nase zu reiben, das ich mir heute Morgen an die Wurzel aller Haare an meinem Körper getupft habe, ihr Puder Chant D'Aromes, mit dem ich meine Brüste geweißt habe und das jetzt still und leise über die Falten meines Bauches rieselt, das Haar, das mir wie eine Rauchwolke um den Kopf steht, die Beine, glatt wie das bräutliche Geschlecht einer Sultanin. Da warte ich, in ihrem silbrigen Lamékleid, das mir mit seinen Falten die Schultern bedeckt, sich über meinen Rücken ergießt wie ein Umhang aus Eis, der in der Mittagssonne glitzert und funkelt, Hals und Armgelenke schwer von Brillantreifen, genauso wie damals, als ich noch Isabel Luberza war und du, Ambrosio, noch lebtest, als sich der ganze Ort leerte, weil alles in unser Haus strömte, um bei den Festen dabei zu sein, und ich neben dir stand wie ein wieder erblühter Jasmin an der Mauer, meine parfümierte Hand zum Küssen darbot, meine kleine sahneweiße Hand, die schon begann, ihr zu gehören, Isabel la Negra, denn seit damals fühlte ich so etwas wie einen Blutdrang, der mir von den Fingernägeln hochstieg und mich innerlich ganz mit Cherries Jubilee vollpumpte.

Erst als Isabel la Negra den Türklopfer am Haus von Isabel Luberza hob und dreimal klopfte, dachte sie, es sei vielleicht doch nicht vernünftig, was sie da tat. Sie kam, um mit ihr über das Haus zu sprechen, das sie beide geerbt hatten. Ambrosio, der Mann, mit dem die beiden zusammengelebt hatten, als sie jung waren, war schon viele Jahre tot, und Isabel la Negra hatte sich aus Rücksicht auf ihre Namensvetterin nicht entschließen können, den Teil des Hauses einzufordern, der ihr zustand, obzwar sie den Erbteil, den ihr Liebhaber ihr in bar hinterlassen hatte, produktiv angelegt hatte. Es war ihr zu Ohren gekommen, Isabel Luberza sei verrückt geworden, seit dem Tod von Ambrosio habe sie sich in ihrem Haus eingeschlossen und sei nie mehr vor die Tür gegangen, aber das war nur ein Gerücht. Sie dachte sich, es seien doch so viele Jahre vergangen, seit sie Rivalinnen gewesen waren, daß jegliches Ressentiment längst vergessen sein müßte und die unmittelbaren Bedürfnisse einen vernünftigen und für beide produktiven Dialog erleichtern würden. Die Witwe benötigte sicherlich eine Rente, die ihr ein ruhiges Alter sichern und sie dazu bewegen würde, ihr die Hälfte des Hauses zu verkaufen. Isabel la Negra ihrerseits dachte, es gebe viele Gründe, warum sie ihr Bordell dorthin verlegen wollte, von denen sie einige allerdings selbst nicht recht begriff. Es war unbestreitbar, daß das Geschäft so von Erfolg gekrönt war, daß sie es erweitern, aus der Vorstadt herausholen mußte, wo es doch nur in Verruf geriet und womöglich gar den Eindruck machte, ein anstößiges Geschäft zu sein. Aber die Sehnsucht, dieses Haus zu besitzen, sich hinter dieses Balkongitter mit der versilberten Balustrade zu setzen, unter diese mit Körben von Früchten und Blumengirlanden überladene Fassade, entsprang einer tiefen Nostalgie, die sich mit den Jahren verschlimmerte, dem Wunsch, wenn auch erst im Alter, die Erinnerung an jenes Bild auszutauschen, das sie als Kind vor Augen hatte, immer wenn sie barfuß und zerlumpt an diesem Haus vorbeiging, das Bild eines Mannes in weißem Leinenanzug, der auf diesem Balkon stand, neben einer blonden, unglaublich schönen Frau in einem silbrigen Lamékleid.

Es stimmte, daß sie jetzt eine Selfmadewoman war, die es im Ort zu einem beneidenswerten Status gebracht hatte in den Augen vieler dieser Frauen aus der guten Gesellschaft, deren Familien heruntergekommen sind und denen jetzt nur noch der hohle Stolz ihrer klingenden Familiennamen geblieben ist, die aber nicht einmal Geld haben, um einmal im Jahr einen kleinen Abstecher nach Europa zu machen, so wie ich, oder sich Kleider nach der neuesten Mode zu kaufen, so wie ich. Aber selbst so, trotz der Genugtuung, Anerkennung gefunden zu haben für ihre Sozialarbeit, für ihre grundlegende Bedeutung für die wirtschaftliche Entwicklung des Ortes, was sich in zahlreichen ehrenvollen Ernennungen ausdrückte, die ihr zuteil geworden waren, wie z.B. Präsidentin des Wohltätigkeitsvereins, der karitativen Damen, der Junior Chamber of Commerce, fühlte sie, daß ihr etwas abging, daß sie nicht sterben wollte, ohne wenigstens die Anstrengung unternommen zu haben, diese Chimäre zu verwirklichen, diese Schrulle einer reichen alten Matrone, sich selbst in neu erblühter Jugend in silbrigem Lamé auf diesem Balkon zu sehen, am Arm jenes Mannes, den auch sie geliebt hatte.

Als Isabel Luberza ihr die Tür öffnete, fühlte Isabel la Negra, daß ihr die Kräfte schwanden. Sie war immer noch so strahlend schön, daß sie den Blick senken mußte und fast nicht wagte, sie anzusehen. Ich fühlte Verlangen, ihre Augenlider zu küssen, zart wie junge Kokosfasern und schräg geschlitzt. Ich dachte daran, wie gerne ich sie ihr abgeleckt hätte, um sie, durchsichtig und schlüpfrig, auf den Augäpfeln zittern zu fühlen. Sie hatte das Haar um den Hals geknotet, so wie es mir Ambrosio erzählt hatte. Das übertrieben süße Parfum Fleur de Rocaille versetzte mich wieder in die Wirklichkeit zurück. Vor allem mußte ich sie davon überzeugen, daß ich ihre Freundschaft und ihr Vertrauen suchte, daß ich bereit war, sollte es notwendig sein, sie als Partnerin ins Geschäft einsteigen zu lassen. Als ich sah, daß sie mich allzu starr anblickte, fragte ich mich für einen Augenblick, ob sie verrückt sei, wie es hieß, ob sie sich wirklich einbildete, eine Heilige zu sein, ob sie tatsächlich von der Idee besessen war, wie mir Ambrosio immer lachend erzählte, mich heiligen zu wollen, indem sie ihren Körper mit allerhand überspannten Bußen kasteite, die sie sich meinetwegen auferlegte. Aber das spielt keine Rolle. Sollte es stimmen, dann würde das Gerücht für mich arbeiten, da es Zeichen einer gewissen Sympathie für mich ist. Nachdem sie mich noch einen Augenblick länger angesehen hatte, öffnete sie die Tür, und ich trat ein.

Als ich in das Haus trat, konnte ich nicht umhin, an dich zu denken, Ambrosio, wie du mich so viele Jahre lang in der Bretterhütte mit dem Zinkdach gefangen gehalten hast, dazu verurteilt, den lieben langen Tag lang den reichen Bubis die Kröten aus dem Sack zu ziehen, den Söhnen deiner Freunde, die du mir dahergebracht hattest, um sie aufzugeilen, so tu ihnen doch den Gefallen, Isabel, zeig ihnen, wie man Büchsen aufmacht, der arme Kleine hat doch schon solchen Appetit, verdammt, Isabel, sei doch nicht so, du bist die einzige, die was versteht davon, du kannst es doch am besten, wir können doch nur mit dir, und da hab ich sie dann vernascht, stückchenweise Bananen oder Eierschaum gelutscht, hab mir die Wangen die Stirn den Mund die Augen mit dem seidigen kleinen Nudelhölzchen durchgewalkt, um sie hochzukriegen, aber ja, mein Kleiner, Kopf hoch, natürlich kannst du, warum denn nicht, laß dich nur gehen, laß dich fallen, wie wenn du von einer gewaltigen Berghalde gleiten würdest, von einem Berg aus Spülicht, unaufhaltsam, draufgepinkelt hab ich auf sie, damit sie's schaffen, damit ihre Papis endlich ruhig schlafen können, weil ihnen die Söhne, die sie geboren hatten, keine warmen Brüder geworden waren, keine Schwuchteln mit poliertem Porzellanarsch, denn die Söhne, die sie geboren hatten, waren Söhne von Sankt Zebedäus und Sankt Rute, aber sie konnten sie nur zu mir bringen, um es zu beweisen, wenn ich mich vor sie hinkniete wie eine Priesterin und meinen heiligen Ritus zelebrierte, mich niederbeugte, den Blick verdeckt vor lauter Haaren, die mir in die Stirn fielen, bis ich den Penis wie eine Lilie im Futteral meiner Kehle spürte, vorsichtig, um meine männerbeschneidenden Beine nicht allzu fest zusammenzudrücken, mit unendlicher Vorsicht, um die Lippen nicht zu fest zuzudrücken, den gefräßigen Mund, unersättlich nach Lotusstempeln. Ich dachte, daß ich es ja nicht ihretwegen tat, sondern meinetwegen, um etwas sehr Altes in mir aufzunehmen, das mir in kleinen süßsauren Strömen durch die Furchen in der Kehle rann, um ihnen zu zeigen, daß die wahren Frauen keine Säcke sind, die sich einfach auf'm Bett aufs Kreuz schmeißen lassen, daß der männlichste Mann nicht der ist, der die Frau verrückt macht, sondern der den Mut hat, sich selbst verrückt machen zu lassen, und ich lehrte sie, mit mir verrückt zu werden, versteckt in meinem Bordell, wo keiner je erfährt, daß sie sich auch haben machen lassen, daß sie Teig in meinen Händen waren, damit sie dann, stolz wie die Hähne, die weißen Hühner verrückt machen konnten, dieses Puddinggelee, das die reichen Mädchen sein müssen, denn es schickt sich nicht, daß ein anständiges Mädchen sich das Becken verrenkt, denn anständige Mädchen haben Vaginen aus poliertem Silber und Körper wie Alabastersäulen, denn es gehört sich doch nicht, daß anständige Mädchen oben aufsitzen und dahingaloppieren, wie es ihnen Spaß macht und nicht irgend jemand anderem zu Gefallen, denn bei den anständigen Mädchen hätten die Bürschchen nie im Leben solche Sachen gelernt, denn das wäre doch nicht in Ordnung gewesen, sie hätten sich nicht als Machos gefühlt, denn ein Macho ist immer der, der die Initiative ergreifen muß, aber jemand muß es ihnen doch zeigen das erste Mal, und daher gehen sie zu Isabel la Negra, schwarz wie der Bodensatz in der Kaffeekanne, wie der Morast am Grund der Schlucht, und wälzen sich zwischen den Armen von Isabel la Negra wie zwischen schlammigen Peitschen, denn in den Armen von Isabel la Negra ist alles erlaubt, mein Kleiner, nichts ist verboten, der Körper ist das einzige Paradies auf Erden, die einzige Quelle der Genüsse, denn wir kennen die Lust, und die Lust ist es, die uns zu Göttern macht, mein Kleiner, und wenn wir auch sterblich sind, so haben wir doch Körper von Göttern, weil wir ihnen für einige Augenblicke ihre Unsterblichkeit geraubt haben, mein Kleiner, aber das reicht schon, deswegen macht es uns nichts mehr aus zu sterben. Denn hier, versteckt zwischen den Armen von Isabel la Negra, wird dich keiner sehen, keiner wird je wissen, daß auch du menschliche Schwächen hast, daß auch du schwach bist und einer Frau ausgeliefert, denn hier, mein Kleiner, wenn du dich in meiner Höhle suhlst, deine Zunge in meine schwitzende Vulva steckst, dir die trockenen Brustwärzchen lutschen läßt und an meinen schmarotzt, die sehr wohl imstande sind zu nähren, die dir, wenn sie wollten, Nahrung geben könnten, hier wird keiner erfahren noch wird es irgendeinen interessieren, daß du einer von vielen kleinen Schlappschwänzen bist, angepißt und -gekackt vor Angst in meinen Armen, denn ich bin ja nur Isabel la Negra, der Abschaum der Menschheit, und hier, ich schwör's dir bei der Hand des Allmächtigen, mein Kleiner, ich versprech's dir beim Heiligen Namen Jesu, der uns zuschaut, keiner wird es je erfahren, daß auch du ewig sein wolltest, daß auch du ein Gott sein wolltest.

Als du anfingst, alt zu werden, Ambrosio, hat sich das Schicksal zu meinen Gunsten gewendet. Du konntest nur Lust empfinden, wenn du mir zusahst, wie ich es mit diesen grünen Jungen trieb, die du mir die ganze Zeit daherbrachtest, und fingst an zu fürchten, daß sie sich heimlich mit mir träfen, daß sie mir mehr zahlten als du, daß ich dich eines Tages endgültig verlassen könnte. Da ließt du den Notar kommen und hast ein neues Testament verfaßt, in dem du deine Frau und mich zu gleichen Teilen begünstigt hast. Isabel la Negra blieb stehen, um die reich geschmückten Wände des Salons zu betrachten, und dachte, daß dieses Haus genau das Richtige sei für ihre neue Dancing Hall. Von heute an war Schluß mit den schäbigen Bumslokalen, den Dreiminutennummern für zehn Pesos, mit den Herrschaften, die kommen und gehen, und unsereins bleibt immer gleich bettelarm. Denn solang die Dancing Hall in der Vorstadt liegt, so supertoll sie auch sein mag, wird mir keiner mehr als zehn Pesos die Nacht zahlen wollen. Aber hier in diesem Haus und in dieser Wohngegend wäre es gleich etwas anderes. Da miet' ich mir ein paar junge Bräute, die mir helfen, und dann die Nummer für 50 Pesos, oder es spielt sich gar nichts ab. In diesem Haus ist's Schluß mit den ausgedienten Nutten, Schluß mit den trockenen Mösen, den abgenutzten Kitzlern, runzlig wie Orangenkerne oder entzündet wie Salzstreuer, Schluß mit dem Kobern auf Knutschkisten voll von Küchenschaben, Schluß mit dem Hast du Hunger, so heb' das Beinchen und lutsch dir einen ab, das hier wird einfach eine doppelte Knallhütte sein, und aus. Isabel Luberza war an Isabel la Negra herangetreten, ohne ein einziges Wort zu ihr zu sagen. Sie hatte die Arme ausgestreckt und ihr die Fingerspitzen auf die Wangen gelegt, betastete ihr Gesicht, als ob sie blind wäre. Jetzt nimmt sie mein Gesicht zwischen die Hände und küßt es ab, sie hat zu weinen begonnen. Verdammt, Ambrosio, du mußt ein Herz aus Stein gehabt haben, um sie derart leiden zu lassen. Jetzt nimmt sie meine Hände und starrt meine Fingernägel an, die ich immer mit Cherries Jubilee lackiere. Zu meiner Überraschung bemerke ich, daß ihre Nägel in derselben Farbe lackiert sind wie meine.

Am Anfang, Ambrosio, konnte ich nicht verstehen, wieso du, als du starbst, Isabel la Negra die Hälfte deiner gesamten Erbschaft hinterlassen hast, die Hälfte dieses Hauses, wo du und ich so glücklich gewesen waren. Am Tag nach dem Begräbnis, als ich merkte, daß der ganze Ort Bescheid wußte, daß sie mich nach Strich und Faden durch den Kakao zogen und jedes Wort genossen, das ihnen wie eine frisch geschälte, schutzlose Weintraube in den Mund fiel, spazierte ich durch die Straßen und wünschte allen den Tod auf den Hals. Es war damals, als sich alles zu ändern begann. Isabel la Negra ließ die Hütte abreißen, wo du sie immer besucht hattest, und baute mit deinem Geld ihre Dancing Hall. Da dachte ich daran, wieviel sie uns doch zuletzt bedeutet hatte, den Inbegriff all unserer Liebe, und ich konnte nicht akzeptieren, was dann aus ihr geworden war.

Denn der Heilige Paulus sagt es klipp und klar, Ambrosio, es ist etwas anderes, ob man den Ehebruch mit Bescheidenheit und Maßen ausübt oder vor aller Augen ein Kuppelgewerbe aufzieht, ein Bumslokal mit Wurlitzer und Neonlicht. Klipp und klar sagt er es in seinem Brief an die Korinther, wenn eine Frau einen untreuen Mann hat, der mit Frauen fremdgeht, so ist es besser, wenn er bei einer Dirne bleibt als bei vielen. Und die Frau ihrerseits, wenn sie ihren Pflichten als Gattin und Mutter unterworfen bleibt, ihr strahlendweißes Fleisch kasteit, ihre Wurzeln im Leiden eintaucht wie am Ufer eines stillen Sees, verströmt einen unsagbaren Duft, einen jungfräulichen Hauch, der gen Himmel steigt und unserem Herrn unendlich Wohlgefallen bereitet.

Die ersten Jahre unserer Ehe, als ich hinter die Beziehung kam, die zwischen ihr und dir bestand, glaubte ich mich die unglücklichste aller Frauen. Vor lauter Weinen sah es aus, als hätte man mir Coramin in die Augenlider injiziert, die mir wie rote Fische über den Augäpfeln zitterten. Wenn du mein Haus betratst und von ihrem kamst, wußte ich es sofort. Ich erkannte es an deiner Art, wie du mir die Hand auf den Nacken legtest, an deiner trägen Art, deine Augen über meinen Körper gleiten zu lassen wie zwei satte Fliegen. Dann mußte ich besonders achtgeben auf meine Atlasunterröcke und meine französische Spitzenunterwäsche. Es war, als ob du von der Erinnerung an sie geritten würdest, als ob sie dir mit Armen und Beinen zusetzte und dich erbarmungslos aufpeitschte. Ich legte mich dann ins Bett und ließ es über mich ergehen. Aber immer behielt ich die Augen weit offen, über deine Schultern hinweg, die sich ein ums andere Mal niederbeugten, in der Anstrengung, sie nicht aus den Augen zu verlieren, damit sie nicht glauben sollte, ich würde mich ihm hingeben, nicht einmal aus Versehen.

Da beschloß ich, dich mit anderen Mitteln zu erobern, mit Hilfe dieser uralten Weisheit, die ich von meiner Mutter geerbt hatte und meine Mutter wieder von der ihren. Ich begann täglich die Serviette in den silbernen Serviettenring neben deinem Teller zu stecken, Tropfen von Zitronensaft in dein Wasserglas zu geben, persönlich deine Wäsche auf heißen Zinkplatten in die Sonne zu legen. Auf dein Bett legte ich die Leintücher, die noch lauwarm von der eingesaugten Sonne waren, weiß und weich unter der Handfläche wie eine gekalkte Mauer, breitete sie immer verkehrt aus, um sie dann auf die richtige Seite zu falten, damit sie dich so, wenn du dich schlafen legtest, ergötzen sollten, indem sie eine verschwenderische Fülle von Rosen und Schmetterlingen in allen Farbtönen entfalteten, die liebevollen Fäden im zartesten Rosa, in einem Rosa wie raffinierter Zucker, der dich an die noble Abstammung unserer Familiennamen gemahnen sollte, wobei ich immer achtgab, daß die Ranken unserer Initialen genau unterhalb der empfindlichen Wölbung deines Unterarms zu liegen kamen, damit sie bei jedem Anstreifen an diesem Gewissenswurm aus Seide die geheiligte Treue, die du unserer Verbindung schuldetest, in dir wachriefen. Aber alles war vergebens. Perlen vor die Säue geworfen.

So kam es, daß sie mit den Jahren so etwas wie ein notwendiges Übel wurde, ein Tumor, den wir im Schoß tragen und den wir allmählich mit unserem weichsten Fleisch umhüllen, damit er uns keine Beschwerden bereitet. Gerade wenn wir uns zu Tisch setzten, fühlte ich ihre Gegenwart manchmal am deutlichsten. Die Porzellanteller strömten von ihrem Grund einen pastösen Frieden aus, und die Schweißtröpfchen, die auf den Gläsern mit kaltem Wasser hingen, schwebten in der Hitze wie zerbrechliche Titten aus Eis, so daß es schien, als würden sie nie hinabgleiten, als würde die Kälte, die sie an das Kristallglas geheftet hielt, gleich wie unser Glück, dort für immer festgebannt verharren. Dann begann ich hartnäckig an sie zu denken. Ich wünschte mir, ihre Gesichtszüge in meiner Phantasie auszumalen, um sie neben mir an den Tisch zu setzen, als ob sie dieses Glück, das uns vereinte, irgendwie erst möglich machte.

Ich stellte sie mir dann verführerisch schön vor, ihre Haut so absolut schwarz wie die meine weiß war, das Haar zu einem einzigen dicken, prallen Zopf geflochten, der ihr auf einer Seite des Kopfes herabhing, während ich den meinen, dünn und geschmeidig wie eine Uhrkette, um meinen Hals wickelte. Ich stellte mir ihre Zähne vor, groß und stark, täglich mit Guanábanafleisch eingerieben, damit sie noch weißer würden, verborgen hinter ihren dicken Lippen, von wo sie, die sich selten zeigten, nur in einem Aufblitzen echter Freude hervorkamen, und dann dachte ich an die meinen, klein und durchsichtig wie Fischschuppen, deren Ränder in einem ewigen höflichen Lächeln über meinen Lippen hervorschauten. Ich stellte mir ihre Augen vor, weich und hervorquellend wie Reineclauden, in diesem gelblichen Eiweiß, das immer die Augen der Farbigen umgibt, und dachte an die meinen, unruhig und hart wie Smaragdmurmeln, tagtäglich tyrannisiert in einem ewigen Hin und Her, Hin und Her, damit beschäftigt, die Höhe des Mehls und des Zuckers in den Dosen der Speisekammer zu kontrollieren, ein ums andere Mal das Silberbesteck in der Schatulle im Eßzimmer nachzuzählen, um sicherzugehen, daß ja kein Stück fehlt, die genaue Menge von Essen zu schätzen, damit nur nichts übrigbleibt, um mich heute Nacht wieder ruhig schlafen legen zu können in der Gewißheit, daß ich meine Pflicht erfüllt habe, daß ich dein Vermögen gehütet habe, daß ich zu etwas gut gewesen bin und nicht nur der Fußabstreifer, an dem du dir heute Morgen die Füße abgeputzt hast, an dem du dir rasch deinen Penis abgerieben hast, um zu einem fast keuschen Orgasmus zu kommen, so sauber wie der eines Schmetterlings, so ganz anders als die, die du mit ihr erlebst, wenn ihr zwei euch im Schlamm der Vorstadt wälzt, einem fruchtbaren Orgasmus, der in meinem Leib den geheiligten Samen deponierte, der deinen Namen tragen wird, so, wie es sich eben gehört zwischen einem Herrn und seiner Gemahlin, um mich heute Nacht ruhig schlafen legen zu können in der Gewißheit, daß ich keine graue Fetzenpuppe bin, mit Maniokmehl ausgestopft, angekoppelt an die Form deines Körpers, wenn du dich an meiner Seite ins Bett legst, um die Gewißheit zu haben, daß ich dein liebes Weibchen gewesen bin, wie es sich gehört, sparsam und sauber, aber vor allem ein Ausbund an Ehrsamkeit, stiller Tabernakel deines rosigen Penis, den ich immer in mir trage, für alle übrigen ein zugenähter Schlitz, ordentlich mit Hunderterzwirn festgezurrt.

Auf diese Art und Weise hatten wir, Ambrosio, ohne daß du es wußtest, fast eine perfekte Harmonie zwischen uns dreien erreicht. Ich, die ich sie jeden Tag mehr liebte, begann, mein Fleisch zu kasteien, am Anfang noch mit kleinen, unbedeutenden Handlungen, um zu bewirken, daß sie auf den rechten Weg zurückkehre. Ich begann, den letzten Löffel der Mandelcreme auf dem Teller zu lassen, mir eine Schnalle des Gürtels über das bloße Fleisch zu ziehen, auf der Straße den Sonnenschirm zu schließen, wenn ich zum Spazieren ausging, damit meine Haut von der

Sonne verbrannt würde. Diese Haut, die ich immer mit langen Ärmeln und hochgeschlossenem Kragen geschützt habe, um sie auf den Bällen zur Schau stellen zu können, denn sie ist zuverlässiger Beweis für meinen Stammbaum, dafür, daß wir in meiner Familie weiß auf allen vier Linien sind, diese Haut wie bräutlicher Atlas, wie Kalkmilch, die mir über das Dekolleté und die Arme fließt. Und so setzte ich mich ihretwegen dem Gerede der Leute aus, dem Hast du schon gesehen, wie melassebraun Frau Soundso mit dem Alter wird, die Ärmste, es heißt, das schlägt mit der Zeit durch, wer nicht ganz astrein ist, bei dem kommt's am Ende doch immer zum Vorschein.

Mit der Zeit merkte ich jedoch, daß diese Opfer nicht genug waren, daß sie sich irgendwie viel mehr verdient hatte. Ich stellte sie mir dann mit dir zusammen auf der Pritsche vor, in den ordinärsten Stellungen, wie sie sich den ganzen Körper befummeln, von hinten und von vorne belaxeln ließ. Irgendwie machte es mir Spaß, wenn ich sie mir so vorstellte, ganz zu einer Melassensuppe zerronnen, wie sie sich von dir diese Sachen gefallen ließ, die sich eine anständige Frau niemals gefallen lassen würde. Da begann ich mich dann hart zu kasteien, indem ich sie mir in dieser Verderbnis vorstellte, ihr aber stets verzieh, ihr verzieh in jeder Tasse kochendheißen Kaffees, die ich hinuntertrank, damit mir Brandblasen in der Kehle aufschössen, ihr verzieh in jedem frischen Schnitt, den ich mir an der Fingerkuppe zufügte, wenn ich die Häutchen vom Fleisch abschälte, und den ich langsam mit Salz kurierte. Aber du hast alles verdorben, Ambrosio, du hast alles mit einem Schlag zunichte gemacht, als du ihr die Hälfte deiner Erbschaft hinterließest, das Recht, sich zur Herrin über die Hälfte dieses Hauses aufzuschwingen, wenn es sie eines Tages danach gelüsten sollte.

Erst als ich vor einem Augenblick den Türklopfer hörte, wußte ich, daß ich die Partie noch nicht verloren hatte. Ich öffnete die Türe und wußte, daß sie es war, wußte von vornherein, was passieren mußte, aber als ich sie sah, fühlte ich einen Augenblick lang, daß mir die Kräfte schwanden. Sie war genau so, wie ich sie mir vorgestellt hatte. Ich fühlte Verlangen, ihre dicken Augenlider zu küssen, die halb über die weichen, glanzlosen Pupillen herabhingen, ihr mit den Fingerkuppen zart die Augäpfel nach innen zu drücken. Sie hatte ihren Zopf zu einer triumphierenden Mähne aus Rauch aufgelöst, die sich ihr über den Schultern bauschte, und es überraschte mich zu sehen, wie wenig sie gealtert war. Fast fühlte ich den Wunsch, ihr zu verzeihen, bei dem Gedanken daran, wie sehr sie dich geliebt hatte. Aber da begann sie sich vor meiner Nase in den Hüften zu wiegen, vor und zurück auf ihren roten Absätzen zu schaukeln, die Hand in die Taille gestemmt und den Ellenbogen herausstehend, so daß das übelriechende Loch ihrer Achseln zum Vorschein kam. Das Innere dieses Dreiecks grub sich mir plötzlich ins Hirn, und ich dachte daran, wieviel ich doch ihretwegen gelitten hatte. Jenseits des Winkels ihres Armes konnte ich deutlich die noch offenstehende Tür ihres Cadillacs sehen, ein marineblaues Stück mit Goldknöpfen von der Uniform des Chauffeurs, der sie aufhielt. Da bat ich sie, weiterzukommen.

Ich wußte von Anfang an, wozu sie gekommen war. Es war ihr bereits gelungen, mich in allen Funktionen zu ersetzen, die ich mit dir zusammen im Ort ausgeübt hatte, an deinem Arm hängend wie ein blühender Jasmin an der Mauer. Jetzt will sie auch noch dieses Haus, sie wird sich immer mehr an deine Erinnerung klammern wie eine lästige Schlingpflanze, bis sie mir alles wegnimmt, bis sie den Staub deines Blutes aussaugt, mit dem ich mir jeden Morgen seit deinem Tod die Wangen geschminkt habe. Denn bis jetzt habe ich ihretwegen all dieses Leiden, all diese Dinge, die mich so sehr quälten, nur dunkel verstanden, wie wenn ich sie in einem blinden Spiegel gesehen hätte, aber jetzt werde ich zum ersten Mal klar sehen, jetzt werde ich endlich jenes Antlitz vollkommener Schönheit dem Antlitz meines Jammers gegenüberstellen können, um zu verstehen. Jetzt nähere ich mich ihr, denn ich will sie von Angesicht zu Angesicht sehen, sie sehen, wie sie wirklich ist, das Haar keine rebellische Rauchwolke mehr, die sich um ihren Kopf kräuselt, sondern dünn und geschmeidig, wie eine alte Kette um ihren Hals geschlungen, die Haut nicht mehr schwarz, sondern weiß, über ihre Schultern gegossen wie heiße Kalkmilch, ohne den geringsten Schatten eines Verdachts, nicht reinrassig weiß zu sein, und jetzt wiege ich mich in den Hüften, vor und zurück auf meinen roten Absätzen, von denen nun, langsam und still wie eine Flut, dieses Blut rinnt, das mir vor so langer Zeit von den Fingernägeln her aufgestiegen war, mein mit Cherries Jubilee lasiertes Blut.

Aus: Papeles de Pandora. México: Joaquín Mortiz, 1976.

Unbesiegtes Fleisch:

Bacchantinnen der Achtziger

Aline Pettersson Ferrel

(Mexiko)

Aline Pettersson Ferrel

Geboren 1938 in Mexico-City.

Ihren für Mexiko „exotischen" Familiennamen verdankt sie ihren Vorfahren, Einwanderern aus Schweden. Schon als Kind organisierte sie Theateraufführungen mit ihren Freundinnen; zu der Zeit träumte sie davon, Pfarrer zu werden, auf keinen Fall jedoch Nonne. Aus ihren späteren, seriösen Berufswünschen, wie dem Medizinstudium, wurde leider nichts, da ihre Eltern der Meinung waren, „es werde nicht gern gesehen, daß eine junge Frau sich allzu blaustrümpfig gebärde und schon gar nicht, daß sie dem Anblick nackter Körper ausgesetzt werde, und mochten es auch bloß Leichen sein; dadurch würde sie nämlich den unschuldigen Glanz im Blick verlieren, dieses gewisse Etwas, das die Männer so hingerissen Äußerungen über die anmutigen Unwissenheit junger Mädchen stammeln läßt..." (Auszug aus ihrer Autobiographie). Stattdessen heiratete sie also und zog drei Kinder groß, bis sie sich entschloß, Spanische Philologie an der UNAM in Mexico-City zu inskribieren, mit einem kleinen Schönheitsfehler: einer gefälschten Urkunde über die bestandene Aufnahmsprüfung. Als man ihr dahinter kam, wurde sie nach vier Jahren erfolgreichen Studiums unwiderruflich von der Universität ausgeschlossen. Zu dieser Zeit entdeckte sie, vor allem durch die Begegnung mit der großen mexikanischen Schriftstellerin Josefina Vicens, die mit einem ihrer Onkel verheiratet war, ihre Neigung zum Schreiben. Juan Rulfo, der sie 1977-78 als Stipendiatin des Centro Mexicano de Escritores betreut hatte, hatte sie seinerzeit auch für ein Schriftstellerstipendium nach Iowa vorgeschlagen: Der Kinder wegen hatte sie abgelehnt. Viele Jahre später bekam sie das gleiche Angebot noch einmal; diesmal nahm sie an. Als sie zurückkam, reichte sie die Scheidung ein.

In ihrem hier in Auszügen wiedergegebenen Roman *Casi en silencio* geht es um eine Dreiecksbeziehung zwischen einem Literaturprofessor (Bruno) und zwei seiner StudentInnen, Gabriel und Virginia; meines Wissens war es das erste Mal, daß sich eine Schriftstellerin an das in Mexiko in Texten von Männern recht häufig auftretende Thema der Homosexualität heranwagte, das Aline Pettersson hier äußerst behutsam und doch sinnlich behandelt, verquickt in einen literaturtheoretischen Diskurs über Virginia Woolf. Auch das Problem der Selbstbestimmung der Frau in bezug auf ihre Schwangerschaft wird hier für lateinamerikanische Verhältnisse recht offen angesprochen und unkonventionell gelöst (Virginia entscheidet sich dafür, keinen der beiden in Frage kommenden Väter zu informieren, sondern das Kind für sich allein zu behalten...).

Aline Pettersson Ferrel

In ihrer Autobiographie schreibt Aline Pettersson:

„Ich kann gut verstehen, daß jemand, der mich durch einige Breschen meines Lebens begleiten möchte, geduldiger als Hiob sein muß, daß es sehr schwer ist, mich nicht fallen zu lassen wie einen elektrisch geladenen Draht. Ich kann nicht verlangen, daß jemand versteht, was ich selber nicht begreifen kann. Dünn und schmächtig wie ich bin, lasse ich mich mit bleiernem Gewicht fallen. Dann versuche ich, mit Papier und Bleistift in der Hand, hinter irgendeiner Tür wieder zu einer aushaltbareren Stimmung zu finden. Dann, in der Einsamkeit des Schreibens, fließt überschäumend ein leidenschaftlicher Strom dahin. Schreiben ist für mich ein heilsamer Aderlaß, der das Blut beruhigt und die Turbulenzen beschwichtigt." *(De cuerpo entero,* S. 44)

Werke:

Círculos. México: UNAM, 1977 (Roman).
Casi en silencio. México: Premiá, 1980 (Roman).
Proyectos de muerte. México: Martín Casillas, 1983 (Roman).
El papalote y el nopal. México: CIDCLI-SEP, 1985 (Kinderbuch; Literaturpreis der Feria del Libro Infantil in Caracas).
Los colores ocultos. México: Grijalbo, 1986 (Roman).
Sombra ella misma. Xalapa: Universidad Veracruzana, 1986 (Roman).
Cautiva estoy de mí. México: Plaza y Valdés – SEP, 1988 (Lyrik).
Neuauflage: *Dos novelas: Círculos/Sombra ella misma.* México: Serie Alterna, 1989.
De cuerpo entero. México: UNAM – ECO, 1990 (Autobiographie).

Unveröffentlichte Werke:

Piedra que rueda (Roman), in Druck bei Joaquín Mortiz (México).
Querida familia (Roman), sollte im August 1990 erscheinen.

Cautiva estoy de mí

Tenía miedo,
era mostrarme sin resguardo;
perdida la urdimbre de seda,
sólo la trama de piel,
de la piel tantas veces hendida
por el filo del cuchillo.
Quise huir,
tu mano me contuvo,
ciega, transitó por los caminos
de mi vientre,
grabando en ella su tortuosa geografía.
Mi secreto y mi cuerpo se te abrieron.

Atados brazos y piernas
en líquidos nudos, te busco.
Lento es el viaje que descubre
el firme laberinto de tu piel.
Muros de saliva, sudor, semen
en ti me encierran.

El mundo recobra sus formas,
y ladrón mi cuerpo
captura tu olor y lo retiene.

Sobre el ardiente frescor
de mis labios múltiples
corren tus gotas
verbos prohibidos
en el flujo del lenguaje.

Aline Pettersson Ferrel

Gefangene bin ich meiner selbst

Ich hatte Angst,
es hieß, mich rückhaltlos zu zeigen;
verloren das Gewebe aus Seide,
nur mehr das Gespinst der Haut,
dieser Haut, so viele Male geschlitzt
von der Schneide des Messers.
Ich wollte flüchten,
deine Hand hielt mich zurück,
blind durchstreifte sie die Wege
meines Leibes,
prägte sich ein seine verschlungne Geographie.
Mein Geheimnis und mein Körper taten sich dir auf.

Gebunden Arme und Beine
in flüssige Knoten, suche ich dich.
Langsam ist die Reise, die entdeckt
das feste Labyrinth deiner Haut.
Mauern aus Speichel, Schweiß, Samen
schließen mich in dich ein.

Die Welt nimmt wieder ihre Form an,
und wie ein Dieb raubt mein Körper
deinen Geruch und behält ihn.

Über die glühende Frische
meiner vielfachen Lippen
laufen deine Tropfen
verbotene Worte
im Flusse der Sprache.

Aline Pettersson Ferrel

El deseo es la ola que nos capta
en su cresta, que se yergue
y siega alientos,
los sacude, los agita, los ahoga
para caer en espermas, en espumas
y empezar el innato movimiento:
ascender nuevamente hasta el quejido
hasta el esfuerzo último del gozo.

Aline Pettersson Ferrel

Das Begehren ist die Welle, die uns packt
auf ihrem Kamm, die sich aufbäumt,
den Atem verschlagend,
und ihn schüttelt, und ihn rüttelt, ihn erstickt,
um dann in Sperma, in Schäumen zu fallen
die ihr eigne Bewegung zu beginnen:
sich von neuem zu erheben bis zum Stöhnen,
bis zur letzten Anstrengung der Lust.

Aus: Cautiva estoy de mí. México: Plaza y Valdés – SEP, 1988.

Aline Pettersson Ferrel

Fast in der Stille

(Auszüge)

Ich mag die Augen nicht aufmachen. Nach und nach wird dieses Gefühl dösender Mattigkeit von mir weichen; nach und nach werden die Personen, die Namen, an ihren richtigen Platz fallen. Ich will es nicht überstürzen; aber der Geist arbeitet, auch wenn ich nicht will. Er dreht sich im Kreis und bombardiert mich mit Namen: Bruno, – aber was tue ich dann neben dem nackten Körper von Gabriel? Bruno..., während ich seine unerfahrene Hand auf meinem Leib fühle. Bruno... zwischen Kuß und Kuß, inmitten der Zärtlichkeiten, die ich ihm erst beigebracht habe. Bruno..., und Gabriel küßte mich unbeholfen. Bring es mir bei, Virginia, bring es mir bei. Ein Mädchen, das in die Geheimnisse der Liebe eingeweiht wird. Ich liebe dich, Virginia, weil Bruno dich liebt. Bruno, der plötzlich verblaßt, damit Gabriel und ich uns lieben können oder damit wir dich, Bruno, durch uns kennenlernen, durch unsere Körper, die einander begehren. Virginia, ich bin sehr ungeschickt. Geduldig habe ich ihn munter gemacht, um ihn mit Zärtlichkeit, mit Ruhe, mit viel Ruhe, über diese Wege zu lotsen. Da geriet der Name in Vergessenheit, den wir zuvor allzu oft ausgesprochen hatten, den wir uns nicht zu erwähnen getrauten, sooft er in unseren Gedanken auftauchte. Nach und nach hörten wir auf, ihn zu nennen, wir beide wußten, warum wir zusammen waren; wir wußten, daß hinter einer Reihe von Banalitäten, die eine Bresche in unsere gegenseitigen Vorbehalte geschlagen hatten, daß sich dahinter die Figur von Bruno abzeichnete. Und dennoch... es ist Gabriel, dem ich mich erinnere, meinen Namen furios ins Gesicht geschrieen zu haben, und es war der seine, der sich schließlich in meinem Mund durchsetzte. Aber alles wird wieder so werden wie früher, und ich weiß, daß in uns beiden Bruno wieder zum Vorschein kommt. Und die Hand, die sanft meinen Leib streichelt, die Hand, die ungläubig vor meinem Geschlecht anhält, die Finger, die sich in die Kringel meines Schamhaares verwikkeln, haben mich schon fast vergessen. Die Hand fährt in ihrem Streicheln fort – eine Reflexhandlung? – vielleicht das Staunen, als er den Einschnitt erfühlte, der ihn vorhin verschlungen hat? Ich küsse seine junge Brust, küsse seine Brustwärzchen, als wäre ich Bruno, als wäre Gabriel Virginia. Seine geschlossenen Augen öffnen sich, blicken mich überrascht an. Seine Lippen, die im Begriff waren, etwas zu sagen, verstummen. Und ich, der erfahrene Lehrmeister, ich die Frau, die wartet, ich der Führer, ich der Behälter, lächle. Ich beginne meine verstreuten Wäschestücke einzusammeln, ich beginne, seine Wäsche wie die eines Kindes einzusammeln. Die Mutter, die ihn für die Schule fertig macht. Ich, der Meister, der ihn einweiht, der versucht, die Unwissenheit auszufeilen. Ich wollte durchdrungen werden, und doch war es ich, die ihn besaß. Gehen wir doch, sage ich zu ihm, und er küßt mich zum letzten Mal und schaut mich an, fast ohne zu begreifen, was zwischen uns vorgefallen ist, ohne daß ich selbst imstande wäre, es zu wissen.

[...]

Ich weiß also nicht, mit wem ich zuerst sprechen soll, aber ich weiß auch nicht, ob ich überhaupt mit jemandem sprechen will. Ich glaube, ich könnte es nicht erklären, dem einen?, dem anderen?, weil ich es ja selber nicht klar verstehe. Um Gottes willen, ich verstehe gar nichts! Alles wird unweigerlich anders werden. Wenn man diese Augenblicke verlängern könnte, wenn ich eine unbegrenzte Zeit in diesem Stadium leben könnte, würde ich mein Geheimnis mit niemandem teilen, denn ich würde in meinen Empfindungen wühlen, in meinem Körper, um die unbedeutendsten Veränderungen aufzuspüren. Wenn doch alles weitergehen und ich mich in den Destillierapparat zurückziehen könnte, wo sich jeder meiner Tropfen in diesen anderen Tropfen ergießt, der unmerkbar, geheimnisvoll, in mir heranwächst, der pochen wird so wie früher die Worte in mir pulsiert haben. Im meinem Untergrund sprechen die Stimmen von uns dreien vereint miteinander. In mir drinnen hat sich endlich etwas aufgebaut. Das ist nicht möglich!, denn wenn es stimmte, wird der Tropfen schließlich zu einem Wasserfall werden, mein Bauch wird wachsen wie ein Vulkan, und Bruno und Gabriel werden von der Lava verbrannt werden. Ein Kind. Ein Kind, das aufhören wird, dieser innere Seufzer zu sein, diese Verlängerung unserer Liebe. Ein Kind. Ich muß es mir viele Male wiederholen, ohne es zu begreifen. Ein Kind, so ganz sanft. Es wird Bestandteil der Statistiken werden, ledige Mutter?, Überbevölkerung?, wie kann sich dieses winzige Geheimnis meines Körpers in eine Ziffer verwandeln?, Staunen? Ein Wesen bewohnt mich, jetzt nimmt es meine Organe in Beschlag, später wird es meine Zeit in Beschlag nehmen. Ein Kind. Aber es kann nicht das Gleiche sein, es als Fortsetzung unserer Suche anzusehen; so ganz abstrakt, daß mir nicht einmal die Ungewißheit Angst macht; denn wie soll ich's wissen?, aber macht's denn einen Unterschied? Es muß von uns dreien sein, ich werde Züge des einen, des anderen in ihm entdecken. Ich will nicht an die Gesetze des Lebens denken, die mit kategorischen Widerlegungen antworten werden. Warum soll, wenn unsere Liebe drei Arme hat, irgendeiner davon abgehauen werden? Ein Kind. Obwohl das noch nicht in mein Hirn geht, in mein Hirn nicht, in meine Gebärmutter schon. Die Worte werden nicht im Kopf wachsen, aber der mikroskopische Glanz wird sich unweigerlich ausbreiten. Warum unweigerlich? Was wird geschehen, wenn ich ein Kind habe? Mein glatter Unterleib weigert sich, es zu glauben. Es kann doch nichts passiert sein. Ich – Virginia – bin die gleiche wie eh und je, ein Kind wird zu guter Letzt zum Eindringling werden. An wessen Seite werde ich es beobachten? Wen muß ich dann ausschließen? Wenn ich doch mein Geheimnis für immer bewahren könnte. Wenn ich nur in der Klausur meines Wissens von einer Frucht träumen könnte, die in mir heranreift, die für immer in der Dunkelheit bleibt, die mein Körper - dieser Komplize – versteckt. Aber nein!, ein Kind ist etwas, das wächst, das sich löst wie die reife Weinbeere von der Traube. Bruno hat einmal von Trauben gesprochen; damals waren wir diese süßen Trauben; die Zeit vergeht, und nun bin ich der Weinstock, der Reben treibt. Ein Kind. Ein Kind, von wem?

Aus: Casi en silencio. México: Premiá, 1980.

Elsa Cross

(Mexiko)

© Elsa Escamilla

Elsa Cross

Geboren am 6. März 1946 in Mexico-City.

Sie hat Philosophie an der UNAM studiert und arbeitet dort als Lehrbeauftragte für Religionsphilosophie und Vergleichende Mythologie. Derzeit schreibt sie an einer Dissertation über einen indischen Mystiker des 13. Jahrhunderts. Ihre literarische „Ausbildung" genoß sie in der Literaturwerkstätte des bedeutenden, mexikanischen Schriftstellers Juan José Arreola. Auch ihre beiden Ex-Ehemänner, Alejandro Aura und Juan Tovar, gehören zu den bekannten zeitgenössischen Literaten Mexikos. 1967 bekam sie den Literaturpreis „Diana Moreno Toscano", für „vielversprechende literarische Talente", in dessen Jury auch der Literaturnobelpreisträger 1990, Octavio Paz, saß.

Sie hat zwei Jahre in Indien gelebt, wo sie 1978 die entscheidende Begegnung mit ihrem „Maestro espiritual", Swami Muktananda Paramahamra, hatte. Elsa Cross ist heute eine der angesehensten Lyrikerinnen ihres Landes.

Über ihr Schreiben und dessen Beziehung zur Meditation sagt Elsa Cross in einem Interview, das sie mir am 25. Juli 1989 in Mexico-City gab:

„Ich habe in meinem Leben eine furchtbare Krise durchgemacht, die mich an den Rand von... nun ja, sehr extremen Dingen gebracht hat, und erst als ich zu meditieren begann, gelang es mir, aus dieser Krise herauszukommen. Durch das Meditieren hat sich mir eine große Zahl unerschöpflicher, völlig neuer und lebenswichtiger Möglichkeiten eröffnet, auch was das Schreiben betrifft. Und die Dinge, die ich seitdem geschrieben habe, sind völlig anders als zuvor. [...] Die Meditation stellt eine sehr tiefgehende Verinnerlichung dar, eine Reise ins eigene Innere. Und von Anfang an machte ich derart lebhafte und tiefe Erfahrungen, die so wichtig für mich waren, daß sich für mich die ganze Perspektive all dessen, was ich bisher erlebt hatte, veränderte. Was ich damals mit ungeheurer Klarheit gesehen habe, ist, daß diese andere Hälfte, die man sucht, in einem selbst ist, nicht draußen. [...] Die Meditation tendiert dazu, die Anmaßung des Ich auszulöschen, selbst der Schöpfer dieser Dinge zu sein. Solange ich noch einen sehr lebhaften Anspruch hatte, Schriftstellerin sein zu wollen, habe ich lauter Mist produziert. Durch die Meditation, zum Teil durch die Tiefe des Erlebens, siehst du, daß der wahre Grund von dir selbst nichts mit deiner Person zu tun hat. [...] gleichzeitig wird dieser *sense of doership* ausgelöscht (im Englischen ist das sehr klar), im Sinne von: *Du* bist der Macher, *du* machst es, es ist *deine* Inspiration, *du* bist der Schriftsteller und so weiter; du kommst an einen Punkt, wo du nicht mehr richtig weißt, wer denn das eigentlich macht [...]. Es ist auch kein Automatismus nach Art der Surrealisten, wohl aber ein In-Kontakt-Treten mit einer tieferen Schicht des Bewußtseins, die jenseits deines Ichs liegt und jenseits deiner gewöhnlichen Fähigkeiten. Viele der Dinge, die ich geschrieben habe, hätte ich mir nie zugetraut [...], weil sie meine normale geistige Fähigkeit übersteigen [...]. Sie tauchen von woanders auf, aus einer viel tieferen Schicht. Es geht eigentlich nur darum, daß man das respektiert, von dem du nicht einmal recht weißt, was es ist, das aber da ist, du weißt nicht einmal so richtig, woher die Dinge eigentlich auftauchen. Nun, in dem Maße, in dem es einem gelingt, diesen Anspruch des Ego aufzugeben, beiseitezulassen, glaube ich, können die Dinge freier fließen, und in diesem Sinn gibt es dann schon eine Inspiration, das Fließen dieser Energie oder was immer es sein mag [...]. Jedenfalls bleibt einem das Gefühl, nur sehr begrenzt der Autor des Buches zu sein, das Gefühl, daß da noch etwas anderes, Tieferes, im Spiel war."

Werke:

La dama de la torre. México: Joaquín Mortiz, 1972 (Gedichte, erhielt 1971 den Lyrikpreis „Primer Premio de Poesía" der Secretaría de Educación Pública für junge Talente; zudem war es das erste Buch einer Frau, das in der Reihe „Las dos orillas" erschien).

Tres Poemas. México: UNAM, 1981 (Lyrik).

Bacantes. México: Artífice Ediciones, 1982 (Lyrik).

Baniano. México: Editores Mexicanos Unidos, 1985 (Lyrik).

La realidad transfigurada: en torno a las ideas del joven Nietzsche. México: UNAM, 1985 (Philosophische Schrift über den jungen Nietzsche, ursprünglich ihre Magisterarbeit).

Canto malabar. México: Fondo de Cultura Económica, 1987 (Lyrik).

Pasaje de fuego. México: Juan Boldó i Climent, 1987 (Lyrik).

Espejo al Sol. Poesía 1964-1981. México: Secretaría de Educación Pública - Plaza y Valdés, 1989 (Lyrik).

El diván de Antar. México: Joaquín Mortiz, 1990 (Lyrik, erhielt 1989 den Literaturpreis Premio de Aguascalientes).

Jaguar. México: Ediciones Toledo, 1990 (Lyrik).

Casuarinas. México: UNAM, 1991 (Lyrik).

In Vorbereitung:

La visión de unidad (philosophischer Essay).

Bacantes

VII

Éramos heridas abiertas.
La sensación se trastornaba.
Tu voz inventaba registros en mi oído.
Tus almizcles me embriagaban más que el vino.
Nos hería el placer.
Inagotables,
ebrios,
nuestros cuerpos, la ofrenda,
como frutas que dejan las mujeres
en las playas del sur y el mar se lleva.
Nos perdíamos del mundo.
Dibujábamos barcas en el aire
y nos íbamos en ellas.
Toda la noche caían para nosotros
dones del cielo,
la lluvia sobre los árboles,
y esas gotas brotando del pecho,
ah, nuestro soma –
¿dónde terminaban los cuerpos?
¿cuál cuerpo era de quién?
Yo sentía desde tu hombro mi caricia.
Tus pensamientos pasaban por mi mente,
y donde los deseos se juntaban
salían del aire aves de fuego.
Yo fluía dentro de ti.
¿Y tú quién eras?
Sólo un banco de abejas,
agua brillando como joyas.
Olas de sensaciones nos turbaban,
nos devolvían a la orilla.
Tanta vista del mar dejar atrás,
tantos bosques,
tanto de tu cuerpo.
Tender un velo en llamas sobre las formas –

Bacchantinnen

VII

Wir waren offne Wunden.
Das Gefühl schlug Kapriolen.
Deine Stimme erfand Register in meinem Ohr.
Dein Moschus berauschte mehr mich als der Wein.
Ins Fleisch schnitt uns die Lust.
Unerschöpflich,
trunken
unsre Körper, Opfergabe,
wie Früchte, von den Frauen dargebracht
an des Südens Stränden, vom Meer hinweggeschwemmt.
Wir schweiften ab aus der Welt.
Zeichneten Boote in die Luft
und fuhren darin davon.
Die ganze Nacht lang fielen für uns
Gaben vom Himmel,
der Regen auf die Bäume,
und diese Tropfen, die aus dem Busen quollen,
ah, unser Soma –
wo endeten die Körper?
Welcher Körper gehörte wem?
Ich fühlte von deiner Schulter aus mein Streicheln.
Deine Gedanken gingen durch meinen Kopf,
und wo unser Verlangen sich vereinte,
entflogen Feuervögel der Luft.
Ich floß in dir dahin.
Und du, wer warst du?
Nur ein Schwarm von Bienen,
Wasser wie Juwelen funkelnd.
Wogen von Gefühlen betäubten uns,
warfen uns ans Ufer zurück.
Soviel Meerblick zurücklassen,
soviel Wälder,
soviel von deinem Körper.
Einen brennenden Schleier über die Formen breiten –

que perdíamos al mirarnos un instante de más,
al debatirse tu muslo,
intempestivo.
Así morían los peces en las redes.

XIII

Intoxicados,
con la mirada puesta en otra parte,
oh veleidosos,
propiciando los manes de otra estirpe,
nos saciamos de belleza.
Ebrios,
oíamos con el cuerpo,
dictábamos modulaciones extrañas,
disonancias.
Una gota caía
filtrada entre la piedra,
honrando al dios desconocido.
Desde allí mirábamos el mundo,
una puerta custodiada por leones,
una torre cónica abierta al infinito,
y la gota que cae,
pulsando nuestros cuerpos,
vibración de sistros.
Un mar girando batido por el fuego.
Veneno azul a mi garganta.
Y la gota horadando la imagen de mi dios,
llenando los sentidos con su música.
Una pausa se abrió
absorbiéndonos de pronto en silencio.
El mundo se detuvo en el centro de un eje.
Aspas de fuego en torno.
Sólo ascenso,
desnudez.
Diez brazos de tu tronco portando flamas.
Tu frente como sol.
Rayos girando.

den wir verloren, als einen Augenblick zu lang wir uns ins Auge sahen,
beim Zucken deines Schenkels
zur Unzeit.
So starben die Fische in den Netzen.

XIII

In Trance,
den Blick verloren anderwärts gerichtet,
oh, so unstet,
die Manen eines anderen Geschlechts uns günstig stimmend,
tranken an Schönheit wir uns satt.
Berauscht
hörten wir mit dem Körper,
diktierten sonderbare Modulationen,
Dissonanzen.
Ein Tropfen fiel,
gesickert durch den Stein,
zu Ehren des unbekannten Gottes.
Von dort aus schauten wir die Welt,
ein Tor, bewacht von Löwen,
einen Turm, konisch zur Ewigkeit geöffnet,
und den Tropfen, der fällt,
unsre Körper zum Schwingen bringt,
Vibration von Sistren.
Ein kreiselndes Meer, vom Feuer aufgepeitscht.
Blaues Gift für meine Kehle.
Und der Tropfen, der meines Gottes Bild durchlöchert,
die Sinne mit seiner Musik erfüllt.
Eine Pause tat sich auf,
versenkte plötzlich uns in Schweigen.
Die Welt stand still im Zentrum einer Achse.
Brennende Windmühlenflügel ringsum.
Nur Aufstieg,
Nacktheit.
Zehn flammende Arme an deinem Rumpf.
Wie Sonne deine Stirn.
Kreiselnde Blitze.

Danzas,
y en torno no hay sino cenizas.
Yo misma me vuelvo de ceniza,
danzo, desaparezco.
Y de tu cuerpo prendida,
traspasada,
hueca como una caña,
soy el lecho de un río,
fuerza que se despliega como ala,
un hilo de azogue,
un hálito.
Giramos en lo alto.
Circulación de luz.
No hay aliento.
Volamos en el silencio,
en el vacío abierto.
Estamos dentro del relámpago.

Memoria de Antar

En un tiempo cuyas estribaciones escapan de nuestra memoria,
en un tiempo cuyos anales recobramos inquiriendo al viento del norte,
a la lluvia caída en las primeras horas del amanecer,
        que dejó sobre la arena huellas que después nos descifraron,
cuando volvían las gaviotas a posarse en la orilla –

                que una hechicera llegara,
a decirnos lo que esas huellas al azar habían dejado,
si nuestras vidas se unirían en un vértice
(¿fugaz?
¿dónde la eternidad soñada?)

Tänze,
und ringsum nichts als Asche.
Ich selbst werde zu Asche,
tanze, verschwinde.
Und an deinen Körper geheftet,
aufgespießt,
hohl wie ein Schilfrohr,
bin ich das Bett eines Flusses,
einer Kraft, die sich wie Flügel entfaltet,
eines Quecksilberstrahls,
eines Hauches.
Wir kreisen hoch oben.
Zirkulierende Helle.
Atemberaubend.
Wir fliegen in der Stille,
in der offenen Leere.
Befinden uns mitten im Blitz.

Aus: Bacantes. México: Artífice Ediciones, 1982.

Erinnerung an Antar

In einer Zeit, deren Ausläufer sich unsrem Gedächtnis entziehen,
in einer Zeit, deren Annalen wir wiedergewannen, als wir den Nordwind
befragten,
den in den ersten Stunden des Morgengrauens gefallenen Regen,
der auf dem Sand Spuren hinterließ, die man uns später entzifferte,
als die Möwen wiederkehrten, um sich am Ufer niederzulassen –

daß eine Zauberin kommen mußte,
um uns zu sagen, was diese zufälligen Spuren hinterlassen hatten,
ob unser beider Leben sich vereinen würden in einem Scheitelpunkt
(einem flüchtigen?
Wo dann die erträumte Ewigkeit?)

–*contaba los astros que iban*
desde el cíngulo de Orión hasta las Pléyades huidizas,
y cuando la cifra exacta se alcanzó, tú, más que Orión,
más bello de contemplarse que Adonis o que Endymión a punto

de abandonar el sueño,
apareciste.

¿Quién puede saber ahora qué es fugaz?
¿dónde la eternidad acaba?
¿En qué playa mirábamos el mar, contando las huellas
de las gaviotas, su dirección su ángulo –
para saber
aquello que a la vuelta del año
nos aguardaba?
Oh tu pecho, musgo embriagante.

Latía apacible
tu corazón. El mar en vilo llevaba nuestro sueño.
El mar hablaba a nuestro sueño. Su espiral giraba,
giraba dentro, nos envolvía –
y no había nada,
como el centro de un remolino: nada –
A la mañana
un insecto tendía sus patas lejanísimas.

El sol entrando ya –
y todo lo devoraba esa luz
desde dentro, esa espiral de luz girando dentro de nosotros,
envolviéndonos, extendiéndose hacia la playa, hacia las olas
que sin romperse tocaban las arenas –
oh esposas fugitivas.

–zählt' ich die Sterne, die da gingen
von Orions Gürtel bis zu den flüchtigen Plejaden,
und als die genaue Ziffer erreicht war, tratest du, mehr als Orion,
schöner zu betrachten als Adonis oder Endymion, kurz bevor
aus dem Schlaf er erwacht,
auf den Plan.

Wer kann jetzt wissen, was flüchtig ist?
wo die Ewigkeit endet?
An welchem Strand betrachteten wir das Meer, zählten die Spuren
der Möwen, ihre Richtung ihren Winkel –
um das zu erfahren,
was uns nach Jahresfrist
erwartete?
Oh deine Brust, berauschendes Moos.

Friedlich schlug
dein Herz. Das Meer trug unsren Traum in den Armen.
Das Meer sprach zu unserem Traum. Es drehte sich seine Spirale,
drehte sich ein, umhüllte uns –
und da war nichts,
wie im Zentrum eines Strudels: nichts
Am Morgen
streckte ein Insekt seine unendlich fernen Beine aus.

Die Sonne drang schon durch –
und alles verschlang dieses Licht
von innen her, diese Spirale aus Licht, die in uns kreiste,
uns einhüllte, sich bis zum Strand erstreckte, zu den Wellen,
die ohne zu brechen den Sand berührten –
oh flüchtige Gattinnen.

Tu aroma entre las flores.
El día rozando nuestras cabezas,
transidas de luz,
transverberadas.
Rayos de sol filtrados por finísimas aberturas
ocando exactamente tu entrecejo,
mi corazón.
tYo sentía en cada poro tu menor pensamiento –
cómo Eso nos colmaba, cómo nos desbordábamos,
cómo llenábamos todo.

¿Qué estaba dentro o fuera?
¿Existía esa luz dentro de nuestros cuerpos, o éstos,
envolturas opacas, se hallaban en la luz, inadvertidos,
mínimos?
¿Qué estaba dentro o fuera?
¿Qué cosa no lo estaba?
La luz, masa compacta de la cual emergían
nuestros cuerpos, a la cual volvían.
Y cada cosa era un resplandor vibrando apenas,
ondulando en la luz.
¿Y esto ya sucedió y es un recuerdo, o es algo que vendrá?
¿O está ocurriendo ahora en otro espacio?
¿Y qué hay después?
¿Habrá después? ¿Habrá salida de esta luz sin puertas?
Y si esto es sólo un sueño, oh mi amor, ¿lo iremos recogiendo
como araña que devora su propio hilo, hasta bajar a esa
orilla donde ni antes ni después podrán juntarse
ahora?

Dein Aroma zwischen den Blumen.
Der Tag, der unsre Köpfe streifte,
geblendet vom Licht,
durchbohrt.
Sonnenstrahlen, die durch feinste Ritzen drangen
und genau deine Stirn trafen,
mein Herz.
Ich fühlte in jeder Pore deinen geringsten Gedanken –
wie uns Dies ausfüllte, wie wir überquollen,
wie wir alles erfüllten.

Was war innen oder außen?
Existierte dieses Licht in unsren Körpern, oder befanden diese sich,
matte Hüllen, in dem Licht, unbemerkt,
winzig?
Was war innen oder außen?
Was war es nicht?
Das Licht, kompakte Masse, aus der
unsre Körper ragten, in die sie zurückkehrten.
Und alles war ein Glanz, der unmerklich vibrierte,
oszillierte im Licht.
Und ist dies schon geschehen, ist's Erinnerung oder etwas, das erst
[kommt?
Oder geschieht es jetzt in einem andern Raum?
Und was kommt danach?
Gibt es ein Danach? Gibt es einen Ausweg aus diesem Licht ohne Türen?
Und wenn dies nur ein Traum ist, oh Geliebter, werden wir ihn auflesen
wie eine Spinne, die ihren eignen Faden verschlingt, bis wir zu jenem
Ufer hinuntergelangen, wo weder Vorher noch Nachher sich vereinen
[können
im Jetzt?

Ya estos pensamientos traen de nuevo su gravedad,
ya se condensa en formas, ya se oculta,
la luz,
ya nos devuelve a nuestros cuerpos.

Tus ojos retenían el oro todavía inundándonos.
Tus ojos, sobre la orilla quieta,

en el vacío de las formas,
sin habla, sin imagen.

Yo repasaba tu cabello, igual que la cebada de los campos.
Como un guerrero, inmóvil, te recuerdo.

Y la Luz,
más fuerte que la luz del sol,
seguía jugando en nuestros párpados.

Schon bringen diese Gedanken von neuem ihre Schwere,
schon kondensiert sie zu Formen, schon verbirgt sie sich,
                                                                                    das Licht,
schon gibt es uns unsren Körpern wieder.

Deine Augen behielten das Gold in sich, das uns noch überschwemmte.
Deine Augen, auf dem ruhigen Ufer,

in der Leere der Formen,
                  ohne Sprache, ohne Bild.

Ich strich über dein Haar, *gleich der Gerste auf den Feldern.*
Wie einen Krieger, reglos, erinnere ich dich.

Und das LICHT,
stärker als das Licht der Sonne,
            spielte immer noch in unseren Lidern.

Aus: Memoria de Antar. México: Joaquín Mortiz, 1990.

Ana Istarú

(Costa Rica)

Ana Istarú

Geboren am 3. Februar 1960 in San José (Costa Rica) unter dem bürgerlichen Namen Ana Soto Marín.

1977-1981 studierte sie Philologie und später Schauspiel an der Universidad de Costa Rica, wobei sie für ihre ausgezeichneten Studienerfolge jährlich ein Begabtenstipendium erhielt.

Ana Istarú ist in ihrem Land eine bekannte Schauspielerin; zwischen 1980 und 1989 trat sie in Hauptrollen wie Mascha in *Drei Schwestern* von Tschechov, Finea in *La dama boba* von Lope de Vega, Elmira in *Tartuffe* von Molière, Belisa in *El amor de don Perlimplín con Belisa en su jardín* von García Lorca u. v. a. auf. 1981 bekam sie den Staatspreis für die beste Debütantin für die Interpretation der Rolle der Areusa in *La Celestina* von Fernando de Rojas im Teatro del Angel. 1983 erhielt sie ein Stipendium des costarikanischen Kulturministeriums für die Fertigstellung des Einakters *El vuelo de la grulla.* 1987 wurde sie zur 2. Messe des Lateinamerikanischen Buches in Manhattan sowie zu zweisprachigen Lesungen an verschiedenen Universitäten der Vereinigten Staaten eingeladen. 1990 erhielt sie ein Stipendium der Guggenheim Foundation zur Verwirklichung weiterer schriftstellerischer Vorhaben in Paris.

Ana Istarú hat (nicht nur) in ihrem Heimatland mit der gewagten Erotik ihrer Lyrik, die erstmals die Dinge beim Namen nennt und politische Verhältnisse in Zusammenhang mit sexueller Ausbeutung der Frau bringt, für einiges Aufsehen gesorgt. Insofern sind ihre Gedichte für Lateinamerika absolut innovativ und einzigartig in ihrer Direktheit.

Auf die Frage: „Hast Du im Verlagswesen spezifische Erfahrungen (positive oder negative) gemacht, die Du darauf zurückführst, daß Du eine Frau bist?" antwortet Ana Istarú in einem Fragebogen (Oktober 1989):

„Ja, positive, und zwar in folgender Hinsicht: Da ich Frau bin und ein Tabuthema wie den Erotismus berühre, vor allem weil ich den Mann als Objekt des Verlangens und Quelle ästhetischer Befriedigung darstelle, hat sich mein Buch viel besser verkauft, als wenn es von einem Mann geschrieben worden wäre, mit einer konventionellen Perspektive."

Auf die Frage, ob sie mit Isabel Allendes Schilderung des Schaffensprozesses als eines „Schwangergehens" bzw. einer „schwierigen Geburt" konform gehe, antwortet sie ebenda:

„Ja, und zwar verstehe ich ihre Äußerung als einen sehr weiblichen Satz, in dem Sinne, daß sie den Schaffensprozeß als das sieht, was er ist, als einen Akt, in dem Leben hervorgebracht wird, etwas vorher nicht Existentes erarbeitet wird. Nicht als einen Akt des Schmerzes oder der Selbstzerfleischung, in gewisser Hinsicht ‚Tod', so wie ihn eine romantische Auffassung darstellt."

Die Frage, ob es unter ihren Themen „spezifisch weibliche" gibt, beantwortet sie so:

„Unvermeidlicherweise alles, was sich auf die Sexualität bezieht, denn genau auf den sexuellen Unterschieden basiert ja jede Ideologie machistischer Unterdrückung. Das ist der Ursprung jeder Argumentation. Ist die Frau ein sexuelles Wesen, ist sie passiv? Ist sie kreativ, aggressiv? Auf diesem Gebiet zu forschen, Aussagen zu treffen, zu entmystifizieren, das ist es, was zählt."

Werke:

Palabra Nueva. San José: Imprenta Trejos, 1975 (Lyrik).

Poemas para un día cualquiera. San José: Editorial Costa Rica, 1976 (Gedichte; Lyrikpreis „Premio Joven Creación").

Poemas abiertos y otros amaneceres. San José: Editorial Costa Rica, 1980 (Lyrik).

La estación de fiebre. San José: EDUCA, 1983 (^{2}1984, ^{3}1986; im selben Jahr auch in Madrid bei Torremozas neu aufgelegt; Lyrik; Literaturpreis „Primer Premio Certamen Anual Latinoamericano EDUCA").

El vuelo de la grulla. In: Revista Teatral Escena No. 11, San José: 1984 (Einakter; uraufgeführt im selben Jahr in der Sala Vargas Calvo in San José unter der Patronnanz des costarikanischen Kulturministeriums; englische Übersetzung unter dem Titel „The Flight of the Crane" in *Latin American Literary Review,* vol. XVII, No. 33, 1989).

La muerte y otros efímeros agravios. San José: Editorial Costa Rica, 1989.

Madre nuestra que estás en la tierra. In *Revista Teatral Escena* No. 20/21, 1989 (Drama in drei Akten; uraufgeführt 1988 in der Compañía Nacional de Teatro, San José).

Weitere Gedichtveröffentlichungen in Zeitschriften Lateinamerikas, der USA, Kanadas und Spaniens.

In Vorbereitung:

Antología personal bei Visor (Madrid).

La estación de fiebre

III

Este tratado apunta
honestamente
que el pudor y su sueño
no encuentran mejor dueño
que el rincón apacible
de la vagina
y me destina
a una paz virginal
y duradera.
Esto el tratado apunta.
Por ser latina y dulce y verdadera-
mente inclinada
a una casta tensión de la cadera.
Y no lastima
al parecer
las intenciones puras
de tantos curas.
El novio se contenta,
al padre alienta
que en América Central
siempre se encuentra
su hija virgen y asexual.
Este tratado enseña
cómo el varón domeña
y preña
en la América Central
y panameña.
Y de esta fálica
omnipotencia
mi rebelión de obreras
me defienda.
Porque tomo la punta de mis senos,
campanitas
de agudísimo hierro

Liebesfieber

III

Dieser Kodex legt fest,
züchtig und sittsam,
daß Tugend und Scham
keinen besseren Hort finden
als den friedlichen Winkel
der Vagina,
und hat mir zugedacht
einen Frieden,
jungfräulich und dauerhaft.
Das legt dieser Kodex fest.
Denn ich bin
Lateinamerikanerin,
sanftmütig und mit wahrer Neigung
zum keuschen Hüftschwung.
Und dies verstößt
anscheinend nicht
gegen die laut're Absicht
all der Pfaffen.
Der Bräutigam ist hoch beglückt,
der Vater auch vollends entzückt,
daß in Zentralamerika
seine Tochter immerdar
jungfräulich und asexuell war.
Dieser Kodex zeigt,
wie der Mann beugt
und zeugt
in Zentralamerika
und Costa Rica.
Vor dieser phallischen Omnipotenz
behüte mich die Rebellion
meiner Arbeiterinnenunion.
Denn ich nehme die Spitze meiner Brüste,
kleine Glöckchen
aus pfeilspitzem Eisen,

y destierro
este himen puntual
que me amordaza
en escozor machista
y en larga lista
de herencia colonial.
Yo borro este tratado de los cráneos,
con ira de quetzal
lo aniquilo,
con militar sigilo
lo muerdo y pulverizo,
como a un muerto ajado e indeciso
lo mato y lo remato
con mi sexo abierto y rojo,
manojo cardinal de la alegría,
desde esta América encarnada y encendida,
mi América de rabia, la Central.

IV

Ahora que el amor
es una extraña costumbre,
extinta especie
de la que hablan
documentos antiguos,
y se censura el oficio desusado
de la entrega;
ahora que el vientre
olvidó engendrar hijos,
y el tobillo su gracia
y el pezón su promesa feliz
de miel y esencia;
ahora que la carne se anuda
y se desnuda
anda y revolotea
sobre la carne buena
sin dejar perfumes, semilla,
batallas victoriosas,

und verweise
des Landes diesen beflissenen Hymen,
der mich knebelt
in machistischer Diktion
und im Nebel
langer Kolonialtradition.
Ich lösch' diesen Kodex aus den Hirnen,
mit dem Zorn des Quetzal
mach ich ihn zunichte,
mit militärischer Diskretion
zerbeiß' ich ihn zu kleinen Fetzen,
wie einen geschundenen Leichnam
will ich ihn nochmals zu Tode hetzen
mit meiner offenen, roten Scheide,
Kardinalssitz der hellen Freude,
diesem blutig roten, flammenden Amerika,
meinem zornigen Zentralamerika.

IV

Nun, da dic Licbc
aus der Mode gekommen,
ausgestorbene Spezies,
nur noch in alten
Dokumenten erwähnt,
und in Verruf geraten die selten
gepflogene Hingabe;
nun, da der Mutterleib
vergessen, Kinder zu erzeugen,
und der Knöchel seine Grazie
und die Brust ihre wonnige Verheißung
von Honig und Labsal;
nun, da das Fleisch sich vermählt,
der Kleider ledig,
geht und flattert
auf der nackten Haut,
ohne zu hinterlassen Duft und Samen,
siegreiche Schlachten,

y recogiendo en cambio
redondas cosechas;
ahora que es vedada la ternura.
modalidad perdida de las abuelas,
que extravió la caricia
su avena generosa;
ahora que la piel
de las paredes se palpan
varón y mujer
sin alcanzar el mirto,
la brasa estremecida,
ardo sencillamente,
encinta y embriagada.
Rescato la palabra primera
del útero,
y clásica y extravagante
emprendo la tarea
de despojarme.
Y amo.

XII

Mi clítoris destella
en las barbas de la noche
como un pétalo de lava,
como un ojo tremendo
al que ataca la dicha,
al que el placer ataca
y contrataca
con zumos delicados,
enfebrecidas salamandras.
El útero olvida
su suave domicilio. Desata
las cuerdas del espacio.
Varón, que te recorre
mi pubis, fuego y raso.

doch dafür reiche Ernte
einbringend;
nun, da Zärtlichkeit verpönt,
vergessene Art unsrer Großmütter,
da die Liebkosung verloren
ihre großzügige Frucht;
nun, da sich die Haut
wie Wände betasten
Mann und Frau,
ohne die Myrte zu erlangen,
erregte Glut,
brenne ich einfach,
schwanger und trunken.
Ich gewinne das erste Wort
des Uterus wieder,
und klassisch und extravagant
nehme ich die Aufgabe in Angriff,
mich zu entblößen.
Und liebe.

XII

Meine Klitoris leuchtet auf
in den Bärten der Nacht
wie ein Blütenblatt aus Lava,
wie ein ungeheures Auge,
welches das Glück überkommt,
das, von der Lust überfallen,
zum Gegenangriff ausholt
mit köstlichen Säften,
fiebrigen Salamandern.
Der Uterus vergißt
sein trautes Heim. Er entfesselt
die Saiten des Raums.
Mann, es durchstreift dich
meine Vulva, Feuer und Samt.

Aus: La estación de fiebre. San José: EDUCA, 1982.

Luisa Valenzuela

(Argentinien)

Luisa Valenzuela

Geboren am 26. November 1938 in Buenos Aires als Tochter der bekannten argentinischen Schriftstellerin Luisa Mercedes Levinson. So lebte sie bereits als Kind in einer literarischen Atmosphäre, umgeben von Schriftstellern wie Jorge Luis Borges oder Adolfo Bioy Casares. Nach eigenen Aussagen wäre sie zwar lieber Mathematikerin, Physikerin, Malerin oder Wissenschaftlerin geworden, doch hat sich das literarische Erbe sozusagen gegen ihren eigenen Willen in ihr durchgesetzt (ihr erstes Gedicht diktierte sie im Alter von sechs Jahren – als sie noch gar nicht schreiben konnte – ihrer Mutter).

Seit ihrem 17. Lebensjahr ist sie als Journalistin sowohl in ihrem Heimatland als auch in den USA in verschiedenen Zeitschriften tätig gewesen. Sie unternahm ausgedehnte Reisen durch Europa und Lateinamerika und war etwa Redakteurin bei Radio Télévision Française. In den 60er Jahren bekleidete sie den Posten einer stellvertretenden Chefredakteurin der Samstagbeilage von *La Nación*, der bekannten argentinischen Tageszeitung. 1970 erhielt sie ein Fulbright-Stipendium in die USA, wo sie mit einigen der hervorragenden Literaten Lateinamerikas gemeinsam im „International Writers Program" der University of Iowa integriert war. Dort schrieb sie auch ihren Roman *El gato eficaz*, der den eigentlichen Durchbruch in ihrem literarischen Schaffen darstellte. Nach vielen Jahren unsteten Reisens (Mexiko, Spanien, Paris, Schottland) und – seit 1979 – politischen Exils in den USA, wo sie u. a. „Writer in Residence" an der Columbia University war und an der New York University Post-Graduate-Kurse in Literatur abhielt, kehrte sie 1989 wieder in ihre Heimatstadt Buenos Aires zurück.

Auf die Frage von Susana Cordero, ob sie angesichts der schrecklichen Realität Lateinamerikas nicht manchmal den Glauben an die Sinnhaftigkeit des Schreibens verliere, antwortet Luisa Valenzuela (VIII Simposio de Literatura in Quito, 2. August 1990):

„Ich habe ihn verloren, ich verliere ihn auf Schritt und Tritt, und ich gehe darauf in meinen Büchern ein, diese Frage wird Bestandteil meines Diskurses, weil man sich ja fragt, warum man eigentlich schreibt, wo doch ringsum so entsetzliche, so grausame Dinge passieren. Eine der vielen möglichen Antworten ist, weil wir das Gedächtnis der Völker sind. Ich habe viel über diese Dinge geschrieben, ich habe über die Gewalt in Argentinien geschrieben zu einem Zeitpunkt, da die Gewalt in Argentinien herrschte; in *Aquí pasan cosas raras* habe ich Dinge geschrieben, die einem unter die Haut gehen, und ich sage unter die Haut gehen, weil es einem weh tut, diese Dinge zu schreiben. Und es ist mir sehr schlecht gegangen dabei, als ich darüber schrieb, in dem

Glauben, übertrieben zu haben, dabei habe ich später erfahren, daß ich nicht nur nicht übertrieben hatte, sondern daß die Folterknechte viel weiter gegangen waren, so daß man eigentlich noch viel stärkere Sachen schreiben müßte. Ich glaube, dieses Schreiben, das jetzt keiner lesen will und das sich vor allem in einem meiner Bücher findet, in *Cambio de armas,* ist eminent wichtig, weil wir Völker mit einem sehr schwachen Gedächtnis sind. Wir Argentinier wollen von unserer Vergangenheit nichts wissen, denn die Vergangenheit dient uns nur dazu, davon zu schwärmen, daß doch früher alles viel schöner war, [...] aber die schmerzhafte Vergangenheit, die auch einen Teil unserer Identität ausmacht, zur Kenntnis zu nehmen, das fällt uns sehr schwer [...]"

Und auf meine Zusatzfrage, ob sie glaube, daß Frauen anders an diese Thematik herangingen als Männer, antwortet Luisa Valenzuela:

„Ich glaube schon, denn die Stimme der Gefolterten ist eine weibliche Stimme; auch wenn Männer auf entsetzliche Weise gefoltert worden sind, so werden sie gerade in dieser Hinsicht feminisiert. In dem Augenblick, wo jemand gefoltert wird, wird er nämlich feminisiert, vergewaltigt, penetriert, und dann entsteht diese Stimme aus der Tiefe."

Werke:

Hay que sonreír. Buenos Aires: Editorial Américalee, 1966 (Roman; englische Übersetzung: *Clara: Thirteen Stories and a Novel.* Translated by Hortense Carpentier and J. Jorge Castello. New York – London, 1976).

Los heréticos. Buenos Aires: Editorial Paidós, 1967 (Erzählungen).

El Gato Eficaz. México: Joaquín Mortiz, 1972 (Roman).

Aquí pasan cosas raras. Buenos Aires: Ed. de la Flor, 1976 (Erzählungen; englische Übersetzung: *Strange Things Happen Here.* Translated by Helen Lane. New York – London, 1979).

Como en la guerra. Buenos Aires: Editorial Sudamericana, 1977 (Roman).

Libro que no muerde. México: UNAM, 1980 (Erzählungen).

Cambio de armas. Hanover (N. J.): Ediciones del Norte, 1982 (^{2}1987; mexikanische Ausgabe México: Martín Casillas, 1982; Erzählungen).

Donde viven las águilas. Buenos Aires: Editorial Celtia, 1983 (Erzählungen).

Cola de lagartija. Buenos Aires: Editorial Bruguera, 1983 (Roman; englische Übersetzung: *The Lizard's Tail.* Translated by Gregory Rabassa. New York, 1983).

Novela negra con argentinos. Barcelona: Plaza y Janés – Hanover (N. J.): Ediciones del Norte, 1990 (Roman).

Realidad nacional desde la cama. (Theaterstück für das Theater INTAR in New York).

Luisa Valenzuela

Alle ihre Werke, außer *Como en la guerra*, sind auch ins Englische übersetzt, einige ins Niederländische, Italienische und Deutsche. So findet sich ihre Erzählung „Wo die Adler wohnen" etwa in *Der rote Mond. Phantastische Erzählungen vom Río de la Plata.* Hg. von Michi Strausfeld. Frankfurt a. M.: Suhrkamp, 1989.

Luisa Valenzuela

Waffentausch

Die Wörter

Es erstaunt sie nicht im mindesten, daß sie kein Gedächtnis hat, sich jeglicher Erinnerung entkleidet fühlt. Vielleicht fällt es ihr nicht einmal auf, daß sie am absoluten Nullpunkt lebt. Was sie allerdings ziemlich beunruhigt, ist das andere, die Tatsache, daß es ihr gelingt, jedem Ding seinen genauen Namen zu geben und eine Tasse Tee zu bekommen, wenn sie sagt, ich will (und auch dieses Ich-Will verunsichert sie, dieser Willensakt), wenn sie sagt, ich will eine Tasse Tee.

Martina betreut sie in ihren geringsten Bedürfnissen. Und sie weiß, daß sie so heißt, weil Martina selbst es ihr gesagt hat, immer wieder, bis sie den Namen behalten hat. Was sie selbst betrifft, so hat man ihr gesagt, daß sie Laura heiße, aber auch das bildet einen Teil des Nebels, in dem ihr Leben dahinläuft.

Dann ist da noch der Mann: Der da, er, der Namenlose, dem sie jeden beliebigen Namen verpassen kann, der ihr gerade einfällt, denn alle sind gleich wirkungsvoll, und wenn der Typ gerade im Hause ist, reagiert er darauf, ob sie ihn nun Hugo, Sebastián, Ignacio, Alfredo oder sonstwie ruft. Und es scheint, daß er gerade so oft im Hause ist wie genügt, um sie ein wenig zu beruhigen, indem er ihr eine Hand auf die Schulter und angrenzende Partien legt, sie nicht ohne eine gewisse Zärtlichkeit an ihr hinabgleiten läßt.

Und dann sind da noch die alltäglichen Gegenstände: das, was man Teller, Bad, Buch, Bett, Tasse, Tisch, Tür nennt. Es kann einen zum Beispiel zur Verzweiflung bringen, sich vor die sogenannte Tür zu stellen und sich zu fragen, was tun. Eine Tür, die zwar abgesperrt ist, aber die Schlüssel in Reichweite oben auf dem Türsims und die Riegel leicht zurückzuschieben, und die Faszination einer anderen Seite, der sie sich nicht entschließen kann, ins Auge zu blicken.

Sie, die sogenannte Laura, auf dieser Seite der Tür mit ihren sogenannten Riegeln und ihrem sogenannten Schlüssel, die sie lauthals dazu auffordern, die Grenze zu überschreiten. Nur sie schafft es nicht, noch nicht; vor der Tür sitzend überlegt sie und weiß, daß es nicht geht, wenn es auch niemanden sonderlich zu kümmern scheint.

Und plötzlich geht die sogenannte Tür auf, und auf der Bildfläche erscheint der, den wir nun Héctor nennen wollen, wie zum Beweis, daß auch er seine sogenannten Schlüssel besitzt und sie mit der größten Selbstverständlichkeit benutzt. Und wenn sie aufmerksam hinschaut, wenn er heimkommt – das ist ihr schon öfter passiert, der sogenannten Laura –, dann entdeckt sie, daß gemeinsam mit Héctor noch zwei Typen kommen, die draußen vor der Tür bleiben, als wollten sie sich unsichtbar machen. Sie nennt sie Nr. Eins und Nr. Zwei, das gibt ihr eine gewisse Sicherheit, jagt ihr aber auch manchmal ein gewisses Schauern über den Rücken, je nachdem, und dann begrüßt sie ihn und weiß, daß Nr. Eins und Nr. Zwei da draußen vor der Wohnung sind (Wohnung?), einfach jenseits der sogenannten Tür, vielleicht warten sie auf ihn oder bewachen ihn, und sie kann sich manchmal vorstellen, daß die beiden bei ihr sind und ihr Gesellschaft leisten, besonders wenn er sie so forschend anblickt, als wollte er die Erinnerung an alte Geschichten von ihr, die sie nicht im mindesten teilt, abwägen.

Manchmal tut ihr der Kopf weh, und dieser Schmerz ist das einzige Intime von ihr, das sie dem Mann mitteilen kann. Dann gerät er ganz aus dem Häuschen, hin- und hergerissen zwischen dem Wunsch und der Angst, sie könne sich an etwas Konkretes erinnern.

Der Begriff

Verrückt ist sie nicht. Dessen fühlt sie sich zumindest sicher, auch wenn sie sich manchmal fragt – und es sogar Martina gegenüber zur Sprache bringt –, woher sie nur diesen Begriff von Wahnsinn haben mag und auch die Gewißheit. Aber zumindest weiß sie es, weiß, daß es nicht stimmt, daß es sich nicht um eine Flucht aus der Vernunft oder aus dem Verstand handelt, sondern um einen allgemeinen Zustand des Vergessens, der ihr nicht ganz unangenehm ist. Und schon gar nicht beängstigend.

Die sogenannte Angst ist etwas anderes: Die sogenannte Angst schnürt ihr manchmal den Magen ein, so daß sie mit geschlossenem Mund schreien möchte, als stöhnte sie. Sie sagt – oder denkt – stöhnen, und es ist, als sähe sie das Bild des Wortes, ein klares Bild, obwohl doch ein bloßes Wort nie so klar sein kann. Ein Bild, das zweifellos mit Erinnerungen beladen ist (und wo mögen die Erinnerungen hingekommen sein? Wo mögen sie jetzt herumschwirren, sie, die viel mehr von ihr wissen als sie selbst?). Irgend etwas verbirgt sich vor ihr, und sie versucht manchmal, eine geistige Hand auszustrecken, um eine Erinnerung im

Flug zu fangen, was aber unmöglich ist; unmöglich, Zugang zu erlangen zu diesem Winkel ihres Hirns, wo ihr Gedächtnis sich versteckt hält. Daher findet sie nichts: Das Gedächtnis ist blockiert, abgekapselt in sich selbst wie in Verteidigungshaltung.

Das Photo

Das Photo ist da, um es zu bezeugen, auf dem Abstelltischchen. Er und sie, in Hochzeitsstimmung sich in die Augen blickend. Sie trägt einen Schleier und unter dem Schleier einen zerstreuten Gesichtsausdruck. Er hingegen legt die triumphierende Miene jener an den Tag, die glauben, an ihr Ziel gelangt zu sein. Fast immer – fast immer, wenn sie ihn in Blickweite hat – nimmt er dieses triumphierende Aussehen derer an, die glauben, an ihr Ziel gelangt zu sein. Und plötzlich ist es wie ausgelöscht, plötzlich ist es weg, als hätte man einen Schalter betätigt, und der Triumph verwandelt sich in Zweifel oder in etwas noch Undurchsichtigeres, schwer Erklärbares, Unergründliches. Das heißt: offene Augen, aber wie mit gesenktem Vorhang, hermetische Augen, starr auf sie gerichtet, ohne sie im mindesten zu sehen, oder vielleicht nur das im Blick, was sie an irgendeiner Wegbiegung verloren hat. Was zurückgeblieben ist und sie nie mehr wiedererlangen wird, denn worauf sie im Grunde genommen am wenigsten Lust hat, ist, es wiederzuerlangen. Aber ein Weg liegt hinter ihr, das steht für sie fest, ein Weg mit all den atmosphärischen Bedingungen des menschlichen Weges (stürmischem Auf und Ab).

Dieses Dasein in einer absoluten Gegenwart, in einer Welt, die jeden Augenblick neu entsteht oder höchstens vor ein paar Tagen (wievielen?) entstanden ist, bedeutet wie in Watte gebettet zu leben: etwas Weiches und Warmes, aber ohne Geschmack. Auch ohne rauhe Stellen. Sie kann wenig von Rauheiten wissen in dieser Wohnung, die so ganz sanft, zartrosa ist, in Gesellschaft von Martina, die ganz leise spricht. Aber sie spürt, daß die rauhen Stellen existieren, vor allem wenn er (Juan, Martín, Ricardo, Hugo?) sie allzu fest drückt, mehr in haßerfüllter Umklammerung als liebevoller oder zumindest begehrender Umarmung, und sie vermutet, daß irgend etwas hinter all dem steckt, aber der Verdacht ist nicht einmal ein ausformulierter Gedanke, nur ein winziges Detail, das ihr durch den Kopf schießt und keine Spur hinterläßt. Dann die Rückkehr ins Weiche, Sich-treiben-Lassen, und wieder die schönen Hände von Antonio oder wie er heißen mochte, die sie streichelten, seine langen Arme, die sich locker um ihren Körper schlangen und sie dicht an sich drückten, ohne sie zu beklemmen.

Die Namen

Sie findet ihn manchmal sehr schön, vor allem wenn sie ihn neben sich liegen hat und ihn so hingestreckt sieht.

„Daniel, Pedro, Ariel, Alberto, Alfonso", ruft sie ihn mit sanfter Stimme, während sie ihn streichelt.

„Weiter", verlangt er, und sie weiß nicht, ob es sich auf das Streicheln bezieht oder auf die Aufzählung der Namen.

Dann gibt sie ihm mehr von beidem, und es ist, als taufte sie jede einzelne Zone des Körpers, selbst die verborgenste. Diego, Esteban, José María, Alejandro, Luis, Julio, und die Quelle der Namen versiegt nicht, und er lächelt mit einer friedlichen Miene, die nicht ganz aufrichtig ist. Etwas bleibt wachsam hinter diesem Sich-treiben-Lassen, etwas versteckt Lauerndes, bereit aufzuspringen, sollte ihre Stimme beim Aussprechen eines Namens nur im mindesten zittern. Aber die Stimme ist eintönig, verrät keine Emotion, zögert nicht. Als rezitiere sie eine Litanei: José, Francisco, Adolfo, Armando, Eduardo, und er kann sich in den Schlaf gleiten lassen im Gefühl, all diese für sie zu sein, alle Funktionen für sie zu erfüllen. Nur daß alle gleichbedeutend ist mit niemand, und sie sagt noch weiter Namen auf, lange Zeit nachdem sie ihn schlafend weiß, zählt Namen auf, während sie mit dem willenlosen, traurigen Rest seines Wunderdings spielt. Eine lange Liste von Namen, die sie wie eine Gedächtnisübung und mit einem gewissen Vergnügen aufsagt.

Der mit den unzähligen Namen, der Namenlose, schläft, und sie kann ihn nun bis zum Überdruß studieren, ein Gefühl, das sie sehr bald überkommt. Der Namenlose scheint seine Zeit mit ihr unter Liebesspielen und Schlafen aufzuteilen, und es ist eine ungleiche Aufteilung: Die meiste Zeit schläft er. Irgendwie erleichtert, ja, aber weswegen? Was das Reden betrifft, so reden sie kaum miteinander, sehr selten haben sie sich etwas zu sagen: Sie kann sich nicht einmal an alte Zeiten erinnern, und er tut, als kenne er ihre alten Zeiten schon oder als gingen sie ihn nichts an, was auf dasselbe hinausläuft.

Da steht sie vorsichtig auf, um ihn nicht aufzuwecken – als ob es leicht wäre, ihn aufzuwecken, wenn er sich einmal dem Schlaf hingegeben hat –, und spaziert nackt durch das Schlafzimmer, und manchmal geht sie ins Wohnzimmer, ohne sich um Martina zu kümmern, und schaut lange Zeit die Ausgangstür an, die mit den Mehrfachschlössern, und fragt sich, ob Nr. Eins und Nr. Zwei denn noch immer da seien, ob sie an der Schwelle schliefen wie Wachhunde, ob sie nur Schatten seien und ob Schatten sich mit dieser merkwürdigen Frau anfreunden könnten.

Merkwürdig, so fühlt sie sich. Fremd, anders. Anders als wer, als die anderen Frauen, als sie selbst? Daher läuft sie ins Schlafzimmer zurück, um sich in dem großen Spiegel des Wäscheschranks anzusehen. Da ist sie, in ganzer Größe: eher traurige, spitze Knie, überhaupt sehr wenig Rundungen, und diese lange, unerklärliche Narbe, die ihren Rücken kreuzt und die sie nur im Spiegel sehen kann. Eine dicke Narbe, leicht zu fühlen, so, als wäre sie frisch, aber schon gut verheilt, und sie tut ihr nicht weh. Wie mag diese Naht auf diesen Rücken gelangt sein, der viel gelitten zu haben scheint? Ein ausgepeitschter Rücken. Und das Wort ausgepeitscht, das so hübsch klingt, wenn man es nicht analysiert, läßt ihr die Gänsehaut aufsteigen. Sie denkt noch lange über die geheime Macht der Wörter nach, um schließlich, nein, nur das nicht, genug, nicht mehr dauernd an das Photo denken. Nicht zurückgehen, und doch, natürlich geht sie wieder hin, es ist das einzige, was sie in dieser kleinen, warmen, fremden Wohnung anzieht. Vollkommen fremd mit ihren pastellfarbenen Tönen, die sie nicht ausgesucht haben kann, obwohl – was hätte sie denn ausgesucht? Unbestimmtere Töne sicherlich, gedeckte Farben wie die Farbe seines Gliedes, das fast braun ist, so dunkel.

Und innerhalb dieser Wohnung, die überdies eine fremde ist, dieses persönliche Element, das am allerwenigsten mit ihr zu tun hat: das Hochzeitsphoto. Er wirkt darauf so wachsam, und sie trägt ihre beste abwesende Miene hinter dem Schleier zur Schau. Ein hauchdünner Schleier, der ihr Gesicht nur von außen beleuchtet und die Nase betont (dieselbe, die sie nun im Spiegel betrachtet, die sie befühlt, ohne sie im geringsten wiederzuerkennen, als sei sie ihr soeben über dem Mund gewachsen. Ein etwas harter Mund, der für eine weniger leichte Nase gemacht ist).

Laura, mögen alle Tage für uns beide so glücklich sein wie dieser Tag unsrer Vereinigung. Und die Unterschrift gut lesbar: Roque. Und es ist sie auf dem Photo, kein Zweifel trotz des Schleiers, sie, die sogenannte Laura. Daher muß er Roque sein. Etwas Hartes, wie Granit. Es paßt gut zu ihm, und doch wieder nicht; nicht wenn er nach Kräutern duftet und sie einhüllt.

Luisa Valenzuela

Die Pflanze

Nun hat sie bereits eine Erinnerung, und das erstaunt sie mehr als alles andere. Eine glückliche Erinnerung zwar, aber mit einer Bitterkeit, die in ihr wächst wie ein Same, etwas Undefinierbares: genau so, wie Erinnerungen sein müßten. Nichts allzu Fernes, natürlich nicht, noch allzu Eindringliches. Nur eine kleine Erinnerung, die sie zärtlich in den Stunden der Schlaflosigkeit hegen kann.

Es ist die Pflanze. Diese Pflanze, die dort im Blumentopf mit ihren weiß geäderten Blättern steht; schönen Blättern, hieratisch, dunkel, ihm sehr ähnlich, sehr nach seinem Bild geformt, auch wenn Martina sie ausgesucht hat. Auch Martina ist dunkel und hieratisch, und alles an seinem Platz – ein Blatt rechts, eines links, abwechselnd –, und Martina, ja, die hat er ausgesucht, sie muß nach Maß für ihn gefertigt worden sein, denn wenn es nach ihr selbst gegangen wäre, hätte sie eine Frau voller Leben an ihrer Seite, eine von denen, die singen, während sie den Fußboden kehren. So aber hat er Martina ausgesucht, und Martina hat die Pflanze ausgesucht nach einer langen Geheimbesprechung, und die Pflanze kam mit einer gelben Blüte, prall, sehr schön, die zum Glück allmählich verwelkte, wie es sich für eine Blüte gehörte, wie prall und schön sie auch sein mochte.

Martina hingegen verwelkt nicht, sie hob nur eine Augenbraue oder vielleicht beide zum Zeichen des Erstaunens, als sie nach ihr rief und sagte: Ich will eine Pflanze.

Sie wußte, daß die Reaktion auf das Ich-Will mehr oder weniger unmittelbar zu erfolgen hatte: Ich will einen Kaffee, einen Toast, eine Tasse Tee, ein Kissen, und das Gewollte (Verlangte) kam sofort ohne jede Komplikation. Aber eine Pflanze zu verlangen, bedeutete anscheinend vom gewohnten Gleis abzugehen, und Martina wußte nicht, wie sie damit umgehen sollte. Arme Señora, wozu will sie denn eine Pflanze, arme kranke Frau, arme Närrin. Und dabei hätte sie doch bedeutendere und weniger befremdende Dinge verlangen können, Schmuck zum Beispiel, obwohl, wer weiß, ob von diesem Mann etwas anderes als Anforderungen zu erwarten waren. Arme eingesperrte Frau, arme Idiotin.

Als der Herr am nächsten Tag kam, teilte ihm Martina mit, daß die Señora eine Pflanze wolle.

„Was für eine Art Pflanze?"

„Ich weiß nicht, sie sagte nur, eine Pflanze, ich glaube nicht, daß sie eine spezielle will."

„Und wozu mag sie eine Pflanze wollen?"

„Was weiß ich. Um sie zu gießen, um sie wachsen zu sehen. Vielleicht geht ihr das Land ab."

„Das gefällt mir nicht, daß ihr irgend etwas abgeht, das tut ihr nicht gut. Hat sie alle Medikamente genommen? Es gibt auch keinen Grund, warum sie an das Land denken sollte... Was hat sie mit dem Land zu tun, frage ich mich? Also bringen Sie ihr einfach irgendeine Pflanze, wenn sie das glücklich macht, aber ja keine Feldpflanze. Etwas Zivilisiertes, wenn Sie verstehen, was ich meine. Kaufen Sie sie in einer guten Blumenhandlung."

Sie befanden sich in der Küche wie so oft, wenn sie die Einzelheiten der Haushaltsführung besprachen, die die sogenannte Laura anscheinend nichts angingen. Aber sie hörte das Gespräch, ohne es zu wollen – oder vielleicht auch absichtlich, wie im Bemühen, irgend etwas herauszufinden, in einem unbewußten Versuch zu verstehen, was hier vor sich ging.

Tatsache ist, daß die Pflanze, als sie endlich ankam, künstlich anmutete, aber sie war lebendig und wuchs, und die Blüte starb allmählich ab, und auch das war das Leben, vor allem das: eine Agonie von Anfang an, mit ein wenig Glanz und viel Traurigkeit.

Wann mochte ihr eigener Glanz geleuchtet haben? War der Augenblick schon vorbei oder würde er erst kommen? Fragen, die sie sich in einem unbeobachteten Moment stellt, um sie sofort wieder zu verwerfen, denn darin beruht nicht das Problem, das einzige wirkliche Problem ist jenes, das auftaucht, wenn sie unabsichtlich auf ihr Bild im Spiegel stößt und lange Zeit sich selbst gegenübersteht, im Versuch, sich selbst zu erforschen.

Die Spiegel

Es handelt sich um eine unerklärliche Vervielfachung, Vervielfachung ihrer selbst in den Spiegeln und Vervielfachung von Spiegeln – wobei letztere die beunruhigendste ist. Zum Schluß tauchte der an der Zimmerdecke auf, über dem großen Bett, und *er* zwingt sie dazu, hineinzuschauen und daher sich selbst anzuschauen, auf dem Rücken liegend, mit gespreizten Beinen. Und sie betrachtet sich zuerst auf Befehl und später, weil es ihr Spaß macht, und sie sieht sich dort oben in dem Spiegel am Plafond, aufs Bett hingebreitet, spiegelverkehrt und fern. Sie betrachtet sich, beginnend bei den Fußspitzen, wo er ihr in diesem Augenblick eine Landkarte aus Speichel zeichnet, sie betrachtet sich und läßt den Blick – ohne das alles richtig wahrzunehmen – über ihre Beine gleiten, ihre Scham, ihren Nabel, ein Paar Brüste, über deren Fülle sie staunt, einen langen Hals und ihr Gesicht, das sie plötzlich an die Pflanze erinnert (etwas Lebendiges, das doch irgendwie künstlich wirkt), und ohne es zu wollen, schließt sie die Augen.

Mach die Augen auf, befiehlt er, der sie beobachtet hat, wie sie sich dort oben beobachtet.

„Mach die Augen auf und sieh dir gut an, was ich jetzt mit dir tue, denn das muß man gesehen haben."

Und mit der Zunge beginnt er, ihr linkes Bein entlang hinaufzuklettern, zeichnet es nach, und sie erkennt sich dort oben allmählich selbst, kommt allmählich drauf, daß dieses Bein ihr gehört, weil sie es lebendig unter der Zunge fühlt, und auf einmal gehört dieses Knie, das sie da im Spiegel betrachtet, auch ihr, und vor allem die – so empfindliche – Kniebeuge und der Schenkel, und der Bereich zwischen den Beinen würde sogar sehr ihr gehören, wenn er jetzt nicht einen Umweg machte und sich im Nabel einnistete.

„Hinschauen!"

Und es tut weh, weiter hinzuschauen, und die Zunge gleitet höher, und er legt sich immer mehr auf sie, obwohl er versucht, sie nicht allzusehr zu verdecken, damit sie sich im Spiegel an der Decke sehen kann, und sie entdeckt das Erwachen ihrer eigenen Brustwarzen, sieht ihren Mund, der sich öffnet, als gehöre er nicht ihr, und doch, er gehört ihr, sie fühlt diesen Mund, und über den Hals gelangt die Zunge, die sie nachzeichnet, bis dorthin zum Mund, aber nur einen Augenblick lang, ohne Gier, nur die Zeit, die nötig ist, um ihn zu erkunden, und dann gleitet die Zunge wieder nach unten, und eine Brustwarze zittert, und es ist ihre, ihre eigene, und weiter unten kribbelt es auch in den Nerven, und jetzt ist die Zunge gleich dort angelangt, und sie spreizt die Beine, schön weit auseinander, und es sind ihre Beine, auch wenn sie einem Impuls gehorchen, den sie nicht angeordnet hat, aber der von ihr ausgegangen ist, ein wunderbarer Schauder, hart an der Grenze des Schmerzes, genau als seine Zunge das Zentrum der Lust erreicht, ein Erschaudern, das sie gerne möglichst lang auskosten will, also schließt sie fest die Augen, und da schreit er

„Mach die Augen auf, Schlampe!"

und es ist, als würde er sie vernichten, als würde er sie inwendig beißen

– und vielleicht hat er sie gebissen –, dieser Schrei, als würde er ihr den Arm auf den Rücken drehen, bis der Knochen bricht, als würde er ihren Kopf mit Fußtritten behandeln. Mach die Augen auf, sing, sag mir, wer dich geschickt hat, wer dir den Befehl gegeben hat, und sie schreit Nein, so intensiv, so tief, daß es überhaupt nicht widerhallt in der Umgebung, wo sie sich befinden und er es gar nicht hören kann, ein *Nein*, das den Spiegel an der Decke zum Bersten zu bringen scheint, der sein Bild vervielfacht und verstümmelt und zerstört, fast wie ein Schuß, auch wenn er es nicht merkt und sowohl sein Bild als auch der Spiegel dort bleiben, unversehrt, unerschütterlich, und sie beim Ausatmen der angehaltenen Luft Roque haucht, zum ersten Mal seinen wirklichen Namen, aber auch das hört er nicht, unberührt wie er von all dieser sie innerlich zerfleischenden Qual bleibt.

Das Fenster

Wieder ist sie allein, in ihrem Normalzustand – das andere ist ein Zwischenfall, er ist ein Zwischenfall in ihrem Leben, obwohl sie ihm alle Arten von Namen geben kann. Sie mit sich allein, wie es sich gehört, still und friedlich. Vor dem Fenster sitzend, mit einer sterilen weißen Wand vor Augen, und was weiß man schon, was diese Wand verbergen mag, vielleicht verbirgt sie ihn.

Das Fenster hat einen weiß gestrichenen Holzrahmen, und die Wand gegenüber ist ebenfalls weiß mit verschiedenen Rußflecken vom vielen Regen. Sie schätzt, daß es ein fünfter oder sechster Stock sein muß, aber sie kann nicht hinaussehen, weil das Fenster keine Klinke hat, und nur er kann es öffnen, wenn er da ist. Es spielt keine Rolle. Sie braucht keine frische Luft, und sich aus dem Fenster zu beugen, würde ein schwer kontrollierbares Schwindelgefühl in ihr hervorrufen. Und auf einmal stellt sie sich vor, wie er durch die Straßen geht mit einer vergessenen Fensterklinke in der Hosentasche, eine Fensterklinke wie eine Waffe in der Faust, bereit zuzuschlagen.

Waffe, Straße, Faust? Wie mag sie auf diese Ideen kommen? Die Vorstellung von Straße ist es eigentlich nicht, die sie am meisten verwirrt. Die Vorstellung von Waffe hingegen… Eine Waffe auf der Straße, eine Zeitbombe, er, wie er auf der Straße dahingeht, als die Zeitbombe explodiert, die auf ihn gewartet hat. Eine Explosion, und er, wie er durch die dunkle Straße geht, und in der Hosentasche die Fensterklinke, ein ovaler, massiver Gegenstand, fast ein Ei aus Bronze, und dieses Fenster hier, so aufschlußlos, ein Fenster, das den Gesichtskreis einengt, statt ihn aufzutun.

Er hingegen wäre sehr wohl in der Lage, ihr Aufschluß über einige Wahrheiten zu geben, aber die Wahrheit hat nichts mit ihm zu tun, denn er sagt nur das, was er sagen will, und was er sagen will, ist nie das, was sie interessiert. Möglicherweise ist die Wahrheit nicht wichtig für ihn. Er hat das so an sich, aber auch anderes: zum Beispiel seine Art, sie anzusehen, wenn sie beisammen sind, als wollte er sie absorbieren, sie ganz in sich aufnehmen und sie vor sich selbst schützen. Da ist auch noch dieses langsame Ritual, sie auszuziehen, langsam, um sie in jedem Zentimeter Haut zu finden, der hinter jedem Knopf zum Vorschein kommt, den er aufnestelt.

Bisweilen vermutet sie, daß es sich um die sogenannte Liebe handeln könnte. Ein im übrigen vages Gefühl, das wie eine kurzdauernde innere Hitze in ihr hochsteigt und bei erhebenden Gelegenheiten lodernde Flammen schlägt. Nichts deutet jedoch darauf hin, daß es sich wirklich um Liebe handelt, auch nicht das Verlangen, das sie manchmal überkommt, das Verlangen, er möge endlich da sein und sie streicheln. Dies ist die einzige Form zu wissen, daß sie noch am Leben ist: wenn seine Hand sie streichelt oder seine Stimme sie anschnauzt: Bewegung, Schlampe. Sag mir, daß du eine Hure bist, eine Dirne. Sag mir, wie's die andern mit dir treiben, etwa so? Erzähl mir, wie sie's machen. Oder vielleicht genau deswegen, wegen seiner Stimme, die ihr Sachen aus einer anderen Welt sagt.

Und sie ist manchmal versucht, ihm zu antworten: Probier's doch, laß die zwei Typen herein, die du da draußen hast. So würde sie wenigstens wissen, daß es noch andere Männer gibt, andere zum Vernaschen. Aber das ist die Art von Gedanken, die sie lieber verschweigt, zumindest wissentlich, denn andererseits ist da diese dunkle Zone ihres Gedächtnisses (Gedächtnis?), die sie auch verschweigt, und nicht gerade aus eigenem Willen.

Der dunkle Brunnen des Gedächtnisses, vielleicht wie ein Fenster, das auf eine weiße Wand mit ein paar Rußflecken geht. Er wird ihr nichts erklären, und letzten Endes: Was liegt ihr schon daran? Ihr liegt nur daran, hier zu sein, ihre Pflanze zu gießen, die wie aus Plastik ausschaut, sich das Gesicht einzucremen, das wie aus Plastik ausschaut, durch das Fenster auf diese Wand mit dem abbröckelnden Putz zu sehen.

Luisa Valenzuela

Die Kollegen

Dann ist er wieder da, und manchmal gibt es sogar Varianten.

„Morgen werden ein paar Freunde von mir auf einen Drink kommen", sagt er zu ihr wie beiläufig.

„Drink?" fragt sie.

„Ja, klar. Einen Whisky vor dem Essen, nichts weiter, sie werden nicht lange bleiben, mach dir keine Sorgen."

Whisky? ist sie nahe daran zu wiederholen, aber sie hält sich rechtzeitig zurück.

„Was für Freunde?" entwischt es ihr, gerade als sie versucht zu schweigen, und vielleicht ist es besser so, um etwas aufzuklären.

Und er läßt sich herab, ihr zu antworten. Auf einmal geruht er, den Kopf zu heben, geduldig ihre Frage zu beantworten, zu tun, als ob sie existiere:

„Na gut, so richtige Freunde sind es nicht. Drei oder vier Kollegen, sonst nichts, nur auf einen kurzen Sprung, damit du ein bißchen Abwechslung hast."

Seltsam, denkt die sogenannte Laura. Kollegen, Abwechslung, nur auf einen kurzen Sprung. Seit wann macht er so viele Umstände mit ihr? Und dann erst läßt er das wirklich Verwunderliche vom Stapel:

„Schau, ich werde dir ein neues Kleid kaufen. Damit du eine Freude hast und hübsch aussiehst, wenn sie kommen."

„Muß ich eine Freude haben mit einem neuen Kleid? Ist ein neues Kleid etwas?"

Zack, genau der Typ von Fragen, die er haßt. Um es wieder gutzumachen, fügt sie hinzu:

„Aber ich freue mich, daß deine Genossen kommen."

„Kollegen", bessert er nachdrücklich aus.

„Also gut, Kollegen. Ich werde neue Namen lernen, ich werde dich wieder auf neue Arten rufen."

„Was fällt dir ein, das sind alles häßliche Namen, ich will sie nicht hören. Außerdem könntest du dich einmal anstrengen und mich bei meinem wirklichen Namen rufen, nicht? Ich meine, zur Abwechslung."

Am nächsten Tag bringt er ihr das neue Kleid, das wirklich schön ist und offensichtlich sehr teuer. Sie sieht hübsch darin aus, lächelt in sich hinein, und die Kollegen mit den unwiederholbaren Namen kommen alle gleichzeitig, treten mit einem gewissermaßen martialischen Schritt ein und nennen sie Laura, als sie ihr die Hand hinreichen. Sie nimmt die hingereichten Hände an, neigt den Kopf bei der Nennung des Namens Laura, als würde sie ihn auch annehmen, und er und seine Kollegen setzen sich in die Lehnstühle und beginnen sie zu mustern.

Mehr als alles andere rufen die insistierenden Fragen nach ihrer Gesundheit ein merkwürdiges Unbehagen in ihr hervor, das sie nicht ganz begreift.

„Fühlen Sie sich jetzt gut? Ihr Gatte hat uns erzählt, daß Sie Probleme mit dem Rücken gehabt haben, tut Ihnen die Wirbelsäule nicht mehr weh?“

Und diese beiläufig hingeworfenen Sätze: Wie hübsch Sie sind, so eine perfekte Nase...

Und diese Fragen wie ein Verhör, die beginnen mit: Denken Sie, daß...?, und sie weiß, daß sie die andere, die eigentliche Frage mit einschließen: Denken Sie? Und sie versucht, sich so gut wie möglich unter Kontrolle zu halten, denn sie will bei dieser ersten Einvernahme nicht versagen, obwohl sie nicht recht weiß, warum sie an Verhöre und Einvernahmen denkt oder warum ihr an der Idee des Versagens oder Nichtversagens liegen sollte. Und sie akzeptiert einen Drink – nur einmal Nippen (trink nicht zuviel, es wird dir nicht guttun bei deinen Medikamenten, flüstert er ihr beinahe zärtlich ins Ohr) – und wendet den Kopf, als einer sie Laura ruft, und hört aufmerksam zu.

„...es war damals, als sie die Bomben in den Kasernen von Palermo legten, erinnern Sie sich?“ sagte einer gerade, und natürlich war die Frage an sie gerichtet.

„Nein, ich erinnere mich nicht. Eigentlich erinnere ich mich an gar nichts.“

„Aber ja, als die Guerilla im Norden aktiv war. Sie sind doch aus Tucumán, nicht? Wie sollten Sie sich nicht daran erinnern.“

Und der Namenlose, die Augen starr auf sein Glas gerichtet:

„Laura liest nicht einmal die Zeitungen. Was außerhalb dieser vier Wände passiert, interessiert sie sehr wenig.“

Sie schaut die anderen an, ohne zu wissen, ob sie stolz darauf sein soll oder wütend. Die anderen beobachten sie ihrerseits, aber ohne ihr irgendeinen Hinweis zu geben, nach dem sie ihr Verhalten ausrichten könnte.

Als die Kollegen schließlich nach einer langen Unterhaltung gehen, bleibt sie wie leer zurück und zieht sich das neue Kleid über den Kopf, so, als wollte sie sich von etwas befreien. Er beobachtet sie mit der Miene dessen, der mit seinem Werk zufrieden ist. Plötzlich wird ihr speiübel, vielleicht ist das Nippen am Whisky schuld, und er reicht ihr eine Tablette, die verschieden ist von denen, die er ihr normalerweise zu schlucken gibt.

Nr. Eins und Nr. Zwei bleiben draußen, wie immer. Sie hört sie am Gang tuscheln. Vielleicht haben sie die Gäste bis zum Erdgeschoß begleitet und sind nun wieder hier, o ja, sie kann sie hören und weiß, daß sie erst gehen, wenn er geht. Und sie wird wieder allein bleiben, wie es sich gehört, bis er wieder auftaucht, denn die Sache wiederholt sich immer nach dem gleichen Schema, ein Typ drinnen und zwei draußen, einer drinnen in ihr, um es genauer zu sagen, und die anderen beiden, als wären sie es auch, als teilten sie ihr Bett.

Der Brunnen

Die Augenblicke des Liebesspiels mit ihm sind die einzigen, die wirklich ihr gehören. Sie gehören tatsächlich ihr, der sogenannten Laura, diesem Körper, der hier ist – den sie berührt – und der sie darstellt, ganz sie. Ganz? Gibt es da nicht noch etwas, etwas, wie wenn man sich in einem dunklen Brunnenschacht befindet und nicht weiß, was es ist, etwas in ihr drinnen, schwarz und tief, nicht identisch mit ihren inneren Höhlungen, zu denen er so leichten Zugang hat? Einen dunklen, unerreichbaren Grund von ihr, den Hier-Ort, den Sitz einer Innerlichkeit, wo alles das eingeschlossen ist, was sie weiß, ohne es wissen zu wollen, ohne daß sie es wirklich weiß, und sie wiegt sich, sie schaukelt auf dem Sessel, und da schläft er allmählich ein, ihr schwarzer Brunnenschacht, ein besänftigtes Tier. Aber das Tier existiert, es ist drinnen im Brunnen und ist zugleich der Brunnen, und sie will es nicht reizen aus Furcht vor einem Prankenhieb. Armer schwarzer tiefer Brunnen von ihr, so schlecht behandelt, so vernachlässigt, verlassen. Sie verbringt lange Stunden umgestülpt wie ein Handschuh, in ihren eigenen inneren Brunnen versenkt, in einer fast lauwarmen, feuchten Dunkelheit wie im Mutterleib. Die Wände des Brunnens hallen manchmal wider, und es ist ihr gleich, was sie ihr zu sagen versuchen, obwohl sie von Zeit zu Zeit eine Botschaft zu vernehmen spürt – einen Peitschenhieb – und fühlt, als würde man ihr die Fußsohlen verbrennen, und sofort kommt sie wieder an die Oberfläche von sich selbst, die Botschaft ist zu stark, um sie aushalten zu können, lieber außerhalb dieses schwarzen, vibrierenden Brunnens sein, lieber sich wieder in das zuckerlrosa Zimmer eingliedern, das angeblich ihr Zimmer ist.

In diesem Zimmer kann er sein oder nicht sein, für gewöhnlich ist er nicht da, und einsam zieht sie sich in sich selbst zurück; nun lächelt sie den vielfältigen Spiegeln zu, die ihr so etwas wie eine Erkenntnis widerspiegeln, die sie glattweg zurückweist.

Er taucht dann wieder auf, und wenn er zärtlich ist, verwandelt sich der Brunnen in ein winziges lichtes Loch, weit unten am Grund, und wenn er hart und mißtrauisch ist, öffnet der Brunnen seinen abgrundtiefen Schlund, und sie fühlt sich versucht zu springen, aber sie springt nicht, weil sie weiß, daß das Nichts in einem schwarzen Brunnen schlimmer ist als das Nichts außerhalb.

Außerhalb des Brunnens das Nichts mit demjenigen, der angeblich ihr Mann sein soll. Mit ihm und mit dem winzigen Loch, in das sich ihr Brunnen verwandelt und durch das sie ihn wie in einem Raster anvisiert. Ihn, hinter der kleinen Öffnung, hinter einem feinen Fadenkreuz, das ihn in die Mitte nimmt. Durch das Brunnenloch sieht sie ihn wie durch ein Visier, und das gefällt ihr gar nicht. Wer von ihnen beiden hält das Gewehr? Offensichtlich sie; er erscheint durch das Visier kariert, und sie sieht ihn so, ohne recht zu verstehen, warum, und ohne sich darüber Gedanken machen zu wollen. Er lächelt ihr vom anderen Ende des Visiers zu, und sie weiß, daß sie wieder einmal den Alarm abblasen kann. Den Alarm abblasen und kuschen: Dinge, an die sie sich allmählich gewöhnt.

Die Peitsche

„Schau, wie schön", sagt er zu ihr, während er das Paket auswickelt. Sie schaut ihm dabei mit einer gewissen Gleichgültigkeit zu. Bis aus dem Paket, fast makellos, fast unschuldig, eine Peitsche erster Qualität zum Vorschein kommt. Aus rohem Leder, nagelneu, mit breiter Schnitze und dikkem Ende, fast ein Ochsenziemer. Und sie, die nichts von diesen Dingen versteht, die die Pferde vergessen hat – wenn sie diese überhaupt je aus der Nähe gekannt hat –, sie beginnt, verzweifelt zu schreien, zu heulen, als wollte man sie aufschlitzen oder mit eben diesem Ochsenziemer vergewaltigen.

Vielleicht war das letzten Endes auch seine Absicht, sich einen Ersatzmann heimzubringen. Oder vielleicht hatte er davon geträumt, ihr ein paar Peitschenhiebe zu versetzen, oder vielleicht – warum nicht? –, sie zu bitten, daß sie ihn schlagen oder mit dem Peitschenstiel vergewaltigen solle.

Die Schreie der Frau schrecken ihn aus seinen unaussprechlichen Traumvorstellungen. Sie schluchzt in einer Ecke wie ein waidwundes Tier, es wird wohl besser sein, die Peitsche für eine andere Gelegenheit aufzuheben. Daher holt er das Papier, das er weggeworfen hatte, wieder aus dem Papierkorb, glättet es mit der Hand und wickelt die Peitsche wieder ein. Um die Schreie nicht mehr zu hören.

„Ich wollte dich nicht beunruhigen", sagt er, und es ist, als hörte sie ihn nicht, denn das sind Worte, die so gar nicht zu ihm passen. „Entschuldige, es war eine dumme Idee."

Er um Verzeihung bittend, unvorstellbar, aber so ist es: Verzeih' mir, beruhige dich doch, komm schon, schnurrt er fast wie eine Katze, und die Vorstellung von Katze hüllt sie warm ein und stoppt augenblicklich ihre krampfhaften Zuckungen. Sie denkt Katze und entfernt sich von ihm. Von derselben Ecke aus, in die sie sich geflüchtet hat, entflieht sie in eine andere Welt, wo alles offen ist und es einen Himmel gibt und einen Mann, der sie wirklich liebt – ohne Peitsche –, das heißt also, wo es Liebe gibt. Eine Empfindung von Liebe, die über ihre Haut streicht wie eine Hand, und plötzlich dieses schreckliche, alles überschwemmende Gefühl: Der Geliebte ist tot. Woher will sie wissen, daß er tot ist? Woher mit solcher Sicherheit von seinem Tod wissen, wo es ihr doch nicht einmal gelungen ist, ihm ein lebendes Gesicht zu verleihen, eine Form? Aber sie haben ihn getötet, das weiß sie, und jetzt muß sie ganz allein die Mission ausführen; alle Verantwortlichkeit in ihren Händen, wo es doch ihr einziger Wunsch gewesen wäre, gemeinsam mit dem Mann, den sie liebte, zu sterben.

Eine komplexe Struktur von Erinnerungen/Gefühlen durchzuckt sie unter Tränen, und dann wieder völlige Leere. Zu fühlen, daß sie der Enthüllung, der Aufklärung so nahe gewesen ist. Aber es zahlt sich nicht aus, auf dem Weg des Schmerzes Aufklärung zu suchen, es ist besser, in diesem Zustand zu verweilen, wie schwebend, nicht zuzulassen, daß die Wolke sich auflöst. Eine weiche, schützende Wolke, die sie versuchen muß zu bewahren, um nicht einen Schlag abzubekommen, wenn sie plötzlich in die Erinnerung stürzt.

Sie schluchzt leise vor sich hin, und er streicht ihr mit der Hand übers Haar, um sie in diese Zone des Vergessens zurückzuholen. Er streicht ihr über das Haar und sagt ihr mit einschmeichelnder Stimme:

„Denk nicht, spann dich nicht auf die Folter, komm zu mir, so ist's gut, mach die Augen nicht zu. Denk nicht. Spann dich nicht auf die Folter (laß' mich dich foltern, Herr über deinen Schmerz sein, über deine Ängste, entzieh' dich mir nicht). Ich werde dich glücklich machen, immer glücklicher. Vergiß diese verdammte Peitsche. Denke gar nicht mehr daran, siehst du, wir werden sie wegwerfen, ich werde sie verschwinden lassen, damit du dich nicht mehr ängstigst als nötig."

Er geht langsam zur Eingangstür, durch das Wohnzimmer mit der Peitsche (dem Paket, das nun die Peitsche enthält) in der Hand. Er holt die Schlüssel aus der Hosentasche – warum verwendet er wohl nicht die anderen, die in seiner Reichweite auf dem Türsims liegen, fragt sie sich –, öffnet die Tür und schleudert mit einer mehr oder weniger theatralischen Geste das Paket hinaus, das mit einem gedämpften, gummiartigen Geräusch zu Boden fällt. Siehst du, es ist schon weg, sagt er zu ihr wie zu einem kleinen Kind. Und sie, mißtrauisch wie ein kleines Kind, weiß, daß es nicht stimmt, daß jenseits der Tür Nr. Eins und Nr. Zwei stehen, um alles aufzufangen, was er ihnen zuwirft, bereit, sich wie Raubtiere auf das Paket zu stürzen.

Nr. Eins und Nr. Zwei. Sie vergißt sie nicht, sie sind ständig gegenwärtig für sie, obwohl sie ihr so fremd sind. Fremd wie diese Schlüssel auf dem Türsims, gegenwärtig und fremd, wie jetzt die Peitsche durch den einfachen Umstand geworden ist, daß sie derartige Verzweiflung in ihr ausgelöst hat. Eine derartig explosive Wirkung.

Und da sind auch ihre Sprengladungen, Wasserbomben, die explodieren, wenn man es am wenigsten erwartet, durch die Wirkung eines dieser Zündsätze. Sie explodieren durch Resonanz, wie man so sagt, weil sie auf derselben Wellenlänge schwingen oder vielleicht ganz im Gegenteil: durch einen Zusammenprall gegensätzlicher Schwingungen.

Tatsache ist, daß die Explosion ausgelöst wird, und sie selbst bleibt losgekoppelt zurück, inmitten ihres eigenen Trümmerhaufens, erschüttert durch die Gewalt der Druckwelle oder etwas Ähnlichem.

Das Guckloch

Es ist kein neues Gefühl, nein, es ist ein uraltes Gefühl, das von weither kommt, von früher, von den versunkenen Zonen. Fast ein Gefühl, ein seltsames Wissen, das sie nur verwirrt: die Ahnung, daß es ein Geheimnis gibt. Und – was mag das für ein Geheimnis sein? Etwas gibt es da, was sie kennt und was sie dennoch entdecken müßte. Etwas von ihr, etwas sehr Tiefes, Verbotenes.

Sie sagt sich: Das geht allen Menschen gleich. Und sogar diese Idee verwirrt sie.

Was mag das Verbotene (Verdrängte) sein? Wo mag die Angst vor dem Wissen enden und wo das Bedürfnis danach beginnen oder umgekehrt? Die Erkenntnis des Geheimnisses bezahlt man mit dem Tode; was mag dieses so verborgene Etwas sein, diese Last von einer so unergründlichen Tiefe, daß es besser wäre, nicht einmal auf die Idee zu kommen, daß sie existieren könnte?

Er hilft ihr manchmal, indem er ihr jeden Beistand verweigert. Indem er ihr nicht beisteht, ist er ihr in Wirklichkeit behilflich, ihre inneren Schleusen einen Spalt breit zu öffnen.

Wissen wollen und doch nicht wollen. Dasein wollen und gleichzeitig nicht dasein wollen. Er hat ihr mehr als einmal die Möglichkeit geboten, sich in den Spiegeln zu sehen, und jetzt ist er dabei, ihr die neue, ziemlich erschreckende Möglichkeit zu geben, sich in den Augen der anderen zu sehen.

Langsam zieht er sie im Wohnzimmer aus, und schon ist der Moment gekommen. Sie kann sich nicht gut erklären, warum sie es von Anfang an gewußt hat – vielleicht die ungewohnte Tatsache, daß er sie im Wohnzimmer auszieht und nicht im Schlafzimmer. Er drückt sie auf das Sofa gegenüber der Eingangstür und zieht sich ebenfalls aus, ohne ein Wort zu sagen, ein stummes Ritual, das offenbar für andere Augen bestimmt ist. Und plötzlich, ja, da entfernt er sich vom Sofa, geht nackt zur Tür, hebt die Klappe des Gucklochs – diese winzige rechteckige Klappe aus Bronze – und läßt sie so festgeklemmt in der Höhe. Einfach so, eine Handlung, die anscheinend keinerlei Grund hat. Aber danach schwankt er, schwankt, bevor er sich halb umdreht und sich wieder zu ihr begibt, als wollte er dem Guckloch nicht den Rücken zudrehen, sondern eher die Stirn bieten, darauf zielen mit seiner prachtvollen Erektion.

Sie kann nichts sehen auf der anderen Seite dieses kleinen Gitterwerks, das das Guckloch darstellt, aber sie fühlt sie, riecht sie fast: das Auge von Nr. Eins und das Auge von Nr. Zwei an das Guckloch geheftet, sie beobachtend, im Wissen dessen, was jetzt kommen wird, und sich im voraus die Lippen leckend.

Und er kommt jetzt langsam näher, sein dunkles Glied wie ein Schwert schwingend, und sie verkriecht sich in eine Ecke des Sofas mit eingezogenen Beinen und den Kopf zwischen den Beinen wie ein in die Enge getriebenes Tier, aber vielleicht auch nicht, nichts dergleichen: kein in die Enge getriebenes Tier, sondern eine Frau, die darauf wartet, daß sich irgend etwas in ihr löst, daß der Mann bald an ihre Seite kommt, um ihr zu helfen, sich zu lösen, und daß auch diese zwei da draußen mithelfen, die all der Erregung, von der sie aufgewühlt wird, nur ein einziges Auge leihen.

Die Paarung beginnt grausam zu werden, ausgeklügelt, und zieht sich in die Länge. Er scheint sie mit Hüftstößen zweiteilen zu wollen, und mitten in einem Stöhnen bremst er sich, zieht sich zurück, um wieder mit blinder Wut in sie einzudringen, indem er ihr jede Bewegung abschneidet oder sich mit den Zähnen in sie verbeißt.

Sie will sich manchmal diesem Seebeben entziehen, das sie niederwirft, und strengt sich an, das Auge auf der anderen Seite des Gucklochs zu entdecken. Dann vergißt sie wieder das Auge, alle Augen, die wahrscheinlich dort draußen gierig darauf warten, sie sich winden zu sehen, aber er schreit ein einziges Wort – Hure –, und da versteht sie, daß es diese Bezeichnung ist, um die er das dichte Spinnennetz von Blicken flechten will. Dann entkommt ihr gegen ihren Willen ein langer Seufzer, und er verdoppelt seine Angriffe, damit ihr Seufzer zu einem Heulen anwächst.

Das heißt, daß es draußen nicht nur Augen, sondern auch Ohren gibt. Draußen sind vielleicht nicht nur Nr. Eins und Nr. Zwei, sondern auch diese gewissen Kollegen. Draußen.

Und was nützen denen schon Augen, Ohren, Zähne, Hände, denen, die da jenseits der Tür sind und die Grenze nicht überschreiten können. Und wegen dieses Grenzstrichs, indem er ihn zieht, macht er weiter, besitzt sie wütend und lustlos. Er dreht sie um, er wendet sie, und plötzlich hält er inne, trennt sich von ihr und steht auf. Und er beginnt wieder durch den Salon zu gehen, ein wildes Tier im Käfig, das all seine Vitalität eines unbefriedigten Tiers entfaltet. Brüllend.

Sie denkt an die Menge da draußen, die sie beide beobachtet – sie beobachtet –, und daher ruft sie ihn wieder an ihre Seite zurück, damit er sie mit seinem Körper bedeckt, nicht damit er sie befriedigt. Sich mit seinem Körper bedecken wie mit einem Bettbezug. Ein Körper – und nicht der eigene, natürlich nicht der eigene –, der ihr als Schutzschild dienen soll, als Maske, um den anderen entgegentreten zu können. Oder nein: ein Schutzschild, um sich vor den anderen verstecken zu können, für immer hinter oder unter einem anderen Körper verschwinden.

Und wozu das alles? Ist sie doch schon so lange verschwunden: Die anderen immer jenseits der Tür, nur mit einem winzigen Guckloch, um sich zu vergewissern, daß sie noch da ist.

Kommunizieren? Nichts dergleichen, und dann fühlt sie, ohne es sich allzu klar zu machen, sie ahnt es wie in einem Nebel, daß sie den anderen – denen da draußen – ihre Wärme nur durch eine zwischengeschobene Person übertragen kann, durch den, der nur dazu da ist, als Brücke zu den anderen, denen da draußen zu dienen.

Des Brüllens müde, kehrt er zu ihr zurück und beginnt sie zu streicheln, in einer unerwarteten Verhaltensänderung. Sie läßt sich von den Zärtlichkeiten überfluten, damit sie ihren Zweck erfüllen, bis der letzte ihrer Nerven auf die Zärtlichkeiten anspricht, bis die Vibrationen eben dieser Zärtlichkeiten durch ihr Blut galoppieren und schließlich explodieren.

Schließlich bleiben die zwei Körper auf das Sofa gestreckt, und das Guckloch verdunkelt sich, als fehlte ihm die Helle eines Blicks.

Nach einiger Zeit kommt Martina leise herein und deckt die beiden zu.

Die Schlüssel

Später dann geht er. Er ist immer im Begriff, wegzugehen; wenn sie ihn im Wachzustand sieht, dann sieht sie ihn immer von hinten, wie er auf die Tür zugeht, und sein wirklicher Abschied ist immer das Klirren des Schlüssels, das den Ausgang wieder versperrt, und sie bleibt hier herinnen zurück.

Sie läßt sich nicht mehr täuschen von den Schlüsseln, diesen anderen, die auf dem Türsims liegen: Auch ohne sie ausprobiert zu haben, weiß sie, daß sie nicht zum Schloß passen, daß diese Schlüssel dort als Falle hingelegt worden sind, oder vielmehr als Lockvogel, und wehe ihr, sollte es ihr eines Tages einfallen, sie anzugreifen. Deswegen geht sie nicht einmal in die Nähe, widersteht der Versuchung, die Hand auszustrecken, ja sogar, sie wie Verbündete anzusprechen. Was können die Armen dafür, daß sie da sind, um ihr eine Schlinge zu legen? Sie hat ihn mehr als einmal dabei ertappt, wie er beim Heimkommen die Schlüssel verstohlen mustert, um sich zu vergewissern, daß sie noch immer in der gleichen Position daliegen. Staub legt sich auf die armen Schlüssel, Martina darf sie nur ein bißchen abblasen und ganz leicht mit dem Staubwedel darüberwischen, als wären sie aus sehr empfindlichem Glas.

Auch wenn er weggeht, prüft er nach, ob die Schlüssel noch auf ihrem

Wachposten sind, nur ein paar Handbreit von den Schlössern entfernt, auf die sie nicht passen, und dann schließt er die Tür ab und versperrt sie zweimal mit seinen Schlüsseln, die die richtigen sind, und läßt sie – die sogenannte Laura – zurück, frei, sich wieder einmal in diesen dunklen Brunnen zu versenken, wo die Zeit nicht existiert.

Die Stimmen

Was existiert, ist einzig das Ticken der Uhr, das synkopische Tick-Tack der Uhr, und es ist wie ein stiller Begleiter. So viele stille Begleiter und keine wirkliche Präsenz, keine Stimme, die nach ihr rufen würde, um sie aus sich selbst herauszureißen.

Nicht, daß seine Stimme nicht oft nach ihr gerufen hätte. Nicht, daß ihr seine Stimme nicht ihren Namen Laura zugerufen hätte, manchmal von weitem (aus dem anderen Zimmer), oder ihr einfach ins Ohr geschrieen, wenn er auf ihr liegt, einfach so, um ihr ihre Präsenz aufzuerlegen, die Verpflichtung, da zu sein und ihn anzuhören.

Es ist immer das Gleiche mit ihm, Juan, Mario, Alberto, Pedro, Ignacio, wie immer er heißen mag. Es hilft ihr gar nichts, seinen Namen auszuwechseln, weil seine Stimme immer die gleiche ist, und die Anforderungen sind immer die gleichen: Sie soll mit ihm zusammensein, aber nicht zu intensiv. Ein ausgelöschtes Sie ist es, was er verlangt, ein biegsames Wesen, das er nach Lust und Laune zurechtschmieden kann. Sie hat das Gefühl, aus Lehm zu sein, formbar unter seinen Liebkosungen, und sie möchte es nicht sein, sie will auf keinen Fall formbar und wandelbar sein, und ihre inneren Stimmen heulen vor Wut und trommeln an ihre Körperwände, während er sie nach Lust und Laune modelliert.

Von Zeit zu Zeit überkommen sie diese Anwandlungen von Auflehnung, die in enger Beziehung stehen zu dem anderen Gefühl, Angst genannt. Dann wieder die Leere; als hätte sich die Flut im Sand verlaufen und nur einen feuchten und ein wenig eingeebneten Strand zurückgelassen.

Sie schlendert barfuß auf dem feuchten Strand umher und versucht, sich von dem Schrecken zu erholen, den sie während der Flut ausgestanden hat. So viele Wellen, die sie überrollen und denen es dennoch nicht gelingt, ihr klaren Kopf zu schaffen. Die Wellen rollen heran und lassen einen brackigen Nachgeschmack in ihr zurück, ein ödes Wattenmeer, auf dem nur eine undefinierbare Spezies von stark gemildertem Entsetzen wachsen kann. Sie schlendert auf dem feuchten Strand umher und ist gleichzeitig selbst der Strand – sie manchmal ihr eigener Strand, ihr stilles Wasser –, und daher kein Lehm, sondern feuchter Sand, den er nach Lust und Laune formen möchte. Sie ganz aus feuchtem Sand, damit er daraus Burgen bauen kann wie ein Kind. Sich Illusionen machen.

Er verwendet manchmal seine Stimme zu diesen Zwecken und benennt sie und benennt einen nach dem anderen jeden ihrer Körperteile in einem etwas unklaren Versuch, sie wieder zusammenzusetzen.

Das ist die Stimme, die sie manchmal ruft, ohne ihre Schale durchdringen zu können. Dann kommt das Lächeln: sein etwas gezwungenes Lächeln. Nur wenn er lacht – zu den seltenen, raren Gelegenheiten, wo er lacht –, scheint etwas in ihr zu erwachen, und es ist nichts Gutes, es ist eine sehr tief sitzende Höllenqual, die im übrigen nichts mit Lachen zu tun hat.

Das heißt, es gibt wenig Anreiz, um sie an die Oberfläche ihrer selbst zu rufen und sie aus ihrem dunklen Brunnen herauszuholen. Auf jeden Fall nichts, das von außerhalb der Wohnung käme, obwohl, in diesem Augenblick doch: Ein beharrliches Läuten an der Tür bringt sie mit einem Schlag ins Hier und Jetzt zurück. Etwas Ungewöhnliches, dieses Läuten, das nicht aufhört, jemand, der sich verzweifelt Gehör verschaffen will, und da geht er vorsichtig auf die Tür zu, um zu sehen, was los ist, und sie ganz wach, ganz Ohr, hört die Stimmen der anderen, ohne zu versuchen, sie zu verstehen.

„Coronel, ich meine, Señor. Herr Oberst. Es gibt einen Aufstand. Wir hatten keine andere Möglichkeit, Sie zu verständigen. Es gibt eine Rebellion. Sie rücken mit Panzern auf Ihre Kaserne vor. Es scheint, daß das dritte Infanterieregiment auf ihrer Seite ist. Und die Marine. Ein bewaffneter Aufstand. Coronel, ich meine, Señor. Wir wußten nicht, wie wir Sie verständigen sollten."

Er zieht sich hastig an, geht, ohne sich von ihr zu verabschieden, wie so oft. Etwas übereilter zwar, und vielleicht hat er vergessen, die Tür abzusperren. Aber nichts weiter. Sie macht sich keine Sorgen wegen anderer Kleinigkeiten. Nicht einmal wegen der Stimmen, die sie gehört hat und die weiterschwingen wie ein unerwarteter, keuchender Laut, den sie nicht zu interpretieren versucht. Interpretieren? Wozu? Wozu verstehen, was so weit entfernt von ihrem Begriffsvermögen ist?

Luisa Valenzuela

Das Geheimnis (die Geheimnisse)

Sie vermutet – ohne es allzu genau formulieren zu wollen –, daß sie bald auf etwas kommen wird, worauf sie nicht kommen sollte. Seit langem fürchtet sie das Vorhandensein dieser so tief verwurzelten Geheimnisse, daß sie ihr schon gar nicht mehr angehören, so unzugänglich sind sie.

Manchmal möchte sie die Hand in ihre Geheimnisse stecken und ein bißchen darin wühlen, aber nein, nichts dergleichen, es wird besser sein, sie so zu belassen, wie sie sind: in einem stehenden Wasser von unergründlicher Tiefe.

Und dann überkommt sie eine Anwandlung von Gefräßigkeit, und ununterbrochen will sie von Martina einen Milchkaffee, ein paar Kekse, Obst, und Martina sagt sich sicherlich: Arme Frau, sie wird ihre Figur verlieren, sie frißt und frißt in sich hinein und macht keine oder fast keine Bewegung. Und der Señor kommt nicht zurück.

Weder Martina noch sie erwähnen jedoch die lange Abwesenheit des Señor, die im übrigen allmählich überlang wird. Sie will oder kann sich nicht an die Stimmen erinnern, die sie gehört hat, als man ihn holen kam. Martina, die einkaufen gegangen war, hat nichts davon erfahren.

Martina verwendete normalerweise die Zeit, die der Señor zu Hause verbrachte, dazu, Vorräte einzukaufen, und nun weiß sie nicht, ob sie die arme Verrückte alleinlassen oder noch einen Tag warten oder auf immer verschwinden soll. Der Señor hat ihr genug Geld dagelassen, daß sie sich frei fühlen könnte, und vielleicht ist er dieses Spiels überdrüssig, und sie sollte sich rechtzeitig zurückziehen und alles vergessen.

Alles Probleme von Martina, nicht der sogenannten Laura, die nun nicht einmal mehr das Schlafzimmer verläßt, die auf dem Bett liegenbleibt und im Laufe des Tages das eine oder andere diffuse Gefühl wälzt.

Coronel, wiederholt sie sich von Zeit zu Zeit, und das Wort ruft nur ein stechendes Gefühl in ihrem Magen hervor.

Viel später, fast eine Woche später, kommt er endlich zurück und reißt sie aus einem Traum, in dem sie auf den Wassern des Geheimnisses wandelte, ohne naß zu werden.

„Wach auf“, rüttelt er sie. „Ich muß mit dir reden. Es ist Zeit, daß du es weißt.“

„Was denn?“

„Stell dich nicht dumm. Du hast doch etwas gehört, neulich.“

„Das geht mich doch nichts an...“

„Ist gut, es braucht dich auch gar nichts anzugehen, aber trotzdem will ich, daß du es weißt. Sonst bleiben wir auf halbem Wege stecken."

„Auf halbem Wege?"

„Auf halbem Wege."

„Ich will nichts wissen, laß mich in Ruhe."

„Wie? Laß mich in Ruhe? Was, ich will nichts wissen? Seit wann bestimmt denn die gnädige Frau in diesem Haus?"

„Ich will nicht."

„Nun gut, du wirst alles erfahren. Viel mehr als ich dir ursprünglich erzählen wollte. Was heißt, du willst nichts wissen? Ich will keine Geheimnisse vor dir haben, ob es dir paßt oder nicht. Und ich fürchte, es wird dir überhaupt nicht passen."

Sie möchte sich die Ohren zustopfen, die Augen zuhalten, die Arme um den Kopf legen und ihn zudrücken. Aber er macht den Aktenkoffer auf, den er mitgebracht hat und holt eine Handtasche heraus, die ihr irgendwie bekannt vorkommt.

„Erinnerst du dich an diese Handtasche?"

Sie schüttelt energisch den Kopf und leugnet, aber ihre Augen sprechen eine andere Sprache. Ihre Augen werden wachsam, lebendig nach so langer Zeit, die sie stumpf geblieben sind.

„Schau, was drinnen ist. Vielleicht wirst du davon munter."

Sie steckt die Hand in die Tasche, zieht sie aber sofort wieder zurück, als hätte sie die schleimige Haut einer Kröte berührt.

„Nur zu", muntert er sie auf. „Steck die Hand hinein, nimm es heraus, ohne dich zu ekeln."

Nein, schreit von neuem ihr Kopf. Nein, nein, nein. Und verzweifelt schüttelt sie ihn, bis sie damit gegen die Wand schlägt. Absichtlich mit dem Kopf gegen die Wand schlägt.

Er weiß, was unter solchen Umständen zu tun ist. Er gibt ihr eine Ohrfeige und brüllt ihr den Befehl zu:

„Nimm es heraus, habe ich gesagt!"

Und dann, etwas sanfter:

„Es beißt nicht, es sticht nicht und tut sonst nichts. Es ist ein lebloses Objekt. Nur man selbst kann es zum Leben erwecken, wenn man will. Und du willst doch nicht mehr, stimmt's nicht, du willst nicht?"

„Ich will nicht, ich will nicht", stöhnt sie.

Und damit nicht alles von vorn losgeht (der Kopf gegen die Wand und die Ohrfeige), steckt er selbst seine Hand in die Damenhandtasche und zieht den Gegenstand heraus. Er präsentiert ihn ihr auf dem Handteller, einen harmlosen Gegenstand.

„Nimm. Du müßtest ihn kennen, diesen Revolver."

Sie schaut ihn lange an, und er streckt ihn ihr hin, bis sie ihn endlich nimmt und ihn zu untersuchen beginnt, ohne recht zu wissen, worum es sich handelt.

„Vorsicht, er ist geladen. Ich gehe nie mit ungeladenen Waffen herum. Auch wenn es fremde sind."

Sie hebt den Blick, schaut ihn an, schon fast verstehend, fast am Rande dessen, was sehr wohl ihr eigener Abgrund sein könnte.

„Mach dir keine Sorgen, Hübsche. Du weißt es, und ich weiß es. Und es ist, als ob wir nun quitt wären."

Nein, nein, fängt sie wieder an und schüttelt den Kopf. Nicht auf dieser Ebene von Gleichgestellten, nicht mit diesem Revolver.

„Doch", schreit er sie an, fast aufjaulend. „Nichts kann vollkommen sein, wenn du so jenseits der Dinge bleibst, wenn du dich weigerst, die Wahrheit zu erfahren. Ich habe dich gerettet, weißt du? Es könnte den gegenteiligen Eindruck machen, aber ich habe dir das Leben gerettet, denn sie hätten dich fertiggemacht, wie sie dein Freundchen fertiggemacht haben, deinen Komplizen. Also hör mir gut zu, wach auf aus deinem schönen Traum."

Die Enthüllung

Und seine Stimme beginnt, ihr einzuhämmern, in einem fort, ich hab' es getan, um dich zu retten, du Schlampe, alles, was ich getan habe, tat ich, um dich zu retten, und du mußt wissen, daß sich so der Kreis schließt und mein Werk seine Krönung erfährt, und sie wie ein Knäuel gegen die Wand gedrückt, wo sie einen Tropfen von der Malerei entdeckt, der da angetrocknet ist, und er immer wieder, ich war es, ich allein, ich habe nicht zugelassen, daß sie dich auch nur anrühren, nur ich, dort mit dir, ich habe dich geschunden, zerfetzt, mißhandelt, um deinen Widerstand zu brechen wie den eines Pferdes, um deinen Willen zu brechen, dich umzuformen, und sie streicht nun sanft mit der Fingerkuppe über den Tropfen, als bliebe sie von dem allen unberührt, als sei sie ganz woanders, und er wieder eindringlich, du gehörst mir, ganz mir, weil du versucht hattest, mich zu töten, du hattest mit diesem Revolver auf mich gezielt, erinnerst du dich?, du mußt dich erinnern, und sie denkt, lieber

Tropfen, wie zärtlich du dich anfühlst, wie ein Freund, während er redet und sagt, ich hätte dich in Stücke hacken können, aber ich habe dir nur die Nase eingehauen, wo ich dir doch alle Knochen hätte brechen können, alles, was auch immer, und ihr Finger und der Tropfen verschmelzen zu einer Einheit, einem einzigen angenehmen Gefühl, und er wieder, du bist ein Drecksstück, ein Mistluder, schlimmer als eine Hure, sie haben dich geschnappt, als du auf mich zieltest, du suchtest den besten Winkel, und sie zuckt die Schultern, aber nicht seinetwegen oder wegen dessen, was er zu ihr sagt, sondern wegen dieses Farbtröpfchens, das sich weigert, auf sie zu reagieren oder sich zu verändern, und er sich ereifernd, du kanntest mich nicht, und trotzdem wolltest du mich umbringen, du hattest Befehl, mich umzubringen, und hast mich gehaßt, obwohl du mich nicht kanntest, hast du mich gehaßt?, umso besser, ich sollte dich schon noch dazu zwingen, mich zu lieben, von mir abhängig zu werden wie eine Neugeborene, auch ich habe meine Waffen, und da neben ihr der staubtrockene kleine Tropfen voller Zärtlichkeit und weiter weg die glatte, undurchdringliche Wand, und er in aller Ruhe wiederholend: Auch ich habe meine Waffen.

Der Ausgang

„Ich bin sehr müde, erzähl mir keine Geschichten mehr, sprich nicht so viel. Nie sprichst du so viel. Komm, gehen wir schlafen. Schlaf mit mir."

„Bist du verrückt, hast du denn nicht gehört? Genug mit dem Humbug. Unser Spielchen ist zu Ende, verstanden? Es ist zu Ende für mich, was heißt, das es auch für dich zu Ende ist. Vorhang runter. Versteh es endlich, denn ich hau jetzt ab."

„Du willst gehen?"

„Klar, oder willst du etwa, daß ich bleibe? Wir haben uns nichts mehr zu sagen. Das Spiel ist aus. Aber danke auf jeden Fall, du warst ein gutes Versuchskaninchen, es war sogar angenehm. Also jetzt schön ruhig, damit alles gut ausgeht."

„Bleib doch bei mir. Komm, leg dich her."

„Begreifst du denn nicht, daß das nicht so weitergehen kann? Genug jetzt, reagier doch endlich. Der Klamauk ist zu Ende. Morgen wird man dir die Tür aufmachen, und du wirst gehen können oder bleiben, alles erzählen, tun, worauf du Lust hast. Ich werde jedenfalls schon über alle Berge sein..."

„Nein, laß mich nicht allein. Kommst du nicht zurück? Bleib da."

Er zuckt mit den Schultern und dreht sich, wie so viele andere Male auch, auf den Fersen um und geht zur Ausgangstür. Sie sieht diesen Rücken, der sich entfernt, und es ist, als ob sich in ihrem Inneren der Nebel ein wenig lichtete. Sie beginnt, einiges zu begreifen, begreift vor allem die Funktion dieses schwarzen Instruments, den er Revolver nennt.

Und da erhebt sie ihn und zielt.

Aus: Cambio de armas. Hanover (N.H.): Ediciones del Norte, 1982.

Gabriela Rábago Palafox

(Mexiko)

© Elsa Escamilla

Gabriela Rábago Palafox

Geboren am 30. Juni 1950 in Mexico-City.

Nach der Ausbildung zur Lehrerin übte sie den Beruf fünf Jahre lang in Volks-, Haupt- und Handelsschulen aus. Mit zweiundzwanzig Jahren wechselte sie in den Journalismus und arbeitete für verschiedene Zeitschriften und Kulturbeilagen diverser Tageszeitungen. Sie leitete auch einen privaten Literaturworkshop. 1977–78 arbeitete sie für den Canal 13 des mexikanischen Fernsehens, zunächst für die Serie „Große Romanciers" und später als Drehbuchautorin für das Kinderprogramm. Eine Zeit lang war sie Mitarbeiterin des Verlags Concepto, und von 1984 bis 1987 war sie in der Produktionsabteilung der Dirección de Bibliotecas y Publicaciones des Instituto Politécnico Nacional in Mexico-City tätig. Als eines der wichtigsten Ereignisse ihres Lebens erwähnt sie die Begegnung mit Gurumayi Chidvilasananda, die sie seitdem in Siddha Yoga und Meditation unterweist.

1979–80 war sie Stipendiatin des Centro Mexicano de Escritores unter Juan Rulfo, wo sie ihren ersten Roman, *Todo ángel es terrible,* schrieb. Für ihre Werke hat sie bereits mehrere mexikanische Literaturpreise erhalten.

Auf die Frage „Wie wählst du den Erzählstandpunkt eines Romans oder einer Kurzgeschichte aus?" antwortet Gabriela Rábago:

„Ich glaube, daß ich nichts auswähle, plötzlich fängt mir in meinem Kopf eine Geschichte zu brodeln an. Wenn ich mich zum Schreiben hinsetze, ist tatsächlich schon alles entschieden; es ist, als wenn ich einfach etwas transkribierte, etwas übersetzte, aber ich bearbeite es innerlich genau, und dann schreibe ich es nieder, nicht unbedingt, wie wenn es von einem Tonband käme, aber ganz ähnlich. Nie hab' ich mich vor ein leeres Blatt hingesetzt und gesagt: mal sehen, ob mir etwas einfällt, oder mal sehen, was herauskommt, sondern es ist etwas, was bereits fertig da ist. Und ich nehme an, daß das kein Zufall ist, sondern Ergebnis einer Reihe von Beobachtungen oder Erlebnissen; sehr selten wähle ich bewußt ein Thema aus, und dann, weil mir daran liegt, Mißstände anzuklagen, etwas aufzuzeigen, womit ich nicht einverstanden bin, oder aber umgekehrt etwas zu schildern, womit ich mich identifizieren kann. Ich glaube nicht, daß es darum geht, dekorative Literatur zu machen, sondern die Stimme zu erheben und sich mitzuteilen." (Interview vom 27. Juli 1989 in Mexico-City)

Bezüglich ihres politischen und feministischen Engagements, das in vielen ihrer Werke durchklingt, erklärt Gabriela Rábago ebenda:

„Ich bin sehr wohl politisch und sozial engagiert, aber nicht ‚offiziell', ich bin in keiner politischen Partei eingeschrieben und gehe auch nicht zu Aufmärschen oder all diesen Sachen; ich versuche, diese Dinge durch die Literatur zu unterstützen, indem ich bei Round-Table-Diskussionen mitmache, Referate halte. Als im März der Internationale Frauentag gefeiert wurde, habe ich an einem Round Table teilgenommen, wo ich das Thema der bürgerlichen Frauen als Saboteurinnen des Feminismus behandelte. Das ist meine Art, Anteil zu nehmen."

Werke:

Relatos de la Ciudad sin Dueño. México: Editorial Concepto, 1980 (^{2}1986; Mexikanischer Staatspreis für Kinderliteratur 1977).

Haikús. México: Editorial Delanbo, 1980 (Lyrik).

Todo ángel es terrible. México: Martín Casillas Editores, 1981 (Roman).

La señorita. México: Dirección de Publicaciones de la SEP, 1982 (Erzählungen).

Federico. Amecameca: Editorial Amaquemecan, 1983 (^{2}1987; Roman für Jugendliche).

(Als Hrsg.): *Estancias nocturnas – Antología de cuentos mexicanos.* México: Dirección de Bibliotecas y Publicaciones del IPN, 1987 (Repräsentative mexikanische Erzählungen).

Unveröffentlichte Werke:

Godofrina. Musikalische Komödie, zusammen mit ihrem Bruder Mauricio Rábago Palafox (Komponist). Urauff. am 9. Juni 1984 im Teatro Reforma, Mexico-City.

Verschiedene Erzählbände, Lyrik, sowie ein Drehbuch zu *Todo ángel es terrible.* Ihr Science-Fiction-Roman *La muerte alquila un cuarto* wird demnächst bei Planeta erscheinen.

Gabriela Rábago Palafox

Die Señorita

Für meine Tante Dolores,
die sich im Meer verlor.

A

Die Señorita jedoch lächelte. Sie verteilte Lächeln unter den Vorbeigehenden, und in ihrer Vorstellung waren es himmelblaue Nelken, die sie ihnen überreichte; sie aber fingen die Blume in der Luft, dankten ihr, gingen seufzend weiter.

Die Hitze war ein Krebs über der Erde. Seine Scheren aus Sonne bissen und kniffen die Welt, bis sie allmählich zu einem Trester von welkem Obst zusammenschrumpfte. Der Regen verweigerte sich, und daher goß die Señorita ihren Garten. Es war ein Ballkleid, was sie anhatte, bedruckt mit unwirklichen Blumen, gänzlich ausgeblichen und stumpf. Es hatte keine Ärmel, so daß die Schultern und die schlaffen Arme wie zum Auslüften hingehängtes Fischfleisch wirkten. Sie zitterten. Auf dem Rücken ließ ein kurzer dreieckiger Ausschnitt die Haut eines halben Jahrhunderts erröten. Da waren Silberfädchen in dem ehemals eleganten, altmodischen Gewebe, und sie hielten vorübergehend den Glanz der sommerlichen Sonne gefangen; einer Sonne, die am Nachmittag voll, etwas dunkel sein würde, wie eine Orange von Cézanne.

Das Wasser fiel auf die Blumen wie ein Fächer von Kristallen. Die Señorita wollte jung und hübsch sein und sich niederbeugen, um langsam das frische, fein zerstäubte Wasser zu genießen. Sie wäre gerne an einem tropischen See gewesen, um nackt in das von Minze gesäumte, von wilden Blumen bunt übersäte Wasser zu tauchen und zwischen den Beinen wogende Fischschwärme vorbeiziehen zu spüren. Mehr noch: Sie wollte zwanzig Jahre abnehmen wie Kilos. Oh ja! Sich einer strengen Diät unterwerfen – mit Orangenblüten, frisch von den Zweigen, einer Prise Salz, einem Stückchen Brot, im eigenen Ofen gebacken – und irgendwo das überschüssige, grimmige Alter zurücklassen. Denn die Männer gingen an ihrem Gitter vorbei. Gingen vorbei und sonst nichts. In ihrer Phantasie war die Straße ein Auslagenfenster, das ihr – der armen Begierigen – strotzende Männer vorführte: unerschwingliche Delikatessen und Genüsse. In ihrer Einbildung war ihr Haus ein Gefängnis mit schwarzem Gitter und bunten Fliesen an der Wand.

Würde irgendeiner stehenbleiben? Vielleicht der Maler mit dem blonden Bart und den mit Terpentin gesottenen Lippen. (Noch vor ihrem nächsten Geburtstag, beschloß sie und warf ein übertriebenes Lächeln nach dem andern durch den Abstand zwischen den Stäben.) Warum nicht der athletische Arzt, so gepflegt und seiner Fähigkeiten sicher, zufrieden mit seinem Gesicht und seinem Aussehen? Ah, der Dichter! Der Dichter, der Zuckerrohrsaft zwischen den Zähnen hatte, sanfte Hände – so glaubte das Fräulein – und einen Duft nach Quelle. Oder der Torero mit der vernarbten Wange, den kräftigen Knochen, harten Schenkeln und fast perfekter, herrlicher Statur.

Lassen wir's gesagt sein, die Señorita litt Qualen. Bis zu welchem Alter konnte dieses Provinzfräulein noch ein Kind bekommen? Hinter dem mit Fältchenpomade getünchten Gesicht versuchte ihr Geist, wenigstens eine einzige völlig von Liebe beherrschte Episode in ihrem Leben heraufzubeschwören. Doch es waren graue Erinnerungen allesamt. Dicke Spinnweben. Angehäufter Staub. Dunkelheit. Leere. Sterilität an Körper und Geist. Nur unbeschriebene Blätter überflog sie, denn es gab sonst nichts. Die Jahre – kümmerliche, lumpige Unbekannte – erhoben sich alle auf einmal, um ihr eine derart extreme Reife, ja Überreife bewußt zu machen, daß sie ihr – der Señorita - als beginnende Fäulnis erschien, die niemand mehr würde unter Kontrolle bekommen können.

B

Das Leben war ein einziges Intermezzo gewesen – ein sehr, sehr langes, auf einer Gitarre von gespannten Nerven ausgehaltenes –, nach dem, so nahm sie an, die Liebe nahen würde. Jedem schlägt einst die Stunde der Liebe..., oder etwa nicht? Gott – so verfügte die Señorita – war glücklich, wenn er kleine Männchen und kleine Weibchen schuf, die sich, in den Raum geschleudert, paarweise finden würden – irgendwann –, um sich unersättlich zu lieben.

Aber sie? In ihrer Existenz gab es nicht das leiseste Anzeichen einer Liebe – und wäre sie auch noch so zart, vorübergehend, schmerzhaft gewesen. Wenn die Liebe wehtut – mutmaßte sie –, schlägt sie tiefe, wahre Wurzeln; sie wird zu etwas Besonderem, Kostbarem, Erlesenem. Ach! Sie dachte an den Torero, den Arzt, den Maler und errötete zwischen den großen Gräsern, von denen das Wasser troff. Wie wäre es wohl, einen nach dem anderen zu küssen, in einem langen, sanften Kuß? Vielleicht wie in eine süße und doch saure, rote und gelbe Kirsche mit ungewohntem Geschmack zu beißen. Der Arzt. Ach, was für ein Liebeskuß unter dem Schnurrbart, an die gesunden, wunderschönen Zähne geschmiegt, und im bitteren Geschmack seines Speichels: ein Kuß, der ihr für einige Augenblicke den Atem nehmen und sie Pore für Pore ein unendliches, nie gekanntes Glück empfinden lassen würde. Oh, die Hände des Matadors – welch perfektes Gleichgewicht aus Haut, Wärme, Haaren und Lavendel: Sie wußte – phantasierte –, daß seine Liebkosungen leicht und sicher sein würden, wie der Windhauch, der einen im Frühling streift, wie die Berührung eines seidigen, flüchtigen Flügels. Die Señorita legte sich diese Hände an ihren Hals, an ihre Ohren, auf ihre Lider und ihre Brüste, auf die feuchte Wärme zwischen ihren Beinen, die Linien eines Körpers nachfahrend, der schon lange nicht mehr jung und nie schön gewesen war.

Sie sehnte sich. Sie fürchtete sich. Sie forderte vom Schicksal die unbekannte, fröhliche und unvergeßliche Liebe. Sie stellte sich diese vor wie einen Dachboden voller geheimer Wunderdinge, ein Paradies mit vorgehängtem Schloß, von dem der Schlüssel verloren gegangen ist.

„Noch ist es Zeit!" log sie, und ihr Lächeln fiel mit dem Wasser auf die Auslagen-Straße: unfruchtbarer Boden.

C

Der Mann war groß, stark, gut proportioniert. Das weiße Hemd öffnete sich auf die Haut von der Farbe alten Goldes. Seine Augen waren gelb, ständig beeinflußt vom plötzlichen Reflex eines Baumes, der Abendsonne, des klaren Gießwassers. Er hatte geschmeidiges Haar, die Stimme harmonisch und kräftig: Wasser, Metall und Glas, alles lag in seiner Stimme, wenn er durch die Straße ging und sagte:

„Schönen sonnigen Morgen, Señorita. Was machen Ihre Gräser? Gedeihen sie?"

Von Beruf war er Gärtner, Magier: Unter den Pflanzen wirkte er Wunder, erfand Aromen, Blüten und Farbtöne – Juwelen von großer Schönheit und kurzem Leben. Aber er war vor allem schön: ein langer Hals, breite Brust, kräftige Kinnbacken. Ein Mann aus berieselter Erde, nicht aus Fleisch gemacht. Ein Mann in voller Blüte – gleich einer reifen Frucht ohne Makel –, und männlich, intelligent, geistreich. Heute kam er nach dem Arzt, dem Torero und dem Maler vorbei. Er ging unruhig dahin, gereizt, in Gedanken bei seinen Problemen.

„Heute in Eile, Miguel?"

„Wie immer. Ich werde im Glashaus erwartet."

„Und Ihrer Frau geht es besser?"

„Schlecht. Gleich wie alle Tage, Señorita. Seit sechs Monaten immer wieder im Krankenhaus, und sie können sie nicht heilen."

„Da werden Sie aber schon Ausgaben gehabt haben..."

„Mehr als wir besitzen. Die Ärzte werden uns eine schöne Stange Geld kosten. Gott weiß, wie das endet."

Die Abendluft. Hartnäckig irritierte sie die goldenen Augen des Mannes vor dem Gitter; wirbelte sein Parfüm auf und trug es bis zur Señorita ohne Vergangenheit, ohne Hoffnung.

„Und was gedenken Sie zu tun? Ich meine, wegen dem Geld."

„Wer weiß. Ich arbeite von früh bis spät. Mehr kann ich nicht."

„Sie wissen ja, Miguel, was ich besitze, steht zu Ihrer Verfügung."

„Sie beschämen mich, Señorita."

„Ich biete es Ihnen an, ehrlich. Sie brauchen mich nur drum zu bitten, guter Mann."

„Ich hasse es, Schulden zu machen."

„Ich würde sie nicht zurückfordern. Sie könnten die Rechnung begleichen, indem Sie für mich arbeiten."

„Ihr Garten ist doch ganz in Ordnung."

„Dieser hier schon. Aber der hintere... Der leidet seit langem an einer hartnäckigen Seuche. Warum kommen Sie nicht herein und werfen einen Blick darauf? Es kostet Sie doch nur einen kurzen Augenblick."

Keine Briefe, keine Serenaden, kein halblautes Liebesgestammel, kein geliebtes Antlitz gab es im Gedächtnis der Señorita. Unendliche Ruhe ihrer Gefühle. Dafür genoß sie Ansehen und Würde, auch wenn sie sich innerlich verzehrte, auch wenn sie ihr Unglück hätte in die Straßen hinaus schreien und stöhnen mögen. Kinder würde sie keine mehr bekommen, wozu sich etwas vormachen? (Sie wäre bestürzt, wenn ihr jemand sagte, sie hätte weder Pfeffer noch Glut in den Eingeweiden; und doch gab es eine Zeit – eine lange Zeit –, da hätte das Dunkel ihres Schoßes ein Kind beherbergen können.) Kinder also nie mehr. Aber einen Mann! Vielleicht nur ein einziges Mal – das wäre schon etwas, viel –, um eine Erinnerung zu haben, die sie tausend Mal hervorkramen könnte, wenn sie noch häßlicher und älter wäre. Es spielte keine Rolle, daß es ein fremder Mann wäre, für einige Zeit gekauft; ein Mann, der sie nie wieder anschauen würde. Ist es noch Zeit? fragte sie sich ängstlich, und ihr Herz schlug wie ein kleines Kaninchen, das in der Kehle gefangen saß.

Im Garten wurde der Mann eins mit den Gräsern, der Erde, der Luft, der Sonne. Die Stille war eine lastende Steinplatte; sie war ihnen durch das dunkle Haus gefolgt, das voller Porzellan war und Büchern, die niemand las, und strich nun über den Rasen – wie ein unsichtbares Nieseln voller Vorbedeutungen. Da hörte die Señorita plötzlich eine heisere Stimme, die der ihren glich, stockend und schwankend sagen:

„Miguel, wenn ich Sie bäte, heute nicht zu gehen, sondern mit mir zu schlafen, für immer mit dieser meiner Tugend Schluß zu machen, die die Keuschheit eines Gespenstes ist... Nehmen Sie es mit der Ruhe. Sie kennen nicht den Schmerz – und Sie werden ihn nie kennen –, den diese Leere in der Seele, im Leben hinterläßt. Sagen Sie aus Mitleid ja: Ich gebe Ihnen, was Sie verlangen – die Höhe der Summe ist mir gleich –, damit Sie dann ihre finanzielle Situation ins Reine bringen. Ich werde Ihnen einen kleinen Schatz geben. In Silber, ist es Ihnen recht? O nein, antworten Sie nicht, ich bitte Sie. Sie können sofort gehen, wenn es Ihnen lieber ist. Trotzdem, überlegen Sie: Ist es zu viel verlangt, daß Sie bis morgen bleiben? In ein paar Stunden wird es Nacht. Es gibt nichts Flüchtigeres als die Zeit: Sie hat es eilig, wie Sie, Miguel. Es kostet mich große Anstrengung, so mit Ihnen zu reden. Sehen Sie, die Schamesröte steigt mir ins Gesicht. Die ganze Wärme, das ganze Blut meines Körpers nisten sich in meinen Wangen ein. Bedenken Sie, daß ich mit diesem Angebot alle meine Bindungen zerstöre, daß ich mein Bild einer anständigen Frau, einer untadeligen, frommen alten Jungfer bespucke und Sie in mein Zimmer, in diesen Garten, ins Stroh einlade, es kümmert mich wenig, wohin!"

Mit einer nachlässigen Geste riß die Señorita eine Lilie ab und zerpflückte sie langsam, während sie fortfuhr in der Ansprache, die sie nicht länger zurückhalten konnte:

„Dann nehmen Sie alles mit, was es an Wertsachen in diesem Haus gibt, in Wirklichkeit habe ich an nichts Interesse. Für mich zählt einzig und allein das Verhängnis, so unbefleckt, so unglücklich, so innerlich tot zu sein. Meinen Sie, ich sei sehr häßlich, sehr alt, Miguel? Nun, ich fühle mich noch immer so wie damals, als ich zwanzig war und glaubte, ein gutaussehender und liebenswürdiger Mann – einer wie Sie – könnte mich heiraten wollen. Einst habe ich gedacht, einen Bräutigam und einen Mann zu haben sei so natürlich, ergebe sich von selbst wie die Tatsache, daß einem auf einmal die Zähne sprießen, wie die Umwandlung vom Kind zur Frau; oder wie ein Platzregen, der losbricht, eine Welle, die sich überschlägt, immer zur rechten Zeit, wann es eben sein muß. Nie habe ich geglaubt, es könnte ein Zufall sein, oder das Schicksal könnte mit einem Schlag Glück oder Unglück austeilen. Dieses Unglück, das ich Ihnen vor Augen halte und Sie anflehe, es weniger hart, ein bißchen erträglicher zu machen. Glücklich Ihre Frau, Miguel, die vom jungen Mädchen zu Ihrer Gattin wurde und niemals diese Qual erleben mußte, eine alte Jungfer zu sein. Ich bin als alte Jungfer geboren. Finden Sie das tragisch oder komisch, lieber Freund? Ich finde es ungerecht. Tausendmal ungerecht, daß jemand Gefühle und Begierden empfindet, der ein ausdrucksloses Gesicht, einen schlecht gebauten Körper, ein ungeschlachtes und albernes Wesen sein eigen nennt: Die Liebe gehört ausschließlich den schönen Frauen, stimmt's nicht? Wie schade! Wie traurig für mich und alle alten Jungfern wie ich: Was für eine Schande und wie lächerlich, um ein Schäferstündchen betteln zu müssen wie ich es jetzt tue, weil Sie jung und attraktiv sind, Miguel. Wie ein sauberer und einsamer Fluß. Verstehen Sie mich? Ihre Frau wird nichts erfahren. Einzig und allein Sie und ich, wenn es Sie nicht reut, sich zu erinnern."

Die Señorita hielt inne. Ihr Atem ging heftig, was in der Bewegung der Brust zum Ausdruck kam, die sich hob und senkte wie ein Blasebalg. Die rechte Hand hatte sie zur Faust geballt, in der sie noch die Reste der zerquetschten Blume hielt.

„Überlegen Sie sich, welche Vorteile Sie selbst aus dem Geschäft ziehen würden", fügte sie hinzu. „Ihre Frau ist seit langem krank, und Sie brauchen vielleicht auch... Ja, ich weiß, die Alternative besteht in der Casita. Aber es ist nicht das Gleiche, ob man eine Prostituierte bezahlt oder Geld von einer gesunden und anständigen Frau bekommt. Alt, aber anständig und gesund."

Der Mann hielt ihrem Blick stand und antwortete nicht.

D

Der Morgen graute. Stickig war die Luft, seit undenklichen Zeiten in dem Haus eingeschlossen. Enge und graue Zeiten, über und über von Schwämmen befallen. Was würde passieren, wenn ein Insekt, das aus der Wirklichkeit käme, diese ungesunde Atmosphäre durchdränge, die all die Jahre hindurch unverändert geblieben war? Es würde die übelriechende Luft aufwirbeln, zweifellos gäbe es einen Erdrutsch unsichtbarer Dinge. Etwas oder jemand würde sich lange beklagen. Das alte Haus war noch umgeben von seinem eigenen Sauerstoff aus dem Jahr neunzehnhundertsoundso, einer vergessenen Epoche, als die Señorita verheißungsfroh die Schwelle der Jugend beschritt. Eine schwerfällige Jugend, garniert mit malvenfärbigen Haarschleifen und schrecklich schmalzigen Liedern, vielleicht von ihr selbst komponiert. Sie war weder feinsinnig noch berauschend weiblich; sie besaß nicht diesen erlesenen Instinkt, der aus manchen Frauen Expertinnen in der Liebe macht, noch bevor sie diese kennenlernen. Ihr hungriges Herz war klein und hohl wie ein Flaschenkürbis. Niemals würde sie eine große Spiritualität in den Dienst einer dauerhaften, starken Liebe stellen können.

Die arme Señorita hätte in ein Kloster gehen können. Sie hätte Mitglied einer religiösen Laienschwesternschaft werden und ihre Einsiedelei nur zur Nahrungsaufnahme verlassen sollen. Sie hätte verdient, Märtyrin im Heidenland zu werden. Oder eine weise Erfinderin, die der Welt das Perpetuum mobile geschenkt hätte, verkörpert in einem Wasserzerstäuber für die Gärten verzweifelter alter Jungfern. Aber eine Frau für die Liebe? Und Mutter? Die Natur kann sich irren. Dann und wann, versteht sich, aber manchmal irrt sie sich. Miguel wußte es nur zu gut, wegen seiner Pflanzen. Und so kam ihm die Señorita vor: ein Irrtum der Natur.

Mit beiden Händen warf er das Haar zurück, das ein vager lauer Schweiß an seine Stirn geklebt hatte. Aus dem Halbdunkel des Zimmers machte ihm eine eingerahmte, gelbe Gestalt Zeichen, Gesten eines Hanswurst mit dem Ernst eines Ministers. (Er wollte die Erinnerung an die gezwungenen Liebkosungen nicht zurückrufen, an die Penetration, die der steinerne Hymen schmerzhaft und lang bis zum Ekel gemacht hatte. Er entschloß sich, die Schreie der Señorita und ihre ausgiebige Transpiration an seinem eigenen Körper zu vergessen.) Es roch nach Feuchtigkeit, nach staubbedeckten Vorhängen, nach alt, nach dem chinesischen Salon der Großmutter, die vor zwanzig Jahren gestorben war.

Miguel erhob sich vom Bett. Die Señorita schlief oder tat, als schliefe sie. Der Gärtner blickte auf die Uhr, sammelte seine Sachen ein, nahm das Geld. Wenn er langsam ging, würde er eine Viertelstunde bis zum Fluß brauchen. Dort würde er hundertmal untertauchen – und wenn seine Haut sich runzelte und weich würde –, um sich den Duft von Heliotropessenz herunterzuwaschen, der jetzt von ihm ausströmte, genauso wie von einem offenen Flakon, wie vom Haar der Señorita. Er würde wieder klare Gedanken fassen können. Er wollte glauben, daß alles ein schlimmer Traum gewesen sei. Er würde die Straße der Señorita aus seiner Welt streichen, um nie wieder durch sie zu gehen, und wenn sich eine günstige Gelegenheit ergäbe, würde er vielleicht über die Nachteile übertriebener Gutmütigkeit, schrankenloser Großzügigkeit philosophieren. Im Hemd verwahrte er den Beutel mit dem Geld; leise drehte er am Türknauf, atmete erleichtert auf, als er aus dem Zimmer war, und in vollem Lauf, wie ein Hase, wie ein Kind, das von einem Spuk verfolgt wird, erreichte er um fünf Uhr früh das Gittertor zur Straße. Und weg war er.

Während er sich im Licht des Tagesanbruchs nackt im Fluß badete, begann er unbewußt an das Geld zu denken, das er sich verdient hatte. Plötzlich sah er die Frauen vor sich, die in der Casita arbeiteten: „Huren sagen sie zu ihnen". Er versuchte nachzurechnen, wie hoch wohl das Vermögen der Señorita sein mochte…

Aus: La Señorita. México: Secretaría de Educación Pública, 1982.

Eugenia Viteri Segura

(Ekuador)

Eugenia Viteri Segura

Geboren am 14. April 1928 in Guayaquil, der größten Stadt Ekuadors.

Drei Jahre lang betrieb sie ein (nicht abgeschlossenes) Studium an der Geisteswissenschaftlichen Fakultät der Universidad Estatal in Guayaquil, dann besuchte sie zwei Jahre lang eine Handels- und Verwaltungsakademie in ihrer Heimatstadt, doch auch dies mußte sie vorzeitig abbrechen, da ihr Vater das viele Studieren nicht guthieß. An der Casa de Cultura Ecuatoriana Benjamín Carrión von Guayaquil machte sie eine zweijährige Schauspielausbildung, die sie an der Universidad Central von Quito ein Jahr lang fortsetzte. In ihrer reichhaltigen journalistischen Tätigkeit war sie u. a. Redakteurin der Zeitschrift *Mañana.* Mehrere Jahre lang arbeitete sie als Volksschullehrerin an der Escuela Rosa Zárate in Quito, und seit 20 Jahren ist sie Mittelschullehrerin an der Versuchsschule „24 de Mayo" in Quito. Da sie und ihr Mann, der bekannte ekuatorianische Schriftsteller Pedro Jorge Vera, deklarierte Marxisten sind, waren sie gezwungen, etliche Jahre im Exil zu leben. 1963 wurden sie zunächst in Chile aufgenommen, wo die unschätzbare Hilfe großer Freunde, wie etwa Pablo Neruda, ihnen über die schwierige Situation hinweghalf. Später fanden sie im „neuen Kuba" von Fidel Castro eine vorübergehende Zuflucht.

Eugenia Viteri hat zahlreiche Ehrungen und Literaturpreise ihres Landes erhalten, u. a. 1954 beim Festival de las Letras der Juridischen Fakultät der Universidad Estatal de Guayaquil; im selben Jahr erhielt sie einen Preis vom Club Femenino de Cultura, 1963 von der Unión Nacional de Periodistas und 1976 den Premio „Joaquín Gallegos Lara" der Municipalidad de Guayaquil. Erzählungen von ihr wurden ins Russische, Englische und Bulgarische übersetzt. 1982 gründete sie zusammen mit anderen Persönlichkeiten die nach der Geliebten Simón Bolívars benannte Stiftung Manuela Sáenz.

Auf die Frage, für welches Publikum sie schreibt, antwortet mir Eugenia Viteri in einem Fragebogen (Mai 1990):

„Ich schreibe, um mein Gewissen zu beruhigen, denn Schreiben stellt für mich eine Art des Protests dar, eine Möglichkeit, mich mit den Ausgegrenzten der Gesellschaft zu solidarisieren. Es würde mich freuen, zu erfahren, daß mich die Übergangenen, die an den Rand Gedrängten, lesen, ansonsten kümmert es nicht, wer mich liest."

In einem Interview für die ekuatorianische Zeitung *Hoy* vom 15. Juli 1988 sagt Eugenia Viteri, darauf befragt, ob sie eines ihrer Werke besonders liebe:

„Ich habe sie alle gleich gern, denn wenn ich schreibe, so tue ich das aus Liebe, ich liebe das Leben, und der Schmerz der anderen tut mir weh."

Auf die Frage, ob ihrer Meinung nach der Machismo eine besondere Rolle in der lateinamerikanischen Gesellschaft und Literatur spiele, antwortet Eugenia Viteri:

„Der Machismo existiert überall auf der Welt. In Europa oder in der sozialistischen Welt ist er subtiler, das heißt weniger grobschlächtig, und in gewissen kulturellen Milieus ist er kaum zu bemerken. Auf die Literatur schlägt er sich in dem Maße nieder, als ihn die betroffene, darüber erboste Frau in ihren Romanfiguren oder in ihrem literarischen Werk zum Ausdruck bringt."

Werke:

El anillo y otros cuentos. Quito: Casa de la Cultura Ecuatoriana Benjamín Carrión, 1955 (Erzählungen).

Doce cuentos. Quito: Casa de la Cultura Benjamín Carrión, 1962 (Erzählungen).

El mar trajo la flor. Quito: Unión Nacional de Periodistas, 1963 (Drama; Literaturpreis des Ekuatorianischen Schriftstellerverbandes).

A noventa millas, solamente... Quito: Casa de la Cultura Ecuatoriana Benjamín Carrión, 1968 (Roman über das tragische Schicksal der Kubaner, die nach Fidel Castros Revolution das Land auf der Suche nach einem inexistenten Paradies verließen).

Los zapatos y los sueños. Guayaquil: Casa de la Cultura Ecuatoriana Benjamín Carrión, 1977 (Erzählungen; Literaturpreis der Casa de la Cultura Ecuatoriana).

Las alcobas negras. Quito: Universidad Central del Ecuador, 1984 (Roman über eine alternde Prostituierte, die auf dem Totenbett ihr Leben Revue passieren läßt; Literaturpreis des Ekuatorianischen Schriftstellerverbandes).

(Als Hrsg.) *Antología Básica del Cuento Ecuatoriano.* Quito: Editorial Voluntad, 1987 (^{2}1988; Sammlung repräsentativer ekuatorianischer Erzählungen).

Eugenia Viteri Segura

Die schwarzen Zimmer

(Auszug)

Die Bemühungen der Ärzte stoßen auf den Widerstand eines Geistes, der sich weigert, weiterzuleben. Es schmerzt sie zu wissen, daß man sich ihrer erinnern wird als die Frau, die man dreißig Minuten, eine Stunde lang genossen hat..., und dieses leere Bett neben dem ihren, dieses elende, Nullachtfünfzehn-Bett mit Leintüchern ohne Liebesgeschichten.

Floremilia denkt nach, meditiert, ohne daß ihr das Bild ihres Herzblatts aus dem Kopf geht:

‚Queta ist vom Himmel gekommen, nein, aus der von einem Spermatozoid ungewisser Provenienz befruchteten Eizelle. Neuer Bauch einer unerfahrenen Frischvermählten, die als unfruchtbar galt. Nie habe ich zu Queta gesagt: Fliehe vor den Mürrischen, Eingebildeten und Anspruchsvollen. Fliehe vor dem, der dir die Ehe anbietet und kein anderes Kapital hat als seine Testikeln. Fliehe vor dem, der deine Blicke registriert und über deine Centavos Buch führt.'

Genau mit drei Monaten das erste Lächeln, die Koliken, ihre Fieberanfälle, ihre Erkältungen. Mit dem weichen Bündel am Arm lief sie zum Doktor. Gutmütig und zerstreut, besänftigte dieser die Koliken und regte ihren Appetit an mit ein paar Tropfen, die er unter ihre Zunge träufelte. Zum Abschied tätschelte er sie mit einem vielsagenden Klaps, der ihr bedeuten sollte, sie möge ihm eine der jüngsten reservieren, eine rundliche, leicht mollige, fröhliche und redselige. Er verabscheute die formalistische und berechnende Bohnenstange, die ihm drei Kinder geschenkt hatte, ohne den Orgasmus kennenzulernen. Diesbezüglich pflegte sie zu sagen: ‚Gott verdammt die Befriedigung des Fleisches, das sich ständig im Geruch der Heiligkeit und Keuschheit zu halten hat, und zwar durch ausgedehnte Fastenübungen und häufige Gebete.' Sie gestattete dem Ehemann – den sie für den Supermacho hielt – den einen oder anderen kleinen Seitensprung, der sie nicht kränkte, weil Woche für Woche Gott in sie eindrang, erhaben und barmherzig.

Herrin eines großen Hauses, Produkt von vier Jahren ununterbrochener Arbeit, machte Floremilia sich daran, zusammen mit einem Team erstklassiger Mädchen für ihre Kunden zu arbeiten. Sie arbeitete reguläre und spezielle Arbeitspläne aus, mit Preisen je nach dem Kunden und der

Angeforderten. Die Ranghöchsten, die Gelegenheitskunden reservierte sie für sich selbst, obzwar sie das eine oder andere Mal diese Ehre mit Paloma Pizarro, und nur mit dieser, teilte.

Es scheint ihr, daß sie schwebt..., ob sie wohl schon tot ist? Sie gleitet zwischen schwammigen Wolken dahin. Durchsichtige himmlische Wolken. Wolken, die sie einhüllen, die sie über kristallklare Berge tragen. Sie verirrt sich zwischen blauen Burgen und verliert sich in einem Meer von dunklen Wolken, die sie ersticken. Sie preßt die Augen zusammen, die von einem grellen Glanz geblendet werden. Ihre Augen sind nicht mehr gewöhnt, ins Licht zu schauen... kein Laut, kein Murmeln dringt aus den ständig vorüberziehenden Wolken.

Sie geht nicht, sie fliegt nicht, sie schwebt sanft und langsam empor. Welche Kraft trägt sie in die Höhe? Sie hat keine Materie, und nichts ringsum erinnert sie an die Welt. Sie geht dem Mann mit den Augen von der Farbe reifen Weizens entgegen, den auch der Sadist anruft, der Vaterlandsverräter, oder... nähert sie sich wirklich, ganz wirklich dem, der die strahlenden Tage geschaffen, die schlaflosen Nächte so hart gemacht, der Rose ihren Duft verliehen, den Vögeln ihre Fröhlichkeit gegeben und die Händler aus dem Tempel vertrieben hat?

‚Credo. Credo. Ich habe Schicksalsschläge erlitten und wollte rebellieren, aber seine Gegenwart ist in der Morgenröte, in der Luft, im...‘

‚Queta wird in die Ehe gehen mit ihrem Hymen, ob elastisch oder nicht, aber ein eigener, kein rekonstruierter Hymen. Echt, legitim. Meiner hat zur Ehe meiner Schwester Mariantonia mit Negrolindo beigesteuert. Der Wert eines Jungfernhäutchens kann hoch sein. Hinausgeschmissenes, verjubeltes Kapital war meines, ruiniert von Negrolindo, der es nicht einmal durchstoßen, geschweige denn genießen konnte. Das von Queta wird Garantie für sie sein in ihrem sozialen Milieu. Zeitungen, Gazetten und Illustrierte werden über ihre Geburts- und Hochzeitstage berichten, über ihre Kanastapartien zum Fünfuhrtee, ihre Modeschauen, ihre... Sie ist nicht hübsch, sie ist nicht sehr intelligent, aber keins von beiden ist Hindernis für sozialen Aufstieg. Ich habe den Aufstieg geschafft mit Hilfe meines Körpers, und Queta mit meinem Geld und ihrem Hymen. Queta wird es schaffen... sie wird dort landen, wo der Platz der Gewieften ist, der Sieger, der vom Glück Begünstigten, der Gerngesehenen, der...! Verblöden denn die Toten? Denn ich erstrebe ja für Queta das Dekadente einer Gesellschaft, die im Untergang begriffen ist. Ist es etwa mein Altersschwachsinn, der da spricht, oder eine vorzeitige Gehirnerweichung, die Dinge sagt und tut, die einem in Rückbildung begriffenen Gehirn angemessen sind und nichts zu tun haben mit meiner Liebe zu Queta? Aber warum beflecke ich sie dann, mache ihr das Leben schwer und beschwöre eine schmutzige Zukunft für sie herauf, Queta, mein Liebes. Queta Befreiung, nicht Ausschweifung. Queta Unabhängigkeit, nicht Hurentum. Queta Freiheit, Traum, Phantasie.'

,Geheiratet hab' ich, nachdem ich die Kosten für die Ehe meiner Schwester Mariantonia getragen habe, und sie hat sich Jahre später, als sie Witwe wurde, einen sozialen Rang zurechtgebastelt mit Hilfe eines neuen Namens, der nach echter spanischer Abstammung klang, und hat sich teure Fetzen, Kosmetika und Parfums gekauft.'

,Antonia de los Angeles Gómez de Villegas war ein Name, den man zur Schau stellen und mit dem man glänzen konnte wie mit einem teuren Schmuck oder einem gewagten Dekolleté. Sie hat die Präposition „de" weggelassen, als sie erfuhr, daß in den USA keiner das „von" benutzte, und die Verstärkung durch den angehängten Namen des Ehemannes, der übrigens kein Villegas, sondern ein Tayupanta war, aber kirchlich angetrauter Ehegatte – dank meines Hymens! – sollte ihr auch noch nützen, nachdem das Mannsbild verstorben war.'

Zusammen mit ihrem Mann Negrolindo begrub sie ihren wirklichen Namen, Mariantonia Tipán Mena de Tayupanta. Sie begann, für ihre Träume zu leben, und um die Erinnerung an das üble Subjekt zu tilgen, das ihr durch ein ungünstiges Los als Ehegatte zugefallen war und sie nicht liebte, weil sie ihm, bevor sie in wilder Ehe zusammenzogen, nicht erzählt hatte, daß sie keine Jungfrau mehr war. Im stillen Kämmerlein erinnerte sich Mariantonia:

,Der Dummkopf von meinem Mann konnte es wohl vierundzwanzig Stunden am Tag nach Herzenslust mit mir treiben, aber er beklagte sich dabei, weil ich keinen eleganten Venushügel besaß, nicht nach Geißblatt und Feldblumen roch wie Floremilia mit ihrem geschmeidigen Flausch, deren Grotte – wie er versicherte – den wilden und unbändigen Reiz einer unerschlossenen Landschaft hatte. Floremilia verachtete ihn mit derselben Intensität, wie mein Mann sie begehrte.'

,Im Hause meiner Eltern waren wir sechs Kinder. Ein Homosexueller, eine Prostituierte, ein Soldat, ein Kaufmann, eine Betschwester und ich, Antonia de los Angeles Gómez de Villegas, die ich davon träumte, adelig und sehr vornehm zu sein... Eine elegante Wohnung, zwei hübsche Kinder, ein neues Auto und ein fettes Bankkonto.'

‚Floremilia, meine Schwester, die Prostituierte, hat alles an sich gerissen: Intelligenz, Schönheit und eine Spürnase dafür, wie sie sich in die besten Positionen hiefen konnte, in die besten Verhältnisse. Sie, immer nur sie. Die Chancen, die Supergelegenheiten, die Sonderangebote regneten nur so auf sie. Sie konnte Männer, Gatten, Geld verachten, weil sie ihre Ziele sehr gut kannte, und obwohl ich sie meinem Mann ausgeliefert habe, um meine Ehe zu sichern und sie zu beherrschen, ist es mir nicht gelungen.‘

‚Ich, Antonia de los Angeles de Villegas, die ich mit kaum fünf Kerlen ins Bett gegangen bin, habe nichts Gutes erreicht.‘

Vorschriften, Artikel und Verhaltensmaßregeln entsprangen Floremilias Gehirn in ihrem Bemühen, das Haus möge gut und geschmackvoll funktionieren.

Der Eintritt in das Haus wurde durch eine Satzung geregelt, die in allen Teilen erfüllt werden mußte, andernfalls das Gesuch abgelehnt werden konnte. Anfänglich war es Floremilia, die sich darum kümmerte, die Gesuche zu studieren. Sie bemühte sich auch darum, die Mädchen in den internen Statuten zu unterweisen, und nachdem sie sie ausführlich und eingehend befragt hatte, ging sie daran, ihnen Unterricht im Umgang mit ihren besten Kunden zu erteilen.

Sie nahmen die Arbeit nach drei Monaten anstrengender organisatorischer Vorbereitungen auf, als Floremilia schon nahe daran war zu verzweifeln, vor lauter Erschöpfung und von ärgsten Befürchtungen wegen der ständigen Ausgaben geplagt. Trotzdem voller Hoffnung, denn am Grunde ihrer Seele richtete sie eine starke, wenn auch unbekannte Kraft in ihren schlimmsten Momenten wieder auf. Außerdem kannten die Mädchen, die ausgezeichnet geschult waren, ihr Reglement in- und auswendig:

a) Es werden keine Aufnahmegesuche von in anderen Häusern Ausgebildeten entgegengenommen.
b) Das erforderliche Alter schwankt zwischen fünfzehn und zwanzig Jahren.
c) Es ist unabdingbar, den Grundausbildungszyklus bestanden zu haben.
d) Keine schweren oder notorischen physischen Mängel aufzuweisen, ist von größter Wichtigkeit.
e) Marihuana, Koks oder Ähnliches zu rauchen, ist nicht gestattet.
f) Alkohol in vertretbaren Mengen, solange der Kunde großzügig und freigiebig agiert.

g) Die äußere Aufmachung jeder Elevin muß außerordentlich reinlich sein.
h) Als Methode der Weiterbildung wird die Pflege guter Lektüre verlangt.
i) Das Haus heißt das tägliche Bad gut, das die Materie verschönert und den Geist entspannt.
j) Ein gutes Führungszeugnis beizulegen, trägt zu beschleunigter Aufnahme bei.
k) Mit einer kompletten klinischen Durchuntersuchung enden die Aufnahmebedingungen, die das Haus seinen zukünftigen Schülerinnen stellt.

War einmal das Aufnahmegesuch angenommen, nahm sich Floremilia die Interessierte zu einer ausführlichen Untersuchung vor. Das Haus garantierte ja die Qualität des Produktes, stand für die genauen Dimensionen und Fähigkeiten gerade. Das Gewicht, den Geruch und Geschmack jeder Braut; jeden Irrtum der Natur, physischen Defekt, unästhetische Muttermale, schwammige Muskulatur, schlaffe Gesäße, Beine mit Zellulitis, Hängebusen etc. Jeglicher dieser Mängel würde die Zurückweisung des in erster Instanz angenommenen Aufnahmegesuchs nach sich ziehen. Das Prestige des Hauses, die Qualität der Kunden, das Raffinement, standen über allem.

War diese Inspizierung vollzogen, die Überprüfung bestanden, so schritt man zur Unterredung. Ihre Psyche auszuloten, ihre Eignung für die Arbeit festzustellen, den Grund kennenzulernen, der sie dazu bewog, ein anderes Leben zu beginnen, in einem uralten, wenig geschätzten Gewerbe, das dennoch altruistisch ist, weil es die geistige und physische Gesundheit einer männlichen und machistischen Gesellschaft sichert, die noch zusätzlich durch die Unsicherheit verschlimmert wird, welche Gewalt, Sex und Drogen mit sich bringen. Schüchterne Männer, neurotische Ehegatten, von verschiedenen Komplexen traumatisierte Geschiedene suchen diese Inseln der Erholung auf.

Wenn die Mädchen den endgültigen Bescheid erhielten, gab man ihnen die internen Bestimmungen zu lesen, welche die Harmonie des Hauses, seine ausgeglichene Entfaltung und seinen finanziellen Erfolg zum Ziele hatten.

Diese Bestimmungen waren kurz und bündig, aber nach Meinung der Mädchen am schwierigsten einwandfrei zu erfüllen.

1) Die Mitarbeiterin darf mit ein und demselben Kunden nicht mehr als einmal pro Woche Beziehungen haben.

2) Die Zeit, die für Auskleiden, Verrichten der Arbeit, Frischmachen und neuerlich zur Verfügung Stehen aufgewendet wird, darf dreißig Minuten nicht überschreiten, welche von einem roten Licht neben einer diskreten Klingel am Kopfende des Bettes angezeigt werden, was den sofortigen Abschluß bedeutet.
3) Das Geld hat in eine automatische Kassa eingeworfen zu werden, welche die Tür öffnet, Summe sowie Zeit des Betretens registriert.
4) Wenn der Bewerber oder Benützer Anzeichen von Brutalität oder Leidenschaft zeigt, grob ist und niest, schlecht riecht, rülpst oder seinen Darmgasen im Augenblick höchster Intimität freien Lauf läßt, so muß dies berichtet werden. Diese unangenehmen Details sind nur in der ehelichen Routine zu tolerieren.
5) Jede Schülerin erhält sechs Anträge pro Tag.

Diese Zahlen gelten ausschließlich für den üblichen Arbeitsplan mit entsprechenden Preisen. Das Reglement kann nämlich je nach Uhrzeit, Ansprüchen des Kunden, Einstufung und Qualität der Elevin variieren.

Um zugelassen zu werden, hat der Kunde oder Benützer die blaue Karte vorzuweisen, die ihm nach vorangegangener Untersuchung ausgehändigt wird, sowie die je nach seinen Vorlieben anfallenden Kosten zu begleichen.

Die Unterredung wurde für den Schluß aufgehoben, da anzunehmen war, daß fast alle Aspirantinnen mit ihren Problemen kommen würden und es unerläßlich sein würde, sie aufzumuntern.

Der erste Vertrag – wenn beide Seiten einverstanden waren – galt für sechs Monate. War er abgelaufen, wurde die Anfängerin einer Beurteilung unterzogen, von der es abhing, ob sie mit Zustimmung der Kunden, deren Beurteilung dazu ebenfalls herangezogen wurde, aufstieg oder aber endgültigen Abschied vom Hause nehmen mußte.

‚Ich habe ein mittelmäßig-präpotentes Individuum geheiratet. Ja, es stand irgendwo geschrieben, daß diese Floremilia Tipán Mena vor ihrem Triumph durch viele recht unangenehme Dinge hindurchgehen müsse. Mein Mann... ein Beamter der fünften Kategorie. Natürlich! Man kann sie nämlich in Gruppen einteilen. Mein Klassifikationssystem ist Ergebnis jahrelangen Umgangs.‘

‚Gruppe eins: die verrückten Genies, schrecklich und unerträglich wegen ihrer Extravaganzen. Gruppe zwei: die maßlosen Brillanten, anmaßenden Brillanten, perversen Brillanten, friedlichen Brillanten. Gruppe drei: die abgeklärten, nachdenklichen, wandelbaren Intelligenten; exaltierte Intelligente, grausame Intelligente, harte Intelligente, sadistische Intelligente. Gruppe vier: die schüchternen Mittelmäßigen, brutalen Mittelmäßigen, wenn sie sich ärgern oder Alkohol genossen haben. Gruppe fünf: die nützlichen Dummen, zornigen Dummen, hochmütigen Dummen, guten Dummen, dummen Dummen, zärtlichen Dummen; dabei habe ich Züge wie Geiz, Knauserei, Angeberei etc. noch gar nicht berücksichtigt. Aber kehren wir zu meiner Ehe zurück.'

Floremilia hatte einen Mann geheiratet, der ihr Minute für Minute ihre Erfahrung mit Negrolindo vorhielt. Im Gegenzug bekam sie ein Heim: zwei Zimmer. Sie kochte, hielt seine Wäsche instand, lächelte diskret, schlief mit ihm ohne Fanatismen und angezogen. Die gute Ehefrau gähnt nicht am Tisch und schreit nicht im Bett – dank dem Himmel und ihm, ihrem rechtmäßigen Gatten –, sie war eine respektierbare und von der gesamten Umwelt respektierte Dame. Die Umwelt, jedenfalls die ihr Mann meinte, war der Hinterhof mit seinen zahlreichen Bewohnern und seiner näheren Umgebung.

Er bewirkte, daß sie sich die Haare schneiden ließ, ein paar Pfund über ihr gewohntes Gewicht zunahm, ihren Stimmfall änderte und – das war äußerst wichtig – eine Gangart annahm, wie es sich für die Gattin eines von seinen Vorgesetzten hoch ausgezeichneten Beamten geziemte.

Er wählte ihre wenigen Kleider aus und unterwies sie in den Themen ihrer Konversation mit den begüterten Nachbarinnen, auf die sie Eindruck machen sollte; mit den Mischlingen, Indianerinnen, dem gemeinen Pöbel sich besser erst gar nicht auf ein Gespräch einlassen und beim Gehen immer den Hals in die Höhe recken, damit das Kinn recht hoch wirke, elegant und sehr, aber auch wirklich sehr aristokratisch.

Mit ihrem Haushaltsgeld bewirkte sie wahre Wunder. Sie bestand darauf, daß man ihr die Lebensmittel gut abwöge, denn sie wisse schließlich genau, daß jedes Pfund sechzehn Unzen habe. Sie aß wenig, und vor allem sparte sie an Sonnenlicht, an Gas, an Kälte, an körperlicher Anstrengung, an Freude. Er, ihr rechtmäßiger Gatte, wünschte sie frisch, strahlend und allzeit bereit, obwohl sie manchmal wie die Toten im Seziersaal im Angesicht von Hacke und Skalpell wirkte.

Die Menüs auf Basis von Mehlprodukten wiederholten sich, das Fehlen von Proteinen spiegelte sich in der Blässe ihres Gesichts, im fahlen Haar und in ihrem kaum vorhandenen Geist, gewisse unterhaltsame Beschäftigungen des Haushalts voranzubringen: bügeln, scheuern, waschen, kochen; ist doch ganz einfach! Neben diesen Hauptverben, und gar nicht weit von ihnen, regierten einige Hilfsverben wie kehren, nähen, stricken, letzteres, um ein paar Groschen dazuzuverdienen und ein anständiges Essen zu haben.

Floremilia begann ihren Mann zu hassen, und mit ihm diese Zimmer, die sie beherbergten: ein Gegenstand mehr unter den wenigen Gegenständen, die dort beisammen waren. Das Bett, kaum benützt, wie neu, Gelegenheitskauf, ein Supersonderangebot, wurde kaputt, nicht ganz ein Jahr, nachdem sie es gekauft hatten. Der Tischler aus dem Viertel, ein zähes Schlinggewächs, elastisch, mit unverschämtem Blick, begutachtete den Schaden und, begünstigt durch seine hockende Haltung, glitt er von unten nach oben über Floremilias Körper, seine gierigen Augen bissen in ihr Geschlecht. Sie stiegen den Unterleib aufwärts – innerhalb einer Sekunde –, blieben in Ekstase stehen und malten sich Wege aus, kalkulierten Reichweiten, Möglichkeiten. Als sie in ihrem Aufstieg fortfuhren, stolperten sie über den Busen. Zwei volle Inseln, zwei offene Meere, zwei drohende Vulkane. Er beschnüffelte sie mit der Verzweiflung dessen, der seinen Untergang fürchtet, und redete mit ihr, nur mit Mühe seine Leidenschaft verbeißend, sein schlecht kaschiertes Verlangen. Sperrangelweit aufgerissen ließen seine Nasenflügel die Luft vorbeistreichen, während sein Samen sich einsam davonmachte. Allmählich beruhigte er sich, weil die Adern an seinen Schläfen nicht mehr so heftig pochten.

Er sprach von der mühsamen Arbeit, die er durchführen müsse, und leckte sich dabei die Oberlippe mit der feinen rosa Zunge, spitz und keck.

In ihren Grundfesten erschüttert, reagierte Floremilia gerade rechtzeitig, um das zu verhindern, was ihre Intuition als unvermeidlich erahnte. Sie, die rechtmäßige Gattin, nicht die Geliebte, nicht das Verhältnis, nicht die Ausgehaltene, nicht das Luxussäugetier eines Herrn Soundso, für nichts gut, für alles zu schlecht! Sie war doch eine Dame!

Und es passierte! Die verführerische, die unerbittliche, die verschlingende rosa Zunge, brennend und spitz, hatte seit dem ersten Augenblick zugeschnappt: dünn war sie, sehr dünn. Lang, sehr lang die Vollmondnacht. Widerstandsfähig, konnte sie die Hände ersetzen. Er nahm sie in der schmutzigen Werkstätte, einmal, zwei-, drei-, viermal. Er war ein Supermacho! Sein Bett aus geschnitztem Lorbeerholz hielt seinen Leidenschaften stand.

Floremilia erlebte zum ersten Mal die wirkliche Verschmelzung. Die glorreiche Kopula, die den Menschen verewigt.

Zwei Jahre war es her, daß sie verheiratet, drei, daß sie vergewaltigt worden war, und erst jetzt begann sie eine unverhohlene Hingabe zu genießen. Der Sex dominierte alles, nahm alles in Beschlag, und obwohl ihr der Tischler das Firmament mit dem gesamten Universum bot, ließ sie ihn sitzen. Sie ließ ihn sitzen, in der schmerzhaften Überzeugung, daß ihr nie wieder so einer begegnen würde.

Der Tischler mit seiner ausgesuchten Liebeskunst, der ihre Domänen durchschritten hatte, in ihre Horizonte eingefallen war und einen Kontinent besessen hatte, blieb zurück. Floremilia strebte danach, ein denkendes Subjekt zu sein, ein handelndes Subjekt und nicht bewegliches Gut, kein Objekt häuslicher Lust, Reproduzentin von Nachwuchs, kein vierbeiniges Lasttier. Sie strebte danach, Singvogel ohne Grenzen zu sein, Delinquentin ohne Gitter, und der Haushalt mit rationiertem Herdfeuer wird schließlich zum Gefängnis.

‚Ich bin immer noch bei meinen Erlebnissen, meinen gefürchteten Gespenstern, denen, die mich geliebt haben, denen, die meine Launen beglichen und den ganz wenigen, die ich geliebt habe…, den Tischler…? Vielleicht! In meinem Beruf geht einem ein bißchen die Fähigkeit zu lieben verloren. Ist erst einmal die Liebe entidealisiert, wird der Koitus zu einem mechanischen Akt, zur Routine.'

‚Eine junge Prostituierte behauptete einmal, daß eben alles Sache des Berufs sei. Die Wissenschafter – fügte sie hinzu – lebten von ihrem Hirn. Die Pianisten von ihrer Sensibilität, von ihren Händen, von ihrer Intelligenz, und wir, die Prostituierten, von unserem Geschlecht, das wie ein Prägestempel Münzen druckt.'

‚Und meine Tochter Queta weiß nichts von allem. Fünfzig lange Jahre meines Lebens habe ich damit zugebracht, mich mit den Männern herumzuschlagen, und manchmal glaube ich, daß ich sie doch nicht kenne. Ich habe Karriere gemacht, Vermögen, aber… ich hab' sie gehaßt, immer hab' ich sie gehaßt, weil sie nur meinen Körper begehrten, ohne jemals in meine Seele vorzudringen.'

Der untersetzte Mann mit dem Satyrgesicht ist der Arzt. Er schreibt auf einem kleinen, weißen Blatt. In seiner Nähe schauen ihm zwei Frauen mit unterwürfigen Augen zu.

Das Zimmer füllt sich mit Schritten, Schritten und nochmals Schritten! Sie bahnen sich ihren Weg, schleudern die Medizinfläschchen und Apparaturen beiseite, sie kommen! Da kommen diese Schritte von Körpern ohne Arme, Köpfe ohne Rümpfe, Beine ohne Füße. Es ist ein Leichenzug, eine makabre Prozession! Die Köpfe verweigern sich mit entschlossenen und schnellen Bewegungen, aufgeregt winken die Arme, ein paar abgearbeitete Hände applaudieren, während Dutzende starre Füße mit leeren Blicken die Schritte und Sprünge dieser Fragmente von menschlichen Wesen verfolgen.

Die flinken Füße von Floremilia beherrschen sich. Aber... unaufhaltsam entscheiden sie sich. Sie aber denkt an ihre spärliche Bekleidung und fühlt, daß sie von diesem Zimmer und seinen Gespenstern weg will.

Beeindruckt ist sie von einem Bidet, dem Vater der Bidets, besser noch: dem König! Ungestüm tritt sie ein und bringt die perfekte Ordnung der Tabletts durcheinander, die in Reih und Glied aneinandergereiht dastehen, die einen mit Watte, die anderen mit Gaze. Drei Zangen springen verstohlen auf ein paar ahnungslose Handschuhe ohne Hände, die ihnen Leben verleihen würden. Emanzipiert erheben sich die Injektionsnadeln über die Seziermesser, die Partei ergreifen wollen.

Das schwarze Zimmer vibriert, die Thermometer erzittern, eine ungewohnte Gewalt treibt die Subkutanspritzen, sich tief in ein Hemd zu bohren, das seine Arme zusammenzieht in einer Haltung, als wolle es das Bidet attackieren, welches im Zentrum des Zimmers thront, und dem Hemd gelingt es mit Mühe, dem Schlag des verdammten Bidets auszuweichen, das lacht, als es bemerkt, daß das tapfere Hemd den Rückzug antritt, verletzt von den Subkutanspritzen und gezerrt von einem Mann, der sich zwischen Riemen verwickelt. Die weit aufgerissenen Augen des Mannes ähneln denen Negrolindos, der im Austausch gegen ihren Hymen seine Verbindung mit ihrer Schwester Mariantonia legalisierte, welche bald darauf Antonia de los Angeles Gómez de Villegas heißen sollte. Ein Hymen, früher kam's darauf an, ein Hymen! Und er wurde verschieden hoch gehandelt, ganz nach dem Bildungsgrad, der Religiosität des Kunden, je nach Dringlichkeit, Bedürftigkeit oder Hitzigkeit der Besitzerin.

‚Meine Schwester Antonia de los Angeles Gómez de Villegas, die Frau des Tuberkulösen, jenes Schusters, der traurig und leise ein Liedchen vor sich hinsang, das ging..., wie ging es denn noch, nein, ich kann mich nicht erinnern. Ich hab' es vergessen, mein Gott, ich hab's vergessen! Meine Schwester Antonia hatte Rasse, die Schuld lag an ihrem Hirn von der Größe eines schweigsamen Vögelchens, obschon ihr Gehirn manchmal Dimensionen eines Adlers annahm und hoch hinaus wollte. Sie hatte es eilig, anzukommen. Ihre übertriebene Vorliebe für das Geld machte sie berechnend. Ihre Leidenschaft, Staat zu machen, verzehrte sie. Ohne eine einzige eigene Idee und ohne jegliche Sensibilität ist es ihr gelungen, ihr Leben kaputt zu machen. Wird wohl an unseren Eltern gelegen haben. Wir sechs sind ja vom selben Stamm. Der Teig ist im selben Ofen gebacken, der Nebel hat uns alle gleichermaßen eingehüllt, und die Ignoranz hat sich schnell ausgebreitet. Einer unterernährt, Ergebnis von Vaters Trunksucht, und der Homosexuelle, warum wohl? Vor Papa waren doch weder die Freundinnen noch die Nachbarinnen noch die Gevatterinnen sicher! Wenn er eine Frau kennenlernte, wollte er sie auch haben. War es Abwehr? Reaktion gegen Vaters entfesselte Männlichkeit? In einer ähnlichen Situation befand sich wohl auch Zoilaluz, die bigotte Schwester, die das Haus verließ, ohne je… „diese schmutzige Beziehung der Geschlechter" zu verstehen.'

‚Negrolindo und Mariantonia waren nicht lange zusammen, und doch genug, um drei rachitische Kinder zu zeugen, die starben, als eine Flamme unbekannten Ursprungs wuchs, bis sie hoch emporstieg und sie gehörig versengte, weil der Riegel, der sie schützen sollte, ihre Flucht unmöglich machte. Die drei Kinder schliefen bei reichlich Licht, aber ohne Kälte ein.'

‚Als kinderlose Witwe widmete sich Mariantonia der Arbeit für die Kinder im Waisenhaus von Tancamarengo. Sie strickte und wartete. Wartete und strickte. Sie wartete auf den begüterten älteren Herrn, der sie aus ihrer armseligen Kammer erlösen würde. Sie wies meine Hilfe zurück, weigerte sich, mich zu empfangen. Die Welt sollte keine Kenntnis von unserer direkten Verwandtschaft haben, derer sie sich stets schämte. Sie erfand sich eine Familie, und nicht einmal in ihrem Wohnviertel kannte man ihre wahre Identität, ihr wahres Leben. Mit dem wenigen, das sie dafür bekam, daß sie für die Kinder aus dem Waisenhaus strickte, konnte sie einen Teil ihrer Ausgehgarderobe erneuern, und obwohl man ihr einen saftigen Lohn als Zimmermädchen anbot, wies sie ihn empört zurück. Ihr zukünftiger Millionär, ihr Märchenprinz, ihr strahlender Ritter, würde sich doch nicht in eine Putzfrau verlieben, in ein Dienstmädchen mit rauhen Händen, das nach Zwiebeln stank, mit billigem Geruch und fleckigem Gesicht: Dienstmädchen, nein! Nein, nie und nimmermehr!'

‚Als Mariantonia vierzehn Jahre alt war, fand sie sich unversehens im Hause der Familie Guerrero Fuentemayor als Mädchen für alles vor. Ihre kurzen Beine erreichten nicht die mit Asche gekrönte, von Kohlen beheizte Herdplatte. Das Problem ihrer winzigen Beine wurde gelöst, indem sie eine Holzkiste unter ihre Füße bekam, die fast immer nackt und kalt waren. Die verwaisten Schmetterlinge ihrer Hände arbeiteten ohne Unterlaß. Sie lernte von einer so vornehmen Familie unter anderem: erstens, die Begüterten brauchen sehr wenig Nahrung, weil sich ihre empfindlichen Mägen mit kleinsten Rationen begnügen; zweitens, ihre Macht ist unbeschränkt im Himmel und auf Erden.‘

‚Sie scheuerte das Bad wie jeden Morgen um zehn. Der Hausherr befahl ihr, sich nackt auszuziehen und ihn auf alle seine dunklen Körperpartien zu küssen. Küsse, so küss' doch weiter, weiter... dumme Gans, gefällt es dir denn nicht? Jetzt streichle es mit beiden Händen, schau..., es freut sich, schau, so schau doch hin, zum Teufel. Von heute an, Mariantonia, wirst du stolz sein, weil dich ein Guerrero Fuentemayor zur Frau gemacht hat. Merk' es dir gut: Noch nie ist ein Dienstmädchen gegangen, ohne mich zu kosten, noch nie, und alle sind sie mir dankbar.‘

‚Zuerst der große Hausherr, dann die zwei kleinen. Negrolindo richtete ihnen die Schuhe, er lebte allein und konnte hübsch pfeifen...

Als ich jung war, nie werd' ich's vergessen,
lebt' ich in einer Hütte, unter einer Weide,
und von ihren Zweigen hing ein Nestchen,
und dort sang stets 'ne kleine Meise.‘

Sie verließ das Haus und die Badewanne, die ihr Weinen dämpfte. Zusammen mit Negrolindo verlebte Mariantonia so etwas Ähnliches wie eine Romanze, bald aber wurde die Arbeit rar, der Hunger stellte sich ein, jedes Jahr ein Kind und ein hartnäckiger, chronischer Husten. Negrolindo wurde nie mehr richtig gesund. Wenn er seine heftigen Anfälle überstanden hatte, in einer Art Oase, die ihren Ausdruck in einer kurzen Atempause fand, begann Negrolindo Tayupanta Yépez mit fiebrigen, kleinen Augen und bleichen, trockenen Lippen sein altes Lied:

„Wenn du doch Jungfrau gewesen wärst, Mariantonia, wenn du... Wenigstens eine einzige richtig besitzen, dann..., dann ist alles egal, aber wenn ich nun sterbe, ohne diesen Geschmack kennengelernt zu haben...! Mariantonia, sag' mir...genießt es eine Frau sehr beim..., beim ersten Mal? Wie ist es dir gegangen? Du hast mir geschworen, daß du nur drei gehabt hast. Drei Männer und nicht mehr. Ach, wehe mir, und erst dir, solltest du mich angelogen haben... Gut, nehmen wir einmal an, es waren wirklich nur drei. Willst du mir jetzt sagen, welcher der drei dir am meisten Genuß bereitet hat? Oh mein Gott, laß mich nicht sterben!“

„Mariantonia…, ich verzeihe dir, daß du nicht Jungfrau gewesen bist, wenn du mir nur sagst…, schau mich ein bißchen an, glaubst du, ich schaff' es? So ist's gut! Kann sich ein Superweib in mich verlieben? So schau mich doch an, verdammt: Mein schwacher Körper hat unbeholfene Hände. Meine Augen hingegen…, hast du sie richtig angeschaut? Es sind glühende Kohlen, verrückte Leuchtkäfer, die in zwei dunklen Höhlen vergraben sind, aber sie sengen! Klar, diese dumme kleine Nase mit ihrer rauhen Haut verschandelt mein Gesicht, mit einem Wort, beschissen schaut es aus. Das Schlimmste ist der Mund, der mein Gesicht von einem Ende bis zum anderen durchquert…, wem zum Teufel soll ich denn so gefallen? Und du, warum hast du dich denn in mich verliebt, ha? Nein, nein, du warst nie in mich verliebt, Mariantonia, sprich, gib es endlich zu."

„Aber Liebster, mein Süßer, mein Pummelchen, ich gestehe dir…, es war gerade deine Nase. Deine Nase, die ein wenig der von Charles Bronson ähnelt, wenn man dich von vorn anschaut. Von der Seite… erinnerst du an Jean Paul Belmondo. Du kannst es nicht wissen, lieber Mann, weil du dich in den Spiegel schaust und dich mit kalten, grausamen Augen siehst… Eine Frau blickt eben… tiefer, …zärtlicher, und entdeckt Züge, die für sich selbst sprechen. Lieber Mann, glaube mir, ich bitte dich…"

„Ich verzeihe dir, Mariantonia, ich verzeihe dir. Das heißt also…, es kann sich auch eine Superfrau in mich verlieben, mit ordentlichem Hintern und obendrein noch Jungfrau, Mariantonia, glaubst du nicht, daß das zuviel verlangt ist vom Leben? Jetzt sag mir, hab' ich dir viel Lust bereitet?, magst du all das, was ich im Kino und in den Pornozeitschriften gelernt habe, betrügst du mich auch sicher nicht?"

„Aber ja, Schätzchen, ich betrüge dich doch nicht, nein."

‚Ah, in Wirklichkeit… In Wirklichkeit ist er ein miserabler Ehemann und ein noch schlechterer Liebhaber. Wenn ich ihm doch die Wahrheit meines Lebens erzählen könnte. Wenn er mir bloß zuhören würde, ohne sich gleich aufzuregen, ohne mich zu beschimpfen, ohne… Die Guerrero Fuentemayor haben jedes Mal neue Stellungen ausprobiert mit mir. Richtige Wettbewerbe haben sie veranstaltet. Wer am besten reiten konnte, wer es am längsten aushielt, ob einer mehr Stil im gestreckten Galopp hatte oder besser im verkürzten Galopp zur Geltung kam oder ob die Schuld an der blödsinnigen Stute lag. Ich war die Stute, aber auch der Schiedsrichter, auch das Objekt, die Laufbahn, die ihre sportlichen Ereignisse über sich ergehen lassen mußte! Einmal schlug mich der Ältere, weil ich sagte, er habe verloren, Hernando, der Kleinere, trat dazwischen, und ich verschwand entsetzt aus dem Zimmer. Vierundzwanzig Stunden später kündigten sie mir an, daß ich dieses Wochenende keinen Ausgang hätte; sie hatten wieder einen Wettbewerb ausgeheckt. Der Schiedsrichter, der – wie sie mir versicherten – neutral sein würde, würde sich am Ende des sportlichen Ereignisses meiner annehmen: als bescheidene Vergütung für seine Schiedsrichtertätigkeit. Sein einziger Vorbehalt bestand darin, daß man mir zuerst ein Bad mit ausgiebig Kölnischwasser verpassen müßte. In der Nacht besuchte mich Guerrero Fuentemayor Vater. Sein schwabbeliger Körper verlangte nach meinem Körper eines ‚halbwüchsigen Stutfohlens, einer sanften Stute, eines zarten Weideplatzes‘, und ähnliche Blödheiten mehr. Sein nach halbverdauten Kichererbsen stinkender Atem beleidigte den Geruchssinn. Ich erinnere mich, daß ich die Augen schloß angesichts dieses Berges von schlaffem Fleisch, von dem ein Geruch nach ranzigem Kokos ausging, und mir eine Hygienekontrolle ausmalte, die unerläßlich gewesen wäre, um es in diesem Haus auszuhalten. Negrolindos Hartnäckigkeit war Realität. Ich mußte schauen, daß ich hier herauskam, denn ich war in einen Sumpf geraten. Ich... mußte ihn einfach anlügen.‘

„Schwöre mir, Mariantonia, daß du mich magst und daß du nicht deswegen zu mir gekommen bist, um ein festes Heim mit warmem Herdfeuer und einen arbeitsamen Ehemann zu finden. Magst du mich wirklich?“

„Ja, mein Süßer, ja.“

‚Ihn zu belügen war meine Rettung.‘

„Ich mag dich, ich mag dich, aber hab Geduld, wir werden schon eine tolle Jungfrau finden, und du wirst sie sehr glücklich machen, so wie... wie mich.“

„Natürlich, dessen bin ich mir ganz sicher, Mariantonia! Wenn ich nur ein einziges Mal eine Jungfrau vernaschen könnte und nur ein kleines bißchen, dann verspreche ich dir, daß ich dich heiraten werde, ah... natürlich auch kirchlich! Du wirst ein hübsches Kleid bekommen und ein Paar Schuhe, die ich herstellen werde, mit diesen Händen, die dich zu lieben verstehen.“

„Natürlich, Geliebter, natürlich!“

‚Du einhörniger Dummkopf, du Hampelmann mit Hosen, du verdammtes Mannsstück; es wird nicht leicht sein, dir beizukommen, dich zu überzeugen wie beim ersten Mal; alles hat perfekt hingehauen, weil... weil ich ihm sagte, daß ich ihn ewig lieben würde, daß wir zusammen arbeiten würden, um Geld zusammenzusparen und ein großes Geschäft aufzuziehen, vielleicht sogar ein Luxuskaufhaus für Luxusdamen. Ich sagte ihm überdies, daß wir in die Kategorie der Neureichen aufsteigen würden. In den Vereinigten Staaten würden wir unsere Kinder studieren lassen, wo sie mit der Creme de la Creme der Söhne aus reichem Haus auf du und du stehen würden. In wenigen Worten, überall würden wir an der Spitze stehen. Nie haben wir von Unberührtheit gesprochen, darin hab' ich ihn nie betrogen, Gott und ich wissen es, aber er versteht weder was von der körperlichen Liebe, noch hat er mir je gefallen. Ihn überkommt die Erregung ganz abrupt, und dann nimmt er mich her, voll von einer Glut, die nur er spürt. Seine Leidenschaft ist so kurzlebig wie bei einem Hahn oder so ewig lang wie bei einem Enterich, je nach dem Fieber, das ihn verzehrt. Im ersteren Fall kriege ich gar nicht mit, was passiert; im zweiten Fall profitiere ich von einer toten Zeit, um mir auszumalen, wie mein Leben gewesen wäre, wenn ich in einer reichen Familie geboren worden wäre, oder ich beobachte die Zimmerdecke, gehe meine Rechnungen durch und... bemerke die Spinnweben, die ich schon viele Tage lang nicht entfernt habe, und nehme mir ein gründliches Reinemachen vor!'

‚Negrolindo war ganz versessen nach einer Jungfrau, ich wollte endlich keine ledige Mutter mehr sein. Im Wachen und im Traum sehnte ich mich danach, daß jemand gnädige Frau zu mir sagen würde, auch wenn mein Mann einen so häßlichen Zunamen wie ... Tayupanta hätte! Ich wollte die Ehefrau des Mannes sein, der mir drei Kinder gemacht hatte, ohne Leidenschaft, ohne Genuß und ohne Liebe.'

‚Er kam mir dahinter, daß ich ihm was vormachte, als ihm sein Freund Isidro, alias Wichsgesicht, erzählte, daß seine Freundinnen bei ihm noch einen Monat danach Blutfluß hatten, weil er eben so ein Supermacho sei. Er war Liebkind des Dorfbordells, Glück der Kühe, Schrecken der Kälber und König des Heus. Er zeigte ihm sein überdimensionales Organ, worauf er vor Neid erblaßte und sich Möglichkeiten und Ziele ausmalte, die er niemals erreichen könnte. Von diesem Augenblick an begann ein neuer Leidensweg für mich. Auf einmal kam Floremilia... Ich erwartete mein drittes Kind und nützte ihre Anwesenheit – die Negrolindos Blut in Wallung brachte –, um sie anzuflehen, sie möge doch mit ihm ins Bett gehen. Flehen und Bitten, alles umsonst! Bedrohen mußte ich sie. Sie gab erst nach, als ich sie beschwor, sie möge es doch meinen drei kleinen Kindern zuliebe tun. Sie gab nach, aber verziehen hat sie es mir nie. Teuer, sehr teuer ist es mir zu stehen gekommen, gnädige Frau, Gattin und Mutter dreier ehelicher Kinder zu werden. Endlich war ich gnädige Frau, wie Montserrat de Guerrero Fuentemayor, die mich, als sie dahinterkam, daß ihr Gatte, der schwabbelige Hausherr, und seine zwei ungeratenen Söhne mich immer im Bad einsperrten, anfuhr: „Niemals hätte ich geglaubt, daß dieses unverschämte Weibsstück imstande wäre, so eine Respektlosigkeit zu begehen!“ Sie setzte mich auf die Straße: „In meinem eigenen Haus. In meiner eigenen Badewanne, o Gott, und mit meinem eigenen Gatten, nein, einen anständigen Mann so zu verderben. Unglaublich, ich kenne doch meinen Mann, so keusch, so tugendhaft! Montserrat, sei so gut, Kind, mach das Licht aus, damit der Teufel nicht Lunte riecht und Gott uns diese Fleischeslust verzeihen möge, und erinnere mich, wenn wir zur Heiligen Messe gehen, daß wir ein paar Extrafürbitten an die Heilige Jungfrau einlegen. Und meine Söhnchen, aber die sind doch noch ganze Kinder...! Entsetzlich! Die Familie einer ehrbaren Frau muß doch respektiert werden, wie schrecklich!“

‚Und sie hat mich aus ihrem Haus geschmissen an einem sehr kalten Wintertag. Als ich ging, war ich von dem Wunsch besessen, rechtmäßige Gemahlin eines Mannes zu werden, vorläufig einmal von Negrolindo, später aber... von einem bedeutenden Mann. Nur deswegen habe ich Floremilia gezwungen.‘

Aus: Las alcobas negras. Quito: Universidad Central del Ecuador, 1984.

Isabel Garma

(Guatemala)

Isabel Garma

Geboren am 22. März 1940 in Guatemala-City; ihr Künstlername ist ein Pseudonym, das sie sich aufgrund politischer Schwierigkeiten im repressiven guatemaltekischen Kontext zulegen mußte. Aus demselben Grunde sind auch die meisten ihrer Texte bisher unveröffentlicht bzw. im Ausland erschienen.

Zunächst als Volksschullehrerin tätig, studierte sie von 1962-68 Archäologie und Geschichte an der Universidad Nacional y Autónoma San Carlos in Guatemala-City. Noch während ihres Studiums bekam sie ein Stipendium der University of Pennsylvania für Feldstudien bei den Ausgrabungen in Tikal. Seit 1965 hatte sie verschiedene Posten an der Universidad de San Carlos in Guatemala-City inne, insbesondere lehrte sie Kulturgeschichte und Geschichte Guatemalas. 1978 nahm sie an einem Fachkursus für Archivarwesen an der Universidad Nacional de Córdoba in Argentinien teil. Von 1986 bis 87 war sie Chefin des Archivs und Dokumentationszentrums der Universidad de San Carlos. Derzeit trägt sich Isabel Garma mit dem Gedanken, sich endgültig aus dem akademischen Betrieb zurückzuziehen und sich nur noch dem Schreiben zu widmen.

Über die Anfänge ihres Schreibens sowie dessen Thematik führt Isabel Garma in einem Brief vom 13. August 1988 aus:

„Von klein auf begann ich zu schreiben, doch obwohl meine Eltern sehr tolerant waren und mich immer gefördert haben, hat mir die patriarchalische Gesellschaft, in der ich gelebt habe, nicht erlaubt, meiner Berufung zum Schreiben voll nachzukommen; so habe ich sie nur sehr diskret ausgeübt und viele Jahre lang nur im familiären Kreise bekannt gemacht. Von Kind auf war ich ein Bücherwurm; da ich extrem kurzsichtig bin, haben die behandelnden Augenärzte meinen Eltern gesagt, ich solle die Augen nicht zu sehr anstrengen, weil ich sonst Gefahr liefe, blind zu werden. Zum Glück haben diese aber die Empfehlung nicht befolgt, und ich konnte das tun, worauf ich Lust hatte: lesen, lesen und noch einmal lesen und – im geheimen, denn das war ein herrliches Geheimnis für mich allein – schreiben, schreiben und noch einmal schreiben.

Was die von mir behandelte Thematik betrifft, so glaube ich, daß ich mich für die Marginalisierten entschieden habe, als ich siebeneinhalb war, als ich in einer Religionsstunde erklärte, daß mir der Teufel sympathischer sei als Gott, weil den doch alle liebten, während der erstere allgemein gehaßt und verachtet werde (Du kannst Dir den Skandal vorstellen, den das auslöste, beinahe wäre ich von der Schule ausgeschlossen worden)."

Isabel Garma

Werke:

Cuentos de muerte y resurrección. México: Federación Editorial Mexicana, 1987 (Erzählungen über Folter und politische Gewalt in Guatemala, auf Spanisch unter dem Gattungsnamen „cuentimonio" – Mischung zwischen literarischem Text und Dokumentarliteratur – bekannt).

Einzelne Erzählungen in Zeitschriften.

Die Erzählung „Después de la unción" ist in italienischer Übersetzung in der Zeitschrift *Quetzal* (Nov./Dez. 1988) erschienen.

Zahlreiche wissenschaftliche Artikel über guatemaltekische Geschichte sowie Bildungspolitik ihres Landes.

Unveröffentlichte Werke:

La mujer que no podía reir (Erzählungen).

Cuentos de Jade y Obsidiana (Erzählungen).

Siete cuentos para niños, y para adultos también. (Erzählungen für Kinder).

Los seres anónimos (Roman).

La Iluminada (Roman).

La guerra de los niños (Roman).

Isabel Garma

Die Bilder

1

Das Wasser sprudelte aus den von den vier Frauen gehaltenen Krügen und füllte den Springbrunnen mit seinem grün verfliesten Boden.

Die unerschütterlichen steinernen Gesichter blickten in die vier Windrichtungen, und ich schaute die Figuren an, das Wasser, die gewellten Ränder, die den vom purpurroten Widerschein einer erlöschenden Sonne erleuchteten Stein geschmeidig machten, bis ich den starren, brennenden Blick auf meinem Nacken spürte und den Kopf wandte, um auf jenes dunkelhäutige und lächelnde Gesicht zu stoßen; kannte ich es? Ja, ich fühlte, daß ich diesen Augenblick schon einmal erlebt hatte, und erwiderte das Lächeln und den Druck der warmen Hand, die meinen Arm einhüllte...

***

Sanft, wie Flügelschlag von Tauben, lassen sich die zart gewölbten Hände auf die pralle Haut nieder und streicheln in rhythmischen Kontakten die gewundenen Höhlungen, die sachten Erhebungen und die abrupten Vertiefungen zweier Körper, die daliegen, weltvergessen, um sich den uralten und stets erneuerten Empfindungen der Liebe hinzugeben.

2

Ich blickte auf das Meer von der Balustrade der Terrasse aus – in jenem kleinen Hotel an der Küste. Kälte- und Wonneschauer liefen mir über den Rücken. Das sich schlängelnde Vorankommen der Wellen, die sich fast bis an den Fuß der Terrasse schleppten, verliehen mir das Gefühl, das Wasser würde mich langsam verschlingen und das Sprühen der Brise in jener lilafarbenen Abenddämmerung würde sich fast in die kühle Umarmung der Wellen verwandeln, die mich weit weg tragen könnten, gefangen zwischen den Algen, von den Fischen gebissen und das sanfte Gleiten eines Aals an meinem Hals spürend... ich drehte mich langsam um, und dort stand er, lächelnd und Wärme ausstrahlend, streckte die laue Hand aus, die meine Befürchtungen zerstreute...

***

Das sich windende und bebende Fleisch schmiegt sich in vibrierenden Wellenbewegungen an meinen Körper. Eine rote Feuersäule dringt in meinen Leib ein, bis sie mich ganz in Brand setzt, ich bin eine eiförmige Höhle, in der vulkanische Flammen wie besessen züngeln und tanzen in dem lodernden Ritual der Liebe, der ältesten und schönsten, der stets wiederholten Begegnung zwischen Frau und Mann.

3

Wie eine längliche Silberzunge leckte der Fluß, sanft erleuchtet von der violetten Sonne der Abenddämmerung, die Ufer mit einem schüchternen Wellengang, der bis zu meinen bloßen Füßen reichte und mir in kalten Schauern den Rücken hinaufstieg, bis zum Nacken, wo ich – war es ein Windstoß, war es ein Flügelschlagen? – fühlte, wie sich das von einem Baum gelöste Blatt herniedersenkte.

Ich drehte mich langsam um, und da stand er. Er lächelte und streckte mir die offene Hand entgegen, die leicht feucht war…

***

Gierig stößt die Haut vor, zieht sich zurück, umschlingt, umklammert, reibt, krümmt, keucht und versucht im letzten Aufbäumen orgiastisch die Unendlichkeit zu erahnen.

Unsre ermatteten Körper ruhen, und während eine zärtliche Hand sich mir entgegenstreckt, erinnere ich mich…

4

Wo haben wir uns kennengelernt? Nicht am Brunnen mit den steinernen Frauen; auch nicht in dem kleinen Hotel an der Küste, dessen Terrasse aufs Meer hinaus schaute; und auch nicht in der abendlichen Flußlandschaft.

Wir lernten uns in dem Geschäft an der Ecke meines Hauses kennen, in der alten Baumallee. Ich blätterte die herrlichen Bilder eines Almanachs durch, der gegenüber des Ladentisches hing. Da war der Brunnen, dann die herrliche Balustrade am Meer, dann der Fluß, als ich plötzlich ein Kitzeln im Nacken spürte, mich umdrehte, und da stand er. Den warmen und lächelnden Blick auf mich gerichtet, fragte er die Ladenbesitzerin:

„Geben Sie mir bitte eine Schachtel Zigaretten?"

(Unveröffentlichte Erzählung, ca. 1985)

Nelly Keoseyán Arakelián

(Mexiko)

Nelly Keoseyán Arakelián

Geboren am 8. November 1956 in Mexico-City.

Ihren ungewöhnlichen Zunamen verdankt sie ihren Vorfahren, armenischen Einwanderern. Ein Studium der Spanischen Philologie an der UNAM (1977–80) ließ sie unbeendet, denn wie sie mir in einem Brief vom 20. Mai 1990 schreibt, wandte sie sich, „eingeschüchtert durch eine von Männern beherrschte Welt, bald von der Schule und ihren Diszplinen ab, vielleicht weil ich zuviel träumte, zu stark nach innen gewandt im Reich der Phantasie lebte. Jetzt träume ich immer noch, weitab vom akademischen Betrieb, von Institutionen und Preisen."

Sie hat in Literaturwerkstätten bei Juan José Arreola, Hernán Lavín Cerda, Carlos Illescas und Salvador Elizondo gearbeitet. 1979 erhielt sie das Salvador-Novo-Stipendium für Lyrik, 1981 ein Stipendium des Instituto Nacional de Bellas Artes und des Fondo Nacional para Actividades Sociales. Zudem betätigt sie sich als Übersetzerin englischer und nordamerikanischer AutorInnen, u.a. von William Wordsworth, Samuel Taylor Coleridge, Christina Rosetti, William Butler Yeats, Emily Dickinson und Amy Lowell. Neben ihrer Tätigkeit als Verlagslektorin und Englischlehrerin arbeitet sie derzeit im Büro für Literarische Aktivitäten der Mexikanischen Sozialversicherungsanstalt ISSSTE, wo sie Lesewerkstätten betreibt.

Auf die wichtigsten Ereignisse in ihrem Leben befragt, antwortet sie lakonisch: „Keines", um dann in dem oben erwähnten Brief zu erläutern:

„Die Schönheit ist unabhängig vom persönlichen Leben. Das Wichtige ist nicht das Leben der Person, die schreibt, sondern das Leben, das ihre Worte haben. Das Wichtige ist das Innenleben, die Biographie der unsichtbaren Handlungen und der ausradierten Worte, die Verschmelzung zwischen Wirklichkeit und Sprache. Das einzige Thema, das mich interessiert, ist die Poesie. Die Poesie ist wie eine Flamme, die eine andere Flamme entzündet, ein inneres Feuer, unauslöschlich, und nur in die –sem Sinn ist sie kollektiv. Nichts gehört uns. Wir sind keine Schöpfer, sondern Lehrlinge, Interpreten einer größeren Weisheit. Die Worte sind nur ein Instrument, ein Schiff, um ans andere Ufer zu gelangen." Und weiter: „Mein Projekt ist ein einziges im Leben, auf lange Sicht gesehen. Es ist meine Leidenschaft; sie stellt meine Existenzberechtigung dar. Und da ich weiß, daß ich die Vollkommenheit nie erlangen werde, interessiert es mich einfach, den Weg zurückzulegen. Mich als Schriftstellerin zu verwirklichen, liegt fernab von meinen Absichten, und nie bin ich davon heimgesucht worden. Ich schreibe, um nach innen zu schauen, ich schreibe aus Liebe zur Poesie und zur Erkenntis, nicht damit mich die Leute lesen oder mir Preise zuerkennen. Ich genieße sowohl den Akt des Schreibens als auch mein Schweigen, wenn ich Poesie anderer Art schreibe: indem ich die Veränderungen der Zeit in der Landschaft beobachte oder die Anstrengung des Baumes, der sich windet vor Durst am Asphalt. Diese Freiheit ist mir heilig, und es hat sehr wohl einer großen Anstrengung bedurft, sie im Leben in die Praxis umzusetzen. Keine Konzessionen an irgend etwas zu machen, aus der Poesie eine Wirklichkeit zu machen und sie zu leben, weit weg vom Trubel der Stadt und vom akademischen Trubel und von den pünktlichen Neuigkeiten des Kulturjournalismus. Ich identifiziere mich mit Emily Dickinson, die in ihrer Einsamkeit innere Luftschlösser baute, die keiner las."

Werke:
Fuego interior. Xalapa: Universidad Veracruzana, 1986 (Lyrik).

In Vorbereitung:
El tejedor de huellas (Lyrik).

Fuego interior

Canto a la cierva

Cierva
abro en mi sexo el misterio
de los frutos que nacen de las flores
del aroma que emana del mar y las mujeres
de los cuerpos poseídos por la pasión de unirse en otro al universo
de tu caricia   Cierva
brota el amor   brota el deseo
y la noche se extiende interminable a nuestro goce.

Canto al amado

Me has penetrado
has abierto en mi cuerpo una herida profunda
honda como la oscuridad oceánica del alma
vacía y vastísima.
Y tu boca es un río que se acaba en mi boca
y mi boca una grieta donde se extingue y renace el universo
y mi vientre una gruta lasciva
un manantial de donde nace el agua subterránea
dadora de nuestro eterno aliento y alimento
y tu espada un rayo de lumbre que me parte
y el amor un astro luminoso que atraviesa la noche
y unifica la carne y el espíritu.
Me has poseído
me has dado fuego infinita delicia y energía
y con violencia y caricias
me has arrancado del sexo la muerte y la vida.

Nelly Keoseyán Arakelián

Inneres Feuer

Gesang an die Hindin

Hindin
in meinem Geschlecht öffne ich das Geheimnis
der Früchte die aus Blumen entspringen
des Aromas das ausströmt vom Meer und den Frauen
der Körper die besessen von der Leidenschaft
im andern sich zu vereinen mit dem Universum
aus deiner Liebkosung Hindin
sproßt die Liebe sproßt das Begehren
und die Nacht dehnt unendlich sich aus unsrer Wonne.

Gesang an den Geliebten

Du hast mich durchdrungen
hast in meinem Körper eine tiefe Wunde aufgetan
abgründig wie der Seele ozeanisches Dunkel
leer und unsagbar weit.
Und dein Mund ist ein Fluß der in meinem Mund endet
und mein Mund ein Spalt wo das Universum erlöscht und wiedergebo-
[ren wird
und mein Leib eine lüsterne Grotte
eine Quelle aus der entspringt das unter irdische Wasser
Spenderin unsrer ewigen Nahrung und Labung
und dein Schwert ein Lichtstrahl der mich zerteilt
und die Liebe Gestirn das leuchtend die Nacht durchquert
und Körper und Geist vereinigt.
Du hast mich besessen
hast mir Feuer unendliche Wonne und Energie gespendet
und mit Gewalt und Zärtlichkeiten
hast meinem Geschlecht entrissen du Leben und Tod.

Nelly Keoseyán Arakelián

Cuerpo honda hendidura
silencioso azul del vasto cielo eterno
no acaba el mar profundo de nombrarnos
no acaba el amor de otorgarse a nuestra piel
en la caricia ni la ternura de darse

ni el deseo de perderse en el otro
Cuerpo pozo de dicha intensa

no acaba en nuestro goce la amplitud del mediodía
ni la vida en nosotros.

Nelly Keoseyán Arakelián

Körper   abgründige Kluft
stilles Blau des weiten ewigen Himmels
nicht endet das tiefe Meer uns zu rufen
nicht endet die Liebe unsrer Haut sich zu schenken
in der Umarmung   noch die Zärtlichkeit der Hingabe
noch der Wunsch sich im andern zu verlieren
Körper   Brunnen intensiver Wonne
nicht endet in unserer Lust die Weite des Mittags
noch das Leben in uns selbst.

Aus: Fuego interior. Xalapa (Mexiko): Universidad Veracruzana, 1986.

Marjorie Agosín

(Chile/USA)

Marjorie Agosín

Geboren am 15. Juni 1955 im Bundesstaat Maryland (USA).

Sie hat Philosophie und Spanische Literatur an der University of Georgia studiert und machte ihren M.A. 1977 an der Indiana University, wo sie auch ihre Dissertation mit dem Titel *Protagonists in the Narrative of María Luisa Bombal* schrieb (Ph. D. 1982). Von 1982 bis 1987 war sie Assistant Professor am Wellesley College (Massachusetts), seit 1988 ist sie dort Associate Professor. Für 1989–1991 ist sie Co-Director des Peace Studies Program am Wellesley College. Sie ist Mitarbeiterin und Rezensentin in verschiedenen Literaturzeitschriften Lateinamerikas und der Vereinigten Staaten, darunter *Latin American Literary Review, Revista de Estudios Hispánicos, Chasqui, Women of Power, Letras Femeninas und Third Woman.* Als eine der wichtigsten Erfahrungen ihres Lebens nennt sie die Arbeit mit einer Vereinigung politischer Gefangener und „Verschwundener". Aufgrund dieses Engagements für die Menschenrechte wurde sie 1988 zum Ehrenmitglied des Morgan Institute for Human Rights der University of Cincinnati ernannt.

Marjorie Agosín gehört, so wie ihre Landsmänninnen Mercedes Valdivieso und Lucía Guerra zu der seltenen Spezies von AutorInnen, die Literaturkritik und eigenes kreatives Schreiben erfolgreich und innovativ verbinden.

Über ihr von uns ausgewähltes Gedicht „Zelebration der Messer" schreibt Marjorie Agosín in einem Brief vom 10. April 1990:

„Einerseits kann es als das Freudsche phallische Messer gelesen werden, vor allem aber illustriert es die Tatsache, daß jede Liebesbeziehung zwischen einem Mann und einer Frau Verletzungen, Gewalt und Schmerz impliziert. Das Messer siegt, wenn es sanft ist und mit Würde eindringt, und doch bleibt immer die Verletzung des Schmerzes zurück, die Verletzung eines Körpers durch den anderen sowie ein Verlangen, das dadurch nie zum Schweigen gebracht wird."

Werke:

Las desterradas del paraíso: Protagonistas en la narrativa de María Luisa Bombal. New York: Senda Nueva de Ediciones, 1983 (Druckversion ihrer Dissertation über die große chilenische Schriftstellerin).

Brujas y algo más – Witches and Other Things. Pittsburgh: Latin American Literary Review Press, 1984 ([2]1986; zweisprachige Lyrikausgabe; ins Englische übersetzt von Cola Franzen).

Pablo Neruda. Boston: G.K. Hall, 1986. Ins Englische übersetzt von Lorraine Roses.

Hogueras. Santiago de Chile: Editorial Universitaria, 1986 (Lyrik; zweisprachige Ausgabe unter dem Titel *Bonfires*, Tempe – Arizona]: Bilingual Review Press, 1988; ins Englische übersetzt von Naomi Lindstrom).

Silencio e imaginación: Metáforas de la escritura femenina. México: Katún, 1986 (literaturwissenschaftliche Essays über weibliches Schreiben).

Scraps of Life: The Chilean Arpillera. Toronto: Williams-Wallace, London: Zed-Books und Trenton: Red Sea Press, 1987. Ins Englische übersetzt von Cola Franzen (über die chilenische Arpillera-Tradition).

(Als Hrsg., zus. mit Cola Franzen) *Visions and Revisions: Latin American Women Poets.* Peterborough (England): Spectacular Diseases Press, 1987.

Mujeres de humo. Madrid: Ediciones Torremozas, 1987 (Lyrik; zweisprachige Ausgabe unter dem Titel *Women of Smoke*, Pittsburgh: Latin American Literary Review Press, 1987; ins Englische übersetzt von Naomi Lindstrom).

(zus. mit Inés Dólz) *Violeta Parra Santa de Pura Greda.* Barcelona: Planeta, 1988 (über literarische Aspekte der großen chilenischen Sängerin).

Zones of Pain – Las zonas del dolor. Fredonia (New York): White Pine Press, 1988 (Lyrik, ins Englische übersetzt von Cola Franzen).

Brujas y Hogueras: Antología Poética. México: La Máquina Eléctrica, 1988 (Lyrik).

Women of Smoke: Portraits of Latin American Women. Toronto: Williams-Wallace und Trenton: Red Sea Press, 1989.

Literatura y derechos humanos en Latinoamérica. San José (Costa Rica): EDUCA, 1989 (über Literatur und Menschenrechte in Lateinamerika).

Renee Eppelbaum and the Mothers of the Plaza de Mayo. Toronto: Williams-Wallace, 1989.

Violeta Parra: Juglar del Pueblo. Santiago de Chile: Planeta, 1989.

(als Hrsg.) *Landscapes of a New Land: Short Stories by Latin American Women Writers.* Fredonia (New York): White Pine Press, 1989.

Zahlreiche Artikel und Essays in Fachzeitschriften.

Hogueras

Las bocas del amor

Todo se vuelve
fiesta
cuando
me desnudas
y
yo perfumo
las
bocas
del
amor.

Paciencia

Si con paciencia
me tocas los
muslos,
encontrarás
la luz de
las hojas,
los sueños
del cloroformo.

Si desciendes
al humedecido
escalofrío
de mis
labios,
encontrarás
a Dios
guiñándote
un
ojo.

Marjorie Agosín

Loderndes Feuer

Die Münder der Liebe

Alles wird zum
Fest
wenn du
mich ausziehst
und
ich mit Düften salbe
die
Münder
der
Liebe.

Geduld

Wenn du geduldig
mir die Schenkel
streichelst,
findest du dort
das Licht der
Blätter,
die Träume
des Chloroforms.

Wenn du hinabsteigst
in die feuchten
Schauer
meiner
Lippen,
findest du dort
Gott,
der dir zuzwinkert
mit einem
Auge.

Celebración de las navajas

Tan sin miedo, y
desde el fondo
nos acechamos en este verano de tigres
y eucaliptos ocultos, reposando, inquietos,
debajo de camas y hogueras.

Encendemos las luces del aire,
las luciérnagas del segundo inconcluso,
intempestuoso y malévolo
como tú y yo,
fugaces delincuentes del deseo,
nos acompañan
ensangrentadas
en las faenas del
amor.

Nos vemos, mirándonos
en la oscuridad de la boca,
o en el sudor de los vientres claros,
olfateándonos, descendemos hasta el
comienzo del fuego.

El vino, canturrea,
desvistiéndonos entre las almohadas cenicientas
que nos oscurecen y encienden,
que nos confunden,
meciéndonos como las olas.

Tan sin miedo, comienzo a desvestir
tus venas dormidas,
que me sueñan sonámbulas,
extraigo tus mandíbulas,
tus ojos espesos
y ellos, ruedan entre
los leños,
(no olvides Rodrigo Díaz las chimeneas).

Marjorie Agosín

Zelebration der Messer

Ganz ohne Angst und
aus der Tiefe
belauern wir uns in diesem Sommer
verborgener Tiger und Eukalypten, rasten,
ruhelos, unter Betten und loderndem Feuer.

Wir entzünden die Lichter der Luft,
die Leuchtkäfer der unvollendeten Sekunde,
unberechenbar und bösartig
wie du und ich,
flüchtige Delinquenten der Begierde,
blutüberströmt
begleiten sie uns
in den Mühen der
Liebe.

Wir sehen uns, schauen uns an
in der Dunkelheit des Mundes
oder im Schweiß der hellen Körper,
uns beschnuppernd, steigen wir hinab bis zum
Anbeginn des Feuers.

Der Wein, er trällert,
entkleidet uns zwischen aschgrauen Kissen,
die uns verschleiern und entzünden,
die uns verschmelzen,
uns wiegen wie die Wellen.

Ganz ohne Angst, beginne ich
deine schlafenden Venen zu entkleiden,
die mich nachtwandlerisch träumen,
reiße aus deine Kiefer,
deine zähflüssigen Augen,
und diese kugeln zwischen
die Scheiter,
(vergiß nicht, Rodrigo Díaz, die Kamine).

En el centro del alma,
el fuego nos vigila
y tus manos,
intrépidas,
serias, respetuosas,
esconden a esa
navaja
oculta desde
siempre en
el filo
del fuego
como una extensa herida.

Mi cabeza derramada,
sueña con los
deseos.

Marjorie Agosín

Im Zentrum der Seele
bewacht uns das Feuer,
und deine Hände,
unerschrocken,
ernst, ehrerbietig,
verstecken dieses
Messer,
verborgen seit
jeher in
der Schneide
des Feuers
wie eine riesige Wunde.

Mein Kopf, hingegossen,
träumt von der
Begierde.

Aus: Hogueras. Santiago de Chile: Editorial Universitaria, 1986.

Rosamaría Roffiel Franco

(Mexiko)

Rosamaría Roffiel Franco

Geboren am 30. August 1945 in Veracruz, Mexiko.

Da ihre Mutter sehr früh verwitwete, mußte sie als älteste Tochter bald zum Familienunterhalt beitragen, weshalb aus dem angestrebten Psychologiestudium nichts wurde. Sie besuchte eine Handelsschule und begann mit 20 Jahren in der renommierten mexikanischen Tageszeitung *Excélsior* zu arbeiten, wo sie fast elf Jahre als Redakteurin der Internationalen Sektion und als Reporterin der Kulturabteilung tätig war. Später schrieb sie drei Jahre lang für die Zeitschrift *Proceso,* wo sie sich in Nahostpolitik spezialisierte. Von Oktober 1979 bis Oktober 1980 lebte sie in Nikaragua und arbeitete dort in der Zeitung der Sandinistischen Gewerkschaft, *El Trabajador.* Außerdem war sie Mitglied der kollektiven Führung von *fem,* der ersten feministischen Zeitschrift Lateinamerikas. Vor etwa vier Jahren hängte sie den journalistischen Beruf an den Nagel und ist seitdem als Filmerin in der Werbebranche tätig.

Auf die Frage: „Für welches Publikum schreibst Du?" antwortet Rosamaría Roffiel in einem Fragebogen (1990):

„Für Frauen (und für ‚nicht allzu machistische' Männer). Obwohl, ehrlich gestanden, als ich meine Neigung zum Schreiben entdeckte und sie mit meinem ‚unheilbaren Feminismus' in Zusammenhang brachte, entschloß ich mich, Sachen zu schreiben, die Frauen aufrütteln sollten. Und so hab' ich es dann auch gemacht. Ich müßte hinzufügen, daß ich versuche, ein Publikum abseits der intellektuellen Elite meines Landes zu erreichen, also nicht nur die privilegierte Gruppe mit Zugang zur Kultur, weshalb meine Schreibweise locker ist, mit Sinn für Humor, sehr einfach, zugänglich."

Ihr erster Roman, *Amora,* der gleichzeitig der erste mit offen ausgesprochener lesbischer Thematik in Mexiko war, wurde jedenfalls von der Literaturkritik als „feministisches Manifest, ‚lesbianisches' Pamphlet", als „skandalöser Kitsch voll von Obszönitäten" und als „Karikatur eines Romans" (Ignacio Trejo Fuentes) gebrandmarkt.

Rosamaría Roffiel meint dazu:

„Ich glaube, es gibt in Mexiko eine Art ‚Mafia'oder ‚Favoritengruppe', denen gegenüber sich die Literaturkritik anders verhält. Natürlich gibt es immer paternalistische oder machistische Kritiker, die uns Frauen in Grund und Boden vernichten. Im Fall meines Romans *Amora* – dem ersten in Mexiko, der von Feminismus und Lesbentum handelt –, war es offensichtlich, daß das ‚Massaker' über rein literarische Kriterien hinausging."

Auf die Frage, ob sich unter ihren bevorzugten Themen „spezifisch weibliche" fänden, antwortet sie:

Rosamaría Roffiel Franco

„Mir ist alles ein Anliegen, was den Frauen, vor allem denen aus der Dritten Welt (und im speziellen der mexikanischen) dabei hilft, ihren Platz in der Geschichte zurückzugewinnen, zu begreifen, daß ihnen ein ungeheurer Wert zukommt und die ersten, die dies anerkennen müssen, sie selbst sind."

Werke:

Corramos libres ahora. México: Femsol, 1986 (Gedichte).

¡Ay Nicaragua Nicaragüita!. México: Claves Latinoamericanas, 1986 (Reportage über Erlebnisse in Nikaragua; ins Italienische übersetzt und unter dem gleichen Titel 1987 in Rom bei Edizioni Associati erschienen).

Amora. México: Planeta, 1989 ([2]1990; Autobiographischer Roman über lesbische Liebesbeziehungen).

Zur Zeit arbeitet sie an einem Erzählband mit dem Titel *El Para Siempre dura una noche de luna llena,* in dem von der Gesellschaft ausgegrenzte oder stigmatisierte Individuen – ein AIDS-Kranker, eine vergewaltigte Frau, Lesben – dargestellt werden.

Außerdem hat Rosamaría Roffiel zahlreiche Artikel sowie Lyrik und Erzählungen in diversen Zeitungen und Zeitschriften veröffentlicht.

Corramos libres ahora...

Gioconda

A las mujeres

Mi vulva es una flor
es una concha
un higo
un terciopelo
está llena de aromas sabores y rincones
es color de rosa
suave íntima carnosa

A mis doce años le brotó pelusa
una nube de algodón entre mis muslos
siente vibra sangra se enoja se moja palpita
me habla

Guarda celosa entre sus pliegues
el centro exacto de mi cosmos
luna diminuta que se inflama
ola que conduce a otro universo

Cada veinticinco días se torna roja
estalla
grita
entonces la aprieto con mis manos
le digo palabras de amor en voz muy baja

Es mi segunda boca
mis cuatro labios
es traviesa
retoza
chorrea
me empapa

Befreit lasset uns laufen...

Gioconda

An die Frauen

Meine Vulva ist eine Blume
ist eine Muschel
eine Feige
ein Samt
sie ist voll von Düften Geschmäckern und Winkeln
rosenfarbig
sanft intim fleischig

Als ich zwölf war sproß Flaum auf ihr
eine Wolke aus Watte zwischen meinen Schenkeln
sie fühlt vibriert blutet wird böse wird feucht zuckt
spricht zu mir

Sie hütet eifersüchtig zwischen ihren Falten
das genaue Zentrum meines Kosmos
winziger Mond der sich entzündet
Welle die zu einem andern Universum führt

Alle fünfundzwanzig Tage färbt sie sich rot
explodiert
schreit
dann knet' ich sie mit meinen Händen
murmle ihr ganz leise Koseworte zu

Sie ist mein zweiter Mund
meine vier Lippen
sie ist schlimm
wälzt sich
trieft
durchnäßt mich

Le gustan las lenguas que se creen mariposas
los penes solidarios
la pulpa de ciruela femenina
o simplemente
las caricias venidas de mí misma

Es pantera
gacela
conejo
se ofrece coqueta si la miman
se cierra violenta si la ofenden
es mi cómplice
es mi amiga
una eterna sonrisa de mujer complacida.

La suave danza

Nos besamos
por el puro
        absoluto
        placer de besarnos
listones de lenguas
dientes como peces alados
festín de salivas
            giros
            valses
            pájaros

tu boca ranura
          cereza
          grosella
mi lengua gaviota
              cometa
              sirena
se encuentran
se tocan
se enredan

Sie mag Zungen die sich für Schmetterlinge halten
solidarische Penes
weibliches Pflaumenmus
oder einfach
Liebkosungen die von mir selber kommen

Sie ist Panther
Gazelle
Kaninchen
wird sie verwöhnt, so bietet sie kokett sich an
wird sie beleidigt, schließt sie sich abrupt
sie ist meine Komplizin
sie ist meine Freundin
ewiges Lächeln einer erfüllten Frau.

Der sanfte Tanz

Wir küssen uns
um des reinen
        absoluten
        Genusses uns zu küssen
Latten von Zungen
Zähne wie geflügelte Fische
Festmahl von Speicheln
            Wendungen
            Walzern
            Vögeln

dein Mund Spalte
          Kirsche
          Johannisbeere
meine Zunge Möwe
           Komet
           Sirene
finden sich
berühren sich
verwickeln sich

marineras de un viaje
sin ida ni vuelta

tu boca es el mar
mi lengua, un barco de vela.

Adagio

Para Julia,
quien lo hizo surgir

Mi mano es tu mano
me la paso por el cuerpo
por el vientre
por los senos
me detengo en los pezones
los aprieto
la llevo a mis muslos
bajo
        subo
                afuera
                        enmedio
vuelvo al vientre
a mis pechos
a mi cuello.

Mi mano es tu mano
llego al pubis
juego
        oprimo
                abro
me recibe lo caliente
los dedos se me queman
se me empapan
se deslizan
se resbalan.

Matrosinnen einer Reise
ohne Hin- noch Rückfahrt

dein Mund ist das Meer
meine Zunge, ein Segelschiff.

Adagio

Für Julia,
die es ertönen ließ

Meine Hand ist deine Hand
ich streiche mit ihr über meinen Körper
über den Bauch
über den Busen
mache halt bei den Brustwarzen
die ich knete
ich führe sie zu meinen Schenkeln
abwärts
aufwärts
hinaus
inmitten
wieder zum Bauch zurück
zu meinen Brüsten
zu meinem Hals.

Meine Hand ist deine Hand
ich komme zum Schamhügel
spiele
knete
öffne
es empfängt mich das Warme
meine Finger verbrennen sich dran
werden mir feucht
werden schlüpfrig
werden glitschig.

Rosamaría Roffiel Franco

Mi mano es tu mano
la absorbo
regreso a mis ingles
delíneo
        despacio
                mi sexo
encuentro mis rizos mojados
los peino
los mimo
los jalo.

Mi mano es tu mano
gozosa atrevida risueña
se mete indiscreta
me besa en la boca
camina
        muy lento
                hacia arriba
descubre mi luna
mi monte
mi punto.

Mi mano es tu mano
me frota
        me muerde
                me lame
la excita que gima
que llore
que cante
se mece en su cuna
apura su baile
se mueve
se para
detiene mi orgasmo
reanuda su vuelo
me lleva girando
me suelta en el cosmos
me grita: te amo.

Rosamaría Roffiel Franco

Meine Hand ist deine Hand
ich sauge sie ein
berühre damit meine Falten
kehre zu meinen Leisten zurück
zeichne
        langsam
                mein Geschlecht nach
finde meine Kraushaare feucht vor
kämme sie
streichle sie
zupfe sie.

Meine Hand ist deine Hand
lustvoll gewagt verheißungsvoll
wagt sie sich indiskret vor
küßt mich auf den Mund
klettert
        sehr langsam
                aufwärts
entdeckt meinen Mond
meinen Berg
meinen Punkt.

Meine Hand ist deine Hand
sie reibt mich
        beißt mich
                leckt mich
es erregt sie wenn ich stöhne
wenn ich schluchze
wenn ich singe
sie wiegt sich in ihrer Wiege
beschleunigt ihren Tanz
bewegt sich
hält inne
hält meinen Orgasmus hin
setzt ihren Flug fort
treibt mich im Kreise
löst mich auf im Kosmos
schreit mir zu: ich liebe dich.

Aus: Corramos libres ahora. México: Femsol, 1986.

María del Rosario Andrada

(Argentinien)

María del Rosario Andrada

Geboren am 11. September 1954 in San Fernando del Valle de Catamarca, Argentinien.

Sie besuchte bis 1971 den sprachlichen Zweig des Gymnasiums in ihrer Heimatstadt und absolvierte ein Rechtsanwalts- und Notariatsstudium an der Universidad Nacional de Córdoba (Argentinien), das sie mit 21 Jahren (1976) beendete. Daneben besuchte sie auch italienische Sprachkurse und literarische Lehrveranstaltungen an der Escuela de Lengua de la Universidad Nacional de Córdoba. Von 1977 bis 1984 war sie Urkundsbeamtin sowie Staatsanwältin am Landesgericht der argentinischen Provinz Catamarca. Zur Zeit hat sie das argentinische Kraftfahrzeugregister über und ist praktizierende Rechtsanwältin und Notarin.

Als Erzählerin und Lyrikerin hat sie mehrere bedeutende Literaturpreise erhalten, darunter den Staatspreis für Erzählungen (1985), den 1. Preis für Poesie der Universidad Nacional de Catamarca (1986) und den Staatspreis für Lyrik (1986). In ihrer Heimatprovinz Catamarca wurde sie für ihre literarischen Leistungen zur „Persönlichkeit des Jahres 1987" ernannt.

Den für eine „Provinzschriftstellerin" recht schwierigen literarischen Durchbruch errang sie dank des Engagements der recht bekannten argentinischen Schriftstellerin Alejandrina Devescovi, die von ihren Gedichten begeistert war und sie in ihrem Verlag „Botella Al Mar" veröffentlichte.

Über ihr Schreiben sagt María del Rosario Andrada in einem Fragebogen (Mai 1990): „Im allgemeinen suche ich die Einsamkeit meines Hauses, etwa 12 Kilometer von der Provinzhauptstadt entfernt, wohin ich mich nach einem anstrengenden Arbeitstag flüchte. [...] Für mich ist es wie eine Entbindung, weil ich im Augenblick des literarischen Schaffens einen sehr intensiven inneren Schmerz fühle."

Und über die argentinische Literaturszene im allgemeinen schreibt sie ebenda: „Vom Liedtext jedes beliebigen Tangos bis hin zu irgendeinem Roman oder einer Erzählung des ‚Magischen Realismus', wo die lateinamerikanische Realität dargestellt oder skizziert wird, ist alles oder doch fast alles vom ‚Machismo' durchtränkt. [...] Da den Männern mehr Platz eingeräumt wird, da sie die Literaturkritiker sind, wie es in Argentinien der Fall ist, sind die Kritiken oder Werbetexte voll mit Kritiken über männliche Autoren. Sie haben in einem Milieu wie dem unseren einfach größere Relevanz."

Nach eigenen Angaben schreibt María del Rosario Andrada eher für ein gehobenes Publikum mit intellektuellen Ansprüchen. Unter den argentinischen Autorinnen schätzt sie insbesondere Griselda Gambaro, Olga Orozco, Alejandra Pizarnik und Paulina Vinderman.

Werke:

Uvas del invierno. Catamarca, 1978 (Lyrik).

Casa olvidada. Edit. Municipalidad de la Capital, 1982 (Lyrik).

Tatuaron los pájaros. Buenos Aires: Ed. Botella Al Mar, 1987 (Lyrik).

Verschiedene Beiträge in Kulturbeilagen argentinischer Tageszeitungen und in Zeitschriften, sowie in den Anthologien *Poesia de la mujer argentina* (Buenos Aires: Ed. Fiorentino, 1987) und *Antologia de Poetisas del NOA* (1982).

Unveröffentlichte Werke:

Antifabulario (Erzählungen).

La piedra del águila (Erzählungen).

La Agustina y otros cuentos (Erzählungen).

Tatuaron los pájaros

Un sol rojo
nos crea
nos devuelve las formas
bajo los párpados de un mar
de gliptodontes perdidos
donde las fieras vomita
nubes amarillas
Ese sol
que nos descubre
macho
hembra
nos convierte
tierra
camino
lucha despiadada
hasta agitar nuestras manos
como furiosos volcanes en la noche
Y somos dioses errantes
lobos asesinos
buscadores del amor.

Hundió sus pechos en la hierba
bajo los frutos del semen cosechado
bebió la sed
de los primeros
(y a pesar de la serpiente)
su desnuda belleza
la convirtió en paraíso.

Tätowierung der Vögel

Eine rote Sonne
                    erschafft uns
gibt uns die Formen zurück
unter den Lidern eines Meers
von verlorenen Glyptodonten
wo die wilden Tiere
gelbe Wolken speien.
Diese Sonne
      die uns entdeckt
                          Mann
                          Frau
verwandelt uns
                    Erde
Weg
                    gnadenloser Kampf
bis unsre Hände wirbeln
wie tosende Vulkane in der Nacht
Und wir sind umherirrende Götter
mörderische Wölfe
Suchende nach Liebe.

Ins Gras vergrub sie ihre Brüste
unter die Früchte des geernteten Samens
trank den Durst
der ersten Menschen
(und trotz der Schlange)
in ihrer nackten Schönheit
ward sie zum Paradies.

María del Rosario Andrada

Un puma ronda
los espacios de mi carne
todo
es bramido
agitación embrionaria
No puedo ser aún
sino el animal que me nace
en las palmas
en el hambre.

Inmortalizas todos los pájaros
con tus alas
desde el fuego incendiario
de tu cuerpo
sumas al viento las bocas ebrias
para desnudar todos los demonios
cabalgas
los misteriosos eclipses
vienes hacia mí
en hechizo de palabras.

María del Rosario Andrada

Ein Puma umkreist
den Raum meines Fleisches
alles
ist Brüllen
embryonales Zucken
Ich kann noch nichts sein
als das Tier das in mir entspringt
in den Handflächen
in der Gier.

Unsterblich machst du alle Vögel
mit deinen Flügeln
durch das zündende Feuer
deines Körpers
gibst du die trunkenen Münder dem Winde preis
um alle Dämonen zu entkleiden
galoppierst du
geheimnisvolle Verfinsterungen
kommst über mich
in einem Zauber von Worten.

Aus: Tatuaron los pájaros. Buenos Aires: Ed. Botella Al Mar, 1987.

Loreina Santos Silva

(Puerto Rico)

Loreina Santos Silva

Geboren am 18. Oktober 1933 in Ciales, Puerto Rico.

Nach Grundstudien an der Universidad de Puerto Rico machte sie 1963 ihren Master of Arts an der University of California in Berkeley, ihr Doktorat 1977 an der Brown University in Providence. Von 1963 bis 68 unterrichtete sie Spanisch an verschiedenen Colleges in den USA. Von 1968 bis 74 arbeitete sie als Lehrbeauftragte, bzw. Assistentin an der Universidad de Puerto Rico in Mayagüez. 1976/77 war sie Assistenzprofessorin an der Brown University, um anschließend wieder nach Puerto Rico zurückzukehren. Dort durchlief sie in Mayagüez die akademische Karriere vom Assistant Professor (1977/78) über Associate Professor (1978–1983) bis zum Full Professor (seit 1983) und übte in letzter Zeit auch die Funktion einer geschäftsführenden Institutsvorsteherin aus. An ihrer Universität wurde sie im Studienjahr 1980/81 zur „Professorin des Jahres" gewählt. Seit 1983 ist sie Mitglied der Puertorikanischen Akademie der Künste und Wissenschaften. 1980 und 1987 organisierte sie zwei dem weiblichen Kunst- und Literaturschaffen gewidmete Kongresse in Puerto Rico (2 Congreso de Creación Femenina en el Mundo Hispánico). In ihrer Forschungstätigkeit bereitet sie einen „Indice informativo de mujeres poetas puertorriqueñas" vor. Von der World Academy of Arts and Culture, Kalifornien, erhielt sie ein Doktorat honoris causa. Als wichtigste Ereignisse in ihrem Leben erwähnt sie „drei freidenkerische Frauen zu erziehen" und die Scheidung. In zahlreichen Interviews in Radio und Fernsehen nimmt sie immer wieder Stellung zur Situation der Frau in ihrem Land und macht sich auch seit langem stark für „vergessene" lateinamerikanische Schriftstellerinnen. Auch klagt sie in ihren Artikeln und Vorträgen wiederholt den latenten Machismo in der puertorikanischen Literatur an.

Auf die Frage „Was war für Dich das größte Hindernis auf dem Weg als Schriftstellerin?" antwortet Loreina Santos Silva in einem Fragebogen (August 1990):

„Der Kolonialstatus von Puerto Rico gestattet uns Schriftstellern keine kulturelle Vertretung in anderen Ländern; diese Situation beschränkt die Verbreitung unserer Literatur im Ausland."

Auf die Frage, ob sie der Meinung zustimmen könne, die Werke der „Weltliteratur" trügen androgynen Charakter, antwortet sie ferner:

„Mit dieser Meinung gehe ich nicht konform, denn es ist nicht wichtig, wie ‚essentiell human' ein Werk ist, immer schleichen sich trennende Werte ein. Don Quijote ist machistisch."

Darauf befragt, was für sie den entscheidenden Anstoß zum Schreiben gegeben habe, sagt Loreina Santos Silva ebenda:

„Mir eine eigene Welt zu schaffen, die nichts zu tun hatte mit der mich umgebenden Welt, da mir meine Eheprobleme nicht erlaubten, mich als unabhängiges Wesen zu entfalten."

Und in bezug auf die sogenannte „escritura femenina" – die Möglichkeit einer eigenen spezifisch weiblichen Schreibweise – meint sie:

„Es gibt eine sprachliche ‚Essentialität' für alle Geschlechter; aber außerdem muß man auch ‚Erzählperspektiven' berücksichtigen. Zum Beispiel von einer Geburt, vom Akt des Gebärens mit der ‚Stimme' einer Frau zu sprechen, ist entschieden etwas anderes, als wenn ein Mann vom Gebären spricht. Sagen wir, es gibt einfach nicht übertragbare Erfahrungen."

Werke:
Incertidumbre primera. Barcelona: Ponce de León, 1973 (Lyrik).
Rikelme. Barcelona: Edil, 1974 (Lyrik).
Del onto. San Juan: Instituto de Cultura, 1978 (Lyrik).
Mi ría. Barcelona: Editorial Alvarellos, 1981 (Lyrik).
Vocero del mar. Mayagüez: Universidad de Puerto Rico, 1982 (Lyrik).
(Als Hrsg.) *Antología de lecturas hispánicas.* Barcelona: Edil, 1974.
Motor mutable. Río Piedras: Cultural, 1984 (Lyrik).
Umbral de soledad. San Juan: Instituto de Cultura Puertorriqueña, 1987 (Lyrik).
ABC para los niños puertorriqueños. San Juan: Yuquiyú, 1990 (Lyrik für Kinder).
Trilogie: *Astralba planeta íntimo – Metalepsis – Amor, amor, una veleta.* Santo Domingo: Alfa y Omega, 1990 (Lyrik).
Daneben verschiedene Essays bzw. Lyrik in diversen Zeitschriften.

Unveröffentlichte Werke:
Incertidumbre segunda.
Incertidumbre tercera.
Voz para una resonancia.
Huellas.
Como puñales.

Como puñales

XLIV

...una tarde íbamos por mi cuerpo
con alegrías de arpas cosechadas.
Eunice Odio

Un millar de astros prende tu pupila,
devuelvo las ascuas.
Anido muy íntimo
tu cielo en mi arcilla
y un afán de juego me empuja al amor...
Se queda la marca, el rastro, la huella, la cifra,
estertor de lumbre,
tatuaje en la entraña,
laca en las paredes de las zonas íntimas...
Es que una mirada me envuelve, me arropa, me incita
y unos labios cantan la aurora del semen
que alarga en el acto
la emplazada ría
y en ese segundo de carne, de fuego, de magia, de almíbar
el órgano tiembla
aferrado al éxtasis
como ave en desangre
asiéndose al último
hálito de vida.

Wie Dolche

XLIV

...eines Abends streiften wir durch meinen Körper
mit Wonnen frisch gepflückter Harfen.
Eunice Odio

Tausende von Sternen entfacht deine Pupille,
und ich erwidere die Glut.
Lasse deinen Himmel sich
tief in meinem Lehm einnisten,
und ein Trieb zu spielen macht mir Lust auf Liebe...
Es bleibt das Merkmal, die Spur, die Fährte, das Zeichen,
ein Rest von Glut,
Tätowierung im Leibesinnern,
Lack an den Wänden der intimen Zonen...
Denn ein Blick hüllt mich ein, wärmt mich, erregt mich,
und zwei Lippen singen des Samens Morgenröte,
den unverzüglich freigibt
der aufgestaute Strom,
und in dieser Sekunde des Fleisches, des Feuers, der Magie, des Balsams,
zittert das Organ,
festgeklammert an die Ekstase
wie ein Vogel im Verbluten,
der fest sich hält am letzten
Hauch des Lebens.

Aus: Umbral de soledad. San Juan: Instituto de Cultura Puertorriqueña, 1987.

Sonetino

A la memoria de Annie Sexton

*Cuando vienes a mí,
puñal, de amor sediento,
respondo a tu reclamo
amapola en tu fuego...*

*En oleajes candentes
ascendemos al cielo
y nos llega tu fuerza
al más cálido aliento...*

*Ansiamos que tu ritmo
sea un goce perpetuo;
pero no, Energía,*

*te nos fugas del cuerpo
porque sabes que el éxtasis
no puede ser eterno...*

Loreina Santos Silva

Sonnetino

In memoriam Annie Sexton

Wenn du über mich kommst,
Dolch, nach Liebe verlangend,
erwidre ich deinen Ruf,
roter Mohn in deinen Flammen...

In glühenden Wogen
werden wir himmelwärts getragen,
zu uns kommt deine Kraft
im heißesten Atem...

Wir wünschen, daß dein Rhythmus
in ewiger Wonne uns trage;
doch nein, Energie,

du entfliehst unsren Leibern,
weil du weißt, die Ekstase
kann unendlich nicht dauern...

Aus: Como puñales (unveröffentlicht).

Carmen Cecilia Suárez

(Kolumbien)

Carmen Cecilia Suárez

Geboren am 3. November 1946 in Cartagena, Kolumbien.

Sie absolvierte ihre College-Ausbildung in Washington, um anschließend an der Catholic University of America ebendort Pädagogische Psychologie zu studieren (M. A. 1969). Ihr Doktorat machte sie 1981 über Planung und Evaluierung von Bildungssystemen an der Florida State University in Tallahasse, USA.

Zur Zeit ist sie halbtägig in ihrem Beruf als Psychologin und Pädagogin tätig (als Lehrbeauftragte, Konsulentin und Forscherin). Daneben hat sie zusammen mit anderen Frauen einen Zyklus „Die Frau in der kolumbianischen Literatur" initiiert, in dem Werke zeitgenössischer Schriftstellerinnen des Landes präsentiert und diskutiert werden.

Carmen Cecilia Suárez erregte mit ihrem ersten literarischen Werk, dem Erzählband *Un vestido rojo...*, erhebliches Aufsehen in Kolumbien, wo man ihr die ungeschminkte Ausdrucksweise ihrer den Machismo entlarvenden, fast epigrammatischen Kurzgeschichten und vor allem deren erotische Komponente zum Vorwurf machte. In einer Kritik von Jorge Child in *El Observador* heißt es etwa: „Heute scheint es, daß der literarische Erotismus spröde und pathologisch ist, wie man an den Reimereien [poetisterías] von María Mercedes Carranza oder Carmen Cecilia Suárez ersehen kann..." (März 1988). Und selbst der das Werk ja gewiß nicht verwerfen wollende Verfasser des Vorwortes (mit dem bezeichnenden Titel „Eros und Einsamkeit in der kolumbianischen Literatur"), der bekannte kolumbianische Autor Jorge Eliécer Pardo, beginnt mit den Worten: „Es gibt Bücher, die Widerwillen in uns erregen, weil sie uns mit der Gewalt konfrontieren, weil sie unsere Intimität aufdekken, die wir für geheim und unverletzlich gehalten haben. Und es existieren in unserer Kultur gewisse verbotene Wörter, weil sie nur heimlich oder im vertrauten Umkreis von Personen des gleichen Geschlechts ausgesprochen wurden. Und speziell die Frau fürchtet diese Wörter am meisten, diese Liebesszenen, die einem bei ihrer Benennung die Röte ins Gesicht schießen lassen, böse Gedanken und – warum nicht – Erotismus aufkommen lassen."

Auf die Frage, ob es ihrer Meinung nach so etwas wie eine „weibliche Lektüre", einen nach Geschlecht differenzierten Rezeptionsprozeß gebe, antwortet Carmen Cecilia Suárez in einem Fragebogen (Februar 1990):

„Im Fall meines Buches war der Unterschied in der Rezeption klar: Die Mehrzahl der Frauen verschiedenen Alters fühlen, daß das Werk etwas ausdrückt, was sie gefühlt, aber nicht ausgedrückt haben, während die Männer

– selbst wenn sie das Buch positiv aufnehmen – sich überrascht und häufig auch vor den Kopf gestoßen fühlen."

Darauf befragt, ob sie sich einer bestimmten literarischen Schule zugehörig fühle, sagt sie ebenda:

„...einer literarischen Schule als solcher eigentlich nicht. Trotzdem glaube ich, daß mein literarisches Werk diverse Einflüsse aufweist, darunter die Psychologie und die existentialistische Philosophie, mit ihrer Betonung auf dem Alltäglichen und auf der interpersonellen Beziehung. Andererseits stellt die Krisensituation, die durch den beschleunigten Wandel in der Paarbeziehung hervorgerufen wird, die Hauptmotivation für die in *Un vestido rojo para bailar boleros* ausgewählte Thematik dar."

Bezüglich der Einstellung der Literaturkritik zur Frauenliteratur in Lateinamerika meint Carmen Cecilia Suárez:

„Wie in allen anderen Aspekten auch, befindet sich die Frau als Schriftstellerin in Lateinamerika in der Situation, sich kompetent erweisen zu müsssen, und ihr Werk, mag es auch mit der Zeit akzeptiert werden, wird zunächst mit Mißtrauen betrachtet. Was den Unterschied zwischen von Männern oder Frauen geschriebene Kritik betrifft, so gibt es zwei gegenläufige Tendenzen. Manchmal tendiert die Frau dazu, das Werk einer anderen Frau besser zu verstehen und sich mit ihm zu identifizieren, doch gelegentlich beeinflußt die fehlende Solidarität unter Frauen die Kritik von Frauen an Frauen auch negativ (das ist nicht der Fall bei Frauen als Leserinnen, die nicht mit der Autorin konkurrieren und sich so mit ihr identifizieren können)."

Werke:

Un vestido rojo para bailar boleros. Bogotá: Editorial Pijao, 1988 (²1988, ³1988; Erzählungen; Finalistin im literarischen Wettbewerb „La Hormiga"; 1988 an zweiter Stelle der Bestsellerliste kolumbianischer Bücher).

Planeación del currículo y de la Enseñanza. Bogotá: Ministerio de Salud, 1988 (Schrift über Lehrplanerstellung).

Außerdem in verschiedenen Zeitschriften verstreute Erzählungen.

Einige ihrer Erzählungen sind ins Esperanto übersetzt.

Carmen Cecilia Suárez

Bolero in drei Tempi

Die Nacht

Nicht deinen Körper, deine Seele will ich
(Mephistopheles)[1]

Du hattest mich ja gewarnt. Wenn du nicht Selbstmord begingst, würdest du sterben, und sonst würdest du nach Paris gehen. Selbst wenn nichts dergleichen geschähe, wäre ich, als Frau, deine Feindin.

Und dennoch habe ich mich dir genähert. Ohne um Erlaubnis zu bitten, hast du meine Gefühlswelt betreten, ohne daß ich dich eingeladen hätte, hast du im Wohnzimmer Platz genommen. Ich lernte dich zu lieben. Du hast mich durch die Labyrinthgänge deines Geistes geschleppt, und ich empfand Schwindel angesichts deiner Abgründe. Ich fing an, deine rauhe Stimme in mir selbst zu spüren und deine Hände und deine Augen in meinen Träumen zu sehen, und meine auf mich genommene Einsamkeit und meine alte Gleichgültigkeit und Ferne begannen zu stören.

Heute zieht sich meine Vagina wiederholt zusammen. Sie ruft dich. Nicht nur der Geist ruft, auch der Körper. Du hast sie gestreichelt. Sie hat dich gestreichelt. Meine Hände sind über deinen ganzen Körper geglitten und haben dich erschauern lassen und können dich nicht mehr vergessen. Ich weiß, daß mein Duft in deinem Bett geblieben ist und in den Nächten dein Verlangen nach mir wecken wird. Auf deinem Teppich blieben ein paar Federn meiner Kette, das Kitzeln meines Haares auf deiner Haut, die Feuchtigkeit meines Körpers in deinen zitronengrünen Handtüchern und der Geschmack meiner Lippen auf deinem Frühstücksservice.

Diese Nacht war wie ein Verlust der Jungfräulichkeit mit allem Drum und Dran, sogar befleckten Leintüchern. Für dich war es das erste Mal in vielen Monaten; für mich das erste Mal in mehreren Jahren mit jemand anderem als ihm. Ich bereue es, dich nicht noch mehr berührt, dir noch mehr in die Augen geschaut, nicht an dich geschmiegt geschlafen zu haben.

Nie hätte ich gedacht, daß es nur für eine Nacht wäre, daß du auch darin der Figur deines Romans gleichen könntest. Wenn du es mir er-

1 Wie Faust-KennerInnen leicht ersehen werden, ist dieses Zitat ein imaginäres, in Goethes Werk nicht wirklich vorkommendes…

zählt hättest, hätte ich vielleicht nie mit dir geschlafen, denn du und unsere Zuneigung waren mehr wert als jede Nacht, so schön sie auch gewesen sein mag, mit allem Drum und Dran, mit Boleros und Edith Piaf.

Dann kam der Vollmond und der kritische Tag deines Biorhythmus. Die Planeten traten in eine andere Konstellation ein. Das Klima veränderte sich. Die Telephone waren gestört. Die Kompasse gingen kaputt. Und wer weiß, ob sich dein Ödipus geregt hat. Und ich habe dich nicht wiedergesehen. Niemals erfuhr ich, warum.

Traum

Du bist geschmeidig, wenn du mich liebst. Dein Glied wird unendlich, und unsere Körper folgen sich gegenseitig in ihren Zuckungen, in ihren Atempausen und in ihren sich windenden, tiefgehenden Bewegungen. Ich spüre, wie du mit Härte in meine warme und feuchte Höhle eindringst, und fühle die Sanftheit deiner Haut, als du die glatten und schlüpfrigen, wie mit Schlamm bedeckten Wände entlanggleitest. Als du dich verströmst, tust du es behutsam, einem stillen Wasser gleich, einem leisen Bach, und dann verharrst du still, schweigend, die Arme um mich gelegt. Ich liebe dich, und du liebst mich. Wie schön ist das Verlangen der Körper und der Münder, die sich suchen, die trotz aller Vernunft, aller Versprechen und Worte, sich wieder und wieder vereinigen und uns so zu spüren geben, daß wir nicht mehr einsam sind, daß sich einer immer im anderen fortsetzt und daß den andern zu verlassen sich selbst zu beschneiden hieße.

Ich will mich nackt ausziehen und alle deine Poren streicheln. Ich drehe mich im Bett um, dich zu suchen und von neuem zu lieben, und als ich dich nicht finde, erinnere ich mich plötzlich, daß du ja nur in meinem Traum von gestern nacht existierst.

Endlich!

1. Akt

ER: Ich bete dich an. Die ganze Zeit kann ich an nichts anderes mehr denken als an dich. Du siehst ja, wie's mir geht, wenn ich dich nur sehe. Mein Herzschlag beschleunigt sich. Ich werde rot wie ein Fünfzehnjähriger. Du bist die wunderbarste aller Frauen. Aber ich kann mich nicht verlieben. Es ist schrecklich. Ich habe Angst. Ich will nicht mit dir schlafen.

SIE: (weint)

2. Akt

SIE: Ich glaube nicht an die Liebe. Ist doch alles erlogen. Das einzige, was zählt, ist der Augenblick, das Gefühl, die Lust. Mit dir oder mit jedem anderen.

ER: Schau mir in die Augen. Sagst du das im Ernst?

SIE: Ja!

ER: Wie herrlich! Dann können wir ja miteinander ins Bett gehen!

Aus: Un vestido rojo para bailar bolero. Bogotá: Editorial Pijao, 1988.

Ruth Bazante Chiriboga

(Ekuador)

Ruth Bazante Chiriboga

Geboren am 28. November 1942 in Putumayo (Ekuador).

Sie studierte Erziehungswissenschaften, Spanisch und Literatur an der Universidad Central in Quito, wo sie auch ein Doktorat in Pädagogik machte. An diversen Instituten besuchte sie außerdem weiterführende Kurse in Literaturtheorie, Sprechtechnik, Frühförderung, Tanz und Schauspiel. Ihre pädagogische Praxis erstreckt sich auf mehrere Volks- und Mittelschulen sowie Supervising für Lehrpersonal. Sie wirkte auch in verschiedenen Radioprogrammen sowie als Schauspielerin am Theater, in Fernsehserien und Spielfilmen mit. Für ihre Lyrik hat sie zahlreiche Ehrungen und Preise bekommen, wie z.B. den „Primer Premio de Poesía Andrés Bello" 1973 oder den „Premio Universidad Central del Ecuador" 1975. Sie ist Mitinitiatorin und Leiterin der Lyrikerinnengruppe „Alborada" („Morgenröte"), die von der männlichen Literaturkritik nicht immer wohlwollend als „Las Alborotadas" („Aufmüpfige Weiber", auch mit sexueller Konnotation) verunglimpft wird. Ihre Lyrik ist nach ihren eigenen Worten nicht nur „geschriebenes Wort", sondern für diejenigen, die sonst keinen Zugang zur Poesie haben – sei es, daß sie AnalphabetInnen sind, sei es daß ihre Lebenswirklichkeit ihnen diesen „ästhetischen Luxus" nicht erlaubt – geht Ruth Bazante auch in die Armenviertel oder aufs Land, um dort ihre Gedichte vorzutragen. Eine derart „exzentrische" Dichterlesung durfte auch ich miterleben, als Ruth Bazante auf einem Literaturkongreß in Quito 1990 uns in der Damentoilette zufällig Zusammengetroffenen spontan eine Kostprobe aus ihrem Schaffen gab, das im übrigen auch thematisch durchaus den Ausgegrenzten und Entrechteten in Lateinamerika gewidmet ist, neben der erotischen Komponente, die in den für diese Anthologie ausgewählten Gedichten zum Tragen kommt.

Auf die Frage, ob sich ihrer Meinung nach die Literaturkritik unterschiedlich verhält, je nachdem ob der Autor eines Werkes männlich oder weiblich ist bzw. ob sie in ihrem konkreten Fall Unterschiede zwischen männlichen und weiblichen Kritikern beobachten konnte, antwortet Ruth Bazante in einem Fragebogen (August 1990):

„Da der größte Teil der Kritikaster Männer sind, geben sie natürlich ihren eigenen Geschlechtsgenossen den Vorzug. Wir nähern uns dem 21. Jahrhundert, und immer noch wollen sie die Fähigkeiten der Frau nicht anerkennen, denn unsere gedanklichen Leistungen übertreffen oft die ihrigen. Der Geist des Machismo herrscht hier noch immer. Die Kritiken über mein Werk sind jedenfalls von Männern geschrieben worden. In Ekuador gibt es nur zwei Frauen, die Literaturkritik schreiben, und die nur sporadisch. Ich weiß, daß ihnen mein Stil gefällt, aber sie haben nie etwas davon zu Papier gebracht."

Auf die Frage, ob der Machismo Auswirkungen auf die Literaturszene haben könnte, meint sie:

„Er schlägt sich in der Hinsicht nieder, daß die Frau darum kämpfen muß, sich einen Platz im literarischen Kontext zu erobern, denn man versucht, sie immer zur Seite zu drängen, und zwar nicht frontal von vorne, sondern mit einer rücksichtsvollen Scheinheiligkeit, ich weiß nicht, ob deswegen, weil man die Präsenz der Frau in der Lyrik nicht akzeptieren will oder weil man sie *fürchtet*, in einer direkten Konfrontation von Wort und Gedanken. Sie fürchten, eine Frau könnte sie in den Schatten stellen und ihre eigenen Werte würden dadurch geschmälert. Der Kampf richtet sich nicht gegen alle Lyrikerinnen, sondern gegen die, von denen sie glauben, daß sie ihr Prestige ankratzen können. Natürlich läßt sich die lateinamerikanische Frau das nicht gefallen, und sie läßt sich auch nicht manipulieren, denn sie ist kämpferisch und hat ein klares Bewußtsein dessen, was sie will und wohin sie gelangen will, nicht mit intimistischen, persönlichen, sondern mit universalen Botschaften. Die heutige Frau interessiert sich für die Welt und für ihr eigenes politisches und soziales Umfeld, für die weltweite Problematik."

Werke:
Grito dentro, grito fuera. Quito: Casa de la Cultura, 1987 (Lyrik).
Manual de las cicatrices. Quito: Casa de la Cultura, 1988 (Lyrik).

Gruppenveröffentlichungen:
Semillas al viento. Quito: Edit. Copiservicios, 1978.
Alborada 1. Quito: Edit. ETECMO, 1980 (Lyrik).
Alborada 2. Quito: Edit. ETECMO, 1982 (Lyrik).
Madre en tu día. Quito: Edit. ETECMO, 1984.

Unveröffentlichte Werke:
Visión poética de la obra literaria de Raúl Pérez Torres (Essay).
La narrativa de Alfonso Barrera Valverde (Essay).
Variaciones en corazón abierto (Lyrik).
El rostro de las evidencias (Lyrik).
Transfixión universal (Lyrik).
...en la orgía de las urgencias (Lyrik).

Blanco amor

Yo silencio,
tenue,
morena.
Nido para ti.
Tú, cascada,
huracán,
tallo
de luna morena.
Remendándome
el día, yo,
con tu paso blanco,
tus blancas manos,
tus besos blancos.
De siete a nueve
subiendo,
de nueve a siete,
bajando por nuestro amor
los suspiros.
Remendándome,
el trigo tostado
de mi voz,
con tus caricias.
¡Blancas caricias
sobre mi voz morena!
Tú, menos blanco
y yo lunando.
Tú caminando
por mis veranos,
yo resbalando
en tu río blanco.
Yo junto a tí,
juntos los dos.
Tú y yo
saboreando…

Ruth Bazante Chiriboga

Weiße Liebe

Schweigen ich,
sachte,
dunkel.
Nest für dich.
Du Kaskade,
Orkan,
Stengel
eines dunklen Mondes.
Den Tag mir
flickend, ich,
mit deinem weißen Schritt,
deinen weißen Händen,
deinen weißen Küssen.
Von sieben bis neun
aufwärts,
von neun bis sieben
abwärts fädeln sich die Seufzer
durch unsre Liebe.
So flicke ich mir
den gerösteten Weizen
meiner Stimme
mit deinem Streicheln.
Weißes Streicheln
auf meiner dunklen Stimme!
Du weniger weiß
und ich mondend.
Du meine Sommer
durchschreitend,
ich dahingleitend
in deinem weißen Flusse.
Ich ganz nah bei dir,
wir beide zusammen.
Du und ich
genießend...

Cascabel en tu cuello, yo,
destejiendo campanas, tú.
Tejiéndome en blanco tú.
¡Ay, que me vuelvo
blanca por dentro!
¡Ay que me vuelvo!
Yo galopándote, yo
en amor el alma,
tatuando con mis labios
tus blancuras.

Tú, mi albo día,
yo moreneando
tu tarde.
Yo por ti blanca.
Tú por mí, fuego
en blanco y noche
ardiendo.
¡Ay, que me vuelvo
blanca yo entera,
Ay, que me vuelvo
blanca por dentro
y fuera!

¿Lo recuerdas?

A tanto tiempo tu ausencia
me unta de recuerdos.
Te llamabas amor a mediodía
sobre la alfombra bárbara.

A las cinco, a las seis eras ternura
sobre el crepúsculo encendido.

A la noche mi amor,
¡bésame y calla!
que nada nos retrase en la urgencia
de piel que resbala del alma.

Schelle an deinem Hals ich,
Glocken auftrennend du.
In Weiß mich flechtend du.
Ach, ich werde noch
inwendig weiß!
Ach, ich werde noch!
Ich auf dir galoppierend, ich
die Seele in Liebe,
mit meinen Lippen tätowierend
deine Weiße.

Du mein weißer Tag,
ich deinen Abend
bedunkelnd.
Ich von dir weiß.
Du durch mich Feuer
in Weißglut und Nacht
in Flammen.
Ach, ich werde noch
weiß durch und durch,
Ach, ich werde noch
weiß innen
und außen!

Erinnerst du dich?

Nach so langer Zeit salbt mich
dein Fortsein mit Erinnerung.
Du nanntest Liebe dich am Mittag
auf dem wilden Teppich.

Um fünf, um sechs warst Zärtlichkeit du
über dem flammenden Abendrot.

In der Nacht, mein Geliebter,
küß mich und schweige!
nichts möge halten dieses Drängen
unsrer Haut, das aus der Seele gleitet.

Ruth Bazante Chiriboga

Mientras la lluvia
mojaba la tarde en los cordeles,
conjugabas mi amor entre tus brazos
en remolinos de luciérnagas,
en todos los tiempos y los modos;
lubricaste mis íntimas paredes
con fragancias de amor alucinadas,
mientras yo te entregaba
mi joven armonía en movimiento.

Mientras tú conjugabas
mi piel y mi ternura
en todos los tiempos y los modos,
la noche se pegaba a los cristales
derrumbándose en olores desgarrados.

Ruth Bazante Chiriboga

Während der Regen
den Abend auf den Leinen benetzte,
hast meine Liebe du in deinen Armen konjugiert
in Wirbeln von Leuchtkäferchen,
in allen Zeiten und in allen Modi;
hast meine innersten Wände gesalbt
mit hingerissnen Liebesdüften,
während ich dir hingab
meine junge Harmonie in Bewegung.

Während du dabei warst,
meine Haut und meine Zärtlichkeit
in allen Zeiten und Modi zu konjugieren,
klebte die Nacht sich an die Fensterscheiben,
um in zerfetzten Gerüchen dann zu bersten.

(Unveröffentlicht).

Esther Andradi

(Argentinien)

Esther Andradi

Geboren am 23. Juni 1950 in Ataliva, Argentinien.

Sie studierte ab 1967 Kommunikationswissenschaften an der Universidad Católica Argentina in Rosario, wo sie ihre Magisterarbeit über die Darstellung der Frau in argentinischen Illustrierten schrieb. Sie mußte 1975 aus Argentinien ins Exil flüchten, zunächst nach Peru, wo sie in verschiedenen Funktionen als Journalistin tätig war (Leitartikelschreiberin, Reporterin, Chefredakteurin, Korrespondentin); 1980 ging sie dann nach Europa. Seit 1983 lebt und arbeitet sie in Berlin, wo sie als Spanischlehrerin, Drehbuchautorin und Mitarbeiterin beim Radio, v.a. RIAS Berlin, arbeitet.

Bereits in Peru hatte sie 1978 zusammen mit Ana María Portugal ein Buch über die Situation der Frau unter dem Titel *Ser mujer en el Perú* herausgegeben sowie eine Informationsbroschüre für vergewaltigte Frauen, *Contra la violencia* (Centro de la Mujer Flora Tristán, Lima, 1983). Damals veröffentlichte sie unter dem Pseudonym Asteria sechs Monate lang eine Kolumne über Erotismus in *La calle* (Lima). Als Redakteurin der Wochenschrift *Caretas* machte sie Reportagen über heikle Themen wie Schwangerschaftsabbruch, Bevölkerungspolitik, Gewalt gegen Frauen, Atomenergie und Umweltpolitik. Auch in ihren Berliner Radiosendungen beschäftigte sie sich mit kritischen Themen wie Frauenliteratur, „Tango-Frauen", Diktatur in Argentinien bzw. indianische Minderheiten ihres Landes. Ihre Erzählung *La gota* hat den nach der 1989 verstorbenen peruanischen Schriftstellerin benannten Literaturpreis „Magda Portal" erhalten.

Auf die Frage, ob es ihrer Meinung nach so etwas wie eine „weibliche Leseweise" gebe, antwortet Esther Andradi mir in einem Fragebogen (Dezember 1989):

„Ich lese als Individuum, als Person, mit einer Geschichte, einem sozialen Standort, einer erotischen Erfahrung. [Diese weibliche Leseweise] manifestiert sich in der Identifikationsmöglichkeit. Wie soll ich mich mit der Figur von Chandler identifizieren, die ständig sagt: ‚Mich ekelt vor den Frauen...', wenn mir mein eigenes Wesen keine derartigen Schwierigkeiten bereitet?"

Auf die Frage, ob sich ihrer Meinung nach die Literaturkritik männlichen und weiblichen Autoren gegenüber unterschiedlich verhält, meint sie:

„Ich weiß nicht, ob allen Frauen oder allen Männern gegenüber. Die Literaturkritik folgt im allgemeinen den Marktgesetzen, und es gibt Dinge, die verkaufen sich eben nicht, selbst wenn es Sappho persönlich wäre, die Gedichte schriebe..."

Zur schwierigen Übersetzung des von ihr in „Das Unkraut" verwendeten

Ausdrucks „las partes" (die weiblichen [Scham-]Teile) schreibt Esther Andradi in einem Brief vom 8. 3. 1990:

„Die Auswahl dieser ‚neutralen' Form hat mit einer ursprünglichen Verdrängung zu tun, wie wenn man sagt: ‚Greif nicht dorthin', oder in ähnlicher Tonart. Im Unterschied zu den Knaben, für die ihr ‚Ding' jede Menge Namen hat. In diesem Sinn ist die Wahl eines Namens – welcher das auch immer sein mag – bereits ein bemerkenswerter Anspruch, der im Original nicht dasteht, weil er nicht möglich ist. Die Situation der Verdrängung ist bereits vom Säuglingsalter an gravierend: Es gibt keine Namen um ‚meine (Scham-)Teile' eines Mädchens zu definieren, und was nicht benannt wird, existiert nicht, oder noch schlimmer: Wir kriegen ja gar nicht mit, daß es existiert."

Werke:

Ser mujer en el Perú (zusammen mit Ana María Portugal). Lima: Ediciones Mujer y Autonomía, 1978 (2. Aufl. Lima: Ediciones Topaku, 1979; Berichte und Interviews über die Situation der Frau in Peru, eine überarbeitete Neuauflage unter dem Titel *Ser mujer en Perú: diez años después* ist in Vorbereitung).

Chau Pinela. Lima: Ediciones Tigre de Papel, 1988 (Erzählungen).

Zahlreiche Zeitungsartikel und Manuskripte fürs Radio.

Unveröffentlichte Werke:

Come, éste es mi cuerpo. 30 Textos eucarísticos (Reflexionen rund ums Essen).

Del nombre y otros registros (Lyrik).

Esther Andradi

Das Unkraut

Jetzt bin ich im Hof. Im hinteren Hof, wo das Unkraut wächst, das Mama nicht leiden kann, das ihr so auf die Nerven geht. Nichts wie Unkraut in diesem Haus, brummt sie. Ich hab mich in den Hof verzogen, weil Papa und Mama gestritten haben, und da hat sie zu weinen begonnen und zu schreien, daß sie allein sein will. Ich bring sie auf die Palme, hat sie zu mir gesagt, und überhaupt ist das Ganze meine Schuld, und da hab ich mich in den Hinterhof verzogen, weil ich Mama nicht lästig fallen will. Und da zupfe ich nun Unkraut. Nein, das ist gar nicht schwer, weil es erst vor kurzem geregnet hat, und die Erde ist frisch, die Wurzeln zart. Na ja, also nicht eigentlich so vor ganz kurzem, weil dann würde Mama böse werden, wenn ich Unkraut zupfe, weil dann die Erde aufgewühlt wird. Daher muß man sehr genau kalkulieren, wann der beste Zeitpunkt ist, um Unkraut zu zupfen. Und da es vor kurzem geregnet hat – aber eben nicht vor ganz kurzem –, haben die Taranteln ihre Nester frisch über die feuchte Erde gewebt, und der dünne Tunnel mit seinem exakt kreisförmigen Deckel hebt sich sehr gut ab vom Gelände. Manchmal spiele ich mit einem Stäbchen, das macht mir großen Spaß, und decke das zylindrische Nest ab, dann stecke ich den Ast hinein und wühle und wühle drin herum, bis sich die Tarantel an dem Stäbchen anklammert. Dann schleudere ich sie mit einem einzigen Ruck heraus, und die Tarantel in ihrer Blindheit, noch immer am Ast festgeklammert, merkt nicht, daß ich sie gleich auf eine Stecknadel aufspießen werde und sie für immer auf der feuchten Erde in der Falle sitzt. Dann zappelt sie, aber es ist schon zu spät. Da hat sie schon die Stecknadel im Leib sitzen für immer und ewig, weil ich werde sie ihr nicht herausnehmen.

Aber jetzt mach' ich mich lieber daran, das Unkraut auszureißen, um Mama eine Freude zu machen. Nicht, daß sie womöglich glaubt, ich bin so ein entsetzlicher Fratz wie sie die schimpft, die solche Sachen machen wie ich, wenn sie mich nicht sieht. Und dann reiße ich das Unkraut aus, in aller Ruhe bleibe ich ganz brav im Hof, damit sie nicht schlecht über mich denkt.

Immer sagt sie zu mir, ich muß mich vorbereiten. Ich weiß nicht recht, was sie damit sagen will, aber ich will ihr nicht widersprechen. Sonst würde sie drunter leiden. Und Mama sagt, ein Mädchen muß viele Dinge lernen und seiner Mama helfen, damit es, wenn es groß ist, einen Papa bekommt, wie sie ihren bekommen hat. Und sicher, Mama weint viel und schreit und brüllt, daß ich ihr nichts als Verdruß mache, daß sie lieber sterben würde, als so zu leben, aber trotzdem sagt sie mir immer wieder, daß es nichts Besseres gibt, als einen Papa zu kriegen, wenn man groß ist, denn ohne einen Papa ist eine rein gar nichts. Und ich will alles tun, was sie mir sagt, nur um sie nicht leiden zu sehen.

Erst vorgestern Nacht, als ich in meinem Bett lag, da habe ich an ihren Mund gedacht, wenn sie lacht, und an ihre Augen, und ich konnte nicht aufhören zu weinen, und so hab ich, ohne es zu merken, nach und nach begonnen, mein Nachthemd aufzuessen. Und weil der Stoff so schön weich und flauschig war und das Wasser, das mir aus den Augen fiel, so salzig, hab ich gegessen und gegessen, bis ich aufs Weinen vergessen habe.

Als ich noch kleiner war, habe ich Nägel gekaut und Erde gegessen, die sich am Rand der Fenster angesammelt hatte. Ich bin gern gegangen und gegangen, so wie ich jetzt so gerne dahocke und das Unkraut auszupfe; und mit den Fingern habe ich die Erde herausgekratzt, die sich neben den Jalousien ansammelt. Aber einmal hat mir Papa überraschend die Hände mit einer kochenden, heißen Flüssigkeit übergossen, und dann hat er mir gesagt, daß es mir so schon vergehen würde, Dinge zu tun, die sich für kleine Mädchen nicht schicken, und Mama schrie, und das war ein Riesenskandal, und seitdem sterbe ich vor Angst, sie könnten mich dabei erwischen, wie ich den Kalk von den Wänden esse oder meine Nägel kaue oder am Abend merkwürdige Dinge in meinem Bett mache. Denn mein Papa hat gesagt, daß den Mädchen, die in der Nacht unruhig sind, allerhand passieren kann. Und dann denke ich mir, sobald es dunkel wird, werden mir die Spinnen, die Insekten, die Wurzeln vom Unkraut, kurz, alle Lebewesen, mit denen ich's mir tagsüber verdorben habe, auflauern, um mich umzubringen.

Ich weiß ja nicht, wie es ist, wenn sie einen umbringen, aber ich stell mir vor, man spürt so etwas Ähnliches wie damals, als mir Papa die kochende, bittere Flüssigkeit über die Finger geschüttet hat, oder wenn meine Mama schreit und weint, und dann ist es, als ob ein Häutchen in meinem Hirn zerreißt, ganz in der Nähe von den Ohren, und dann weiß ich nicht, was ich tun soll, und glaube, nur wenn ich mich verstecke, verschwindet das alles. Aber solang das nicht aufhört, weiß ich, daß ich sterbe, daß es so sein muß, wenn sie einen umbringen. Daß sie einer das Häutchen zerreißen, das man ganz drinnen hat und von wo sicherlich alle Genüsse kommen, alles was Lust bereitet und mich aufregt wie Erde essen oder das Nachthemd, Unkraut auszupfen, die Tarantel aufspießen oder wie das letzte Spiel, das ich entdeckt habe und auf das Mama mir hoffentlich nie draufkommt, weil dann würde sie mich umbringen. Sie würde mir das Häutchen für immer ausreißen, und wer weiß, was dann aus mir würde, ich mag nicht einmal daran denken, lieber rupfe ich das Unkraut aus.

Es war so, daß ich eines Nachts wie immer begonnen habe, mir an mein Ding zu fassen, und das macht mir großen Spaß, obwohl manchmal stört mich der Urin, aber das macht nichts, trotzdem ist es aufregend, mich anzufassen, ohne an irgendwas anderes zu denken. Aber in dieser Nacht habe ich gedacht, daß ich Unkraut zupfe, und seit damals kann ich nicht ruhig schlafen, bis ich nicht alle Wurzeln ausgerissen habe. Und wenn ich sie alle ausreiße, mit einer tollen Zuckung, dann bin ich so müde, daß ich gar keine Lust mehr habe, Nägel zu kauen oder Erde zu fressen, wo sie mir dann kochende, bittere Flüssigkeit drübergießen. Und so hab ich angefangen, mir das Ding zu befummeln im Kreis, hin und zurück, so als wollte ich tausende Unkräuter auf einmal packen, und dann muß man hartnäckig sein, weil sie kommen nicht so leicht heraus. Aber dann probiert man es wieder, noch einmal und noch einmal, man muß nur den Rhythmus halten und den Druck, bis man merkt, daß die Wurzel schon nachgibt, und dann spürt man schon, wie es wohltut, und weiter und weiter; und sicherlich, manchmal hält man auch den Augenblick zurück, wo alle Wurzeln auf einmal herausgehen, nur um die Lust noch tiefer auszukosten. Und in dem Moment spürt man eine große Erleichterung, genauso wie ich froh bin, wenn ich das ganze Unkraut ausgerissen habe, weil Mama sich dann freuen wird, vor allem, wenn die Erde nicht allzu sehr aufgewühlt worden ist. Denn wenn die Erde uneben wird, stört es sie. Und nach der großen Erleichterung geht es noch weiter mit kleineren Lustgefühlen, aber immer im gleichen Tenor, denn es bleiben noch immer Reste von Wurzeln, die man ausrotten muß, Spitzen, die auf die Erde gestickt sind und auf mein Ding, und die man vorsichtig herausholen muß, denn sonst würde es wehtun. Und im Spiel wie beim Unkraut, immer wenn ich diese Spitzen auftrenne, ist es, als ob ich einschlafe.

Aber sicher wird diese Lust mit meinem Körper, die mir genauso Spaß macht wie Unkrautzupfen, aber die nur für mich ganz allein ist, um einschlafen zu können und die Nachtgespenster zu vertreiben, sicher, denke ich, wird dieses neue Spiel Mama nicht gefallen. Sicher wird das genau sowas Schreckliches oder gar noch Schlimmeres sein wie die Erde vom Rand der Jalousien zu essen oder Nägel zu kauen. Und davon bin ich überzeugt, weil sie sagt immer, ich soll nicht an mein Ding fassen, denn das tut ein kleines Mädchen nicht, und manchmal in der Nacht macht sie plötzlich meine Zimmertür auf, nur um mich zu überraschen und festzustellen, ob sich ja nichts unter der Bettdecke bewegt, denn wenn sich da was bewegen würde, wäre sie imstande, mir das Häutchen zu zerreißen. Aber ich hab sogar gelernt, die Luft anzuhalten, damit sie ja keinen Verdacht schöpft, damit sie glaubt, ich schlafe fest, ohne Geräusche und ohne Seufzer, damit sie die Tür zumacht und beruhigt ins Bett geht.

Denn wenn sie nicht ruhig schlafen würde, könnte ich's auch nicht. Aber so wie man zum Unkrautzupfen genau die Zeit kalkulieren muß, damit die Erde nicht umgewühlt wird, so muß man in meinem Spiel auch den Rhythmus dosieren. Daß sich ja nichts rührt unter der Bettdecke, nicht atmen, wenn das Licht angeht, die Hände ruhig und den Körper steif, so wie die Wurzeln vom Unkraut, wenn ich sie mit Stumpf und Stiel ausreißen will, oder die Tarantel, wenn sie sich am Stock festklammert.

Mama darf das nicht wissen, denn dann würde sie mich umbringen, sie soll lieber ruhig schlafen und auf keine Gedanken kommen. Nicht daß sie eines Tages Verdacht schöpft. Denn ich bin sicher, daß das neue Spiel, das ich entdeckt habe, um in der Nacht einschlafen zu können, ohne zu weinen, mir nichts nützt dabei, um einen Papa zu ergattern, wie sie sagt, daß ich einen kriegen muß, wenn ich einmal groß bin. Todsicher hilft das gar nichts dabei. Und dann kann ich manchmal nicht mein eigenes Unkraut ausreißen bei dem bloßen Gedanken an den Kummer, den ich meiner Mutter machen werde, daß ich es womöglich nicht schaffe, zu einem Vater zu kommen, wenn ich groß bin, so einen, wie sie hat. Denn ohne einen Papa wird sicher nichts aus mir, wie sie sagt, und da könnte jeder kommen und mir kochende bittere Flüssigkeit über die Finger gießen, und jeder könnte mich mit einer Stecknadel aufspießen. Aber jetzt werde ich lieber das Unkraut ausreißen, denn wenn Mama wüßte, woran ich denke, würde sie mir sicher für immer und ewig das Häutchen ausreißen.

Aus: Chau Pinela. Lima: Ediciones Tigre de Papel, 1988.

Alicia Kozameh

(Argentinien)

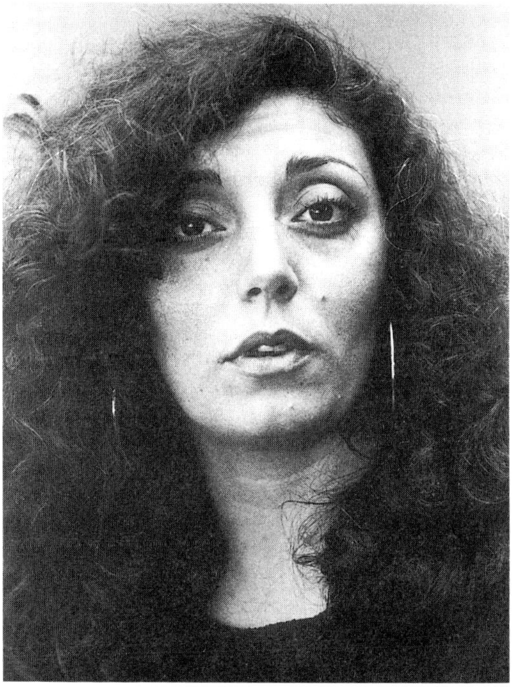

Alicia Kozameh

Geboren am 20. März 1953 in Rosario, Argentinien.

Ein einschneidendes Erlebnis ihrer Kindheit war der Tod ihrer älteren, behinderten Schwester im Alter von 21 Jahren (als sie selbst siebzehn war), den sie in ihrem autobiographischen Roman *Como patas de avestruz* aufzuarbeiten versucht.

Von 1973 bis 1975 studierte sie an der Universidad Nacional in ihrer Heimatstadt, später (1985–87) in Buenos Aires Philosophie und Literatur. Von September 1975 bis Dezember 1978 war sie als linke Aktivistin politische Gefangene der argentinischen Militärdiktatur, zunächst in Rosario, später wurde sie ins Gefängnis Villa DeVoto nach Buenos Aires verlegt. Mit dieser traumatischen Erfahrung beschäftigt sich ihr Roman *Pasos bajo el agua*. 1979–80 arbeitete sie bei einer Werbeagentur in Rosario, von wo sie 1980, aufgrund der immer stärker werdenden Repressionen, zunächst nach Kalifornien und später nach Mexiko emigrierte. Dort arbeitete sie bei einer Nachrichtenagentur in der Hauptstadt, wo sie auch Chefredakteurin der Literaturzeitschrift *La Brújula* war. Nebenbei entstanden zahlreiche Artikel in Tageszeitungen und Periodika. 1983/84 war sie Büroleiterin und Bibliotheksdirektorin bei „Los Niños de Las Américas" in Santa Barbara (Kalifornien), einer gemeinnützigen Agentur, die sich mit der Betreuung verarmter Kinder in Mexiko und Zentralamerika befaßt. 1984 konnte sie aus dem Exil nach Argentinien zurückkehren, wo sie von 1984–87 bei einer Werbeagentur in Buenos Aires beschäftigt war, von 1985–87 in der Escuela Freudiana de La Argentina, einer Post-Graduate-Akademie für Psychoanalyse. 1988 kehrte sie nach Kalifornien zurück und ist seit damals an der University of Southern California als Bibliothekarin in der Zentralamerika-Sammlung tätig. Im Augenblick arbeitet sie daran, in Los Angeles ein lateinamerikanisches Kulturzentrum mit dem Namen „Taller Hispanoamericano de Cultura" aufzubauen.

Alicia Kozameh war fünf Jahre lang mit dem bekannten argentinischen Schriftsteller David Viñas liiert. Dazu schreibt sie mir in einem Brief vom 9. August 1990: „Es stimmt, was Du sagst über die Häufigkeit von Verhältnissen von jungen Autorinnen mit älteren Partnern. Ich glaube, daß die Vater-Tochter-Beziehung seltener ist als die einer Meister-Schülerin-Beziehung. Ich werde Dir auch sagen, warum: Weil diese unverantwortlichen, verspielten, kindischen, vergeßlichen, machistischen Schriftsteller schwerlich die Vaterrolle auf sich nehmen, nicht einmal bei ihren eigenen Kindern. Aber daß sie ungeheuer viel wissen und einem jungen Ding mit Hang zur Poetin etwas beibringen können, wie naiv von dem armen Ding, denn was man in Wirklichkeit von ihr erwartet, ist, das Geschirr abzuwaschen und mir das Hemd zu bügeln für den Vortrag, den ich morgen halten muß, das schon, oh ja, das klingt viel hübscher, viel bequemer. Und natürlich sind sie unter diesen Bedingungen immer die Mütter ihrer ‚Meister'. Bei David war ich davor auf der Hut. Daher habe ich nie in einem Haushalt mit ihm zusammengelebt, und den Schlüssel zu meiner Wohnung hatte nur ich, und ich habe ihm meine Tür nur aufgemacht, wenn ich wollte, und nie habe ich irgendetwas im Haushalt angerührt, und nie hab' ich ihn gefragt, ob ihm gefalle, was ich schrieb; das hat ihn übrigens auf die Palme gebracht, er nannte mich unverschämt, waghalsig, allzu unabhängig, und er gestand mir – ganz unter uns natürlich –, daß er vor mir als Schriftstellerin Angst hatte, und zwar in der Hinsicht, daß ich für ihn die schlimmste Konkurrenz war. [...] Ich erinnere mich an seine Worte: ‚Und obendrein erdreistest du dich noch, besser zu schreiben als ich...!'"

Über ihre Schwierigkeit, sich „gut zu verkaufen", schreibt mir Alicia Kozameh in einem Brief vom 16. Mai 1990:

„Für mich ist es ein Alptraum, einen Titel für ein Buch zu finden: Jedesmal wenn der Augenblick kommt, mich zu definieren, habe ich merkwürdige Träume, ich laufe nervös herum und wende mich an Freunde um Hilfe, die schließlich und endlich Ideen (und Entscheidungen) beisteuern. [...] Du weißt, ich bin langsam, lethargisch, unfähig und bekomme Anfälle Sartreschen Ekels, wenn es darum geht, mein Produkt zu verkaufen."

Auf die Frage, für welches Publikum sie schreibt, antwortet Alicia Kozameh in einem Fragebogen (Juni 1989):

„Erstens einmal ist Schreiben für mich fast eine physiologische Notwendigkeit. Wie Essen, aufs Klo gehen, sexuelle Beziehungen pflegen. Wenn mich niemand läse, würde ich trotzdem weiterschreiben, kein Zweifel. Wo ich aber weiß, daß ich gelesen werde, schreibe ich, damit mich alle lesen, egal wer. Je mehr Leser, desto besser. Mein Roman *Pasos...* ist in erster Linie entstanden, weil ich mich selbst nicht aushalte, wenn ich nicht schreibe. Und in einer mehr oder weniger annähernden Rangordnung: Um meine Komplizenschaft mit den Compañeras, die mit mir zusammen gefangen waren, unter Beweis zu stellen; damit die argentinischen Militärs vor Wut platzen. Damit wir, die wir die Repression in der einen oder anderen Form erleben, sie in unserem Geist auf einen Nenner bringen können; damit die, die nichts sehen wollten, etwas sehen. Aber ich habe nicht einfach einen Dokumentarbericht geschrieben: Über all das hinaus habe ich Literatur gemacht."

Auf die Frage: „Hast Du im Verlagswesen spezifische Erfahrungen – positiver oder negativer Natur – gemacht, die Du auf die Tatsache zurückführst, daß Du eine Frau bist?" antwortet sie ebenda:

„Ja, negative Erfahrungen, ausgenommen beim letzten Mal, wo mein Buch publiziert wurde. Und zwar den Versuch der Verleger, daß die Schriftstellerin, sofern sie jung ist, erst einmal unter ihren Beinen durch muß, bevor sie überhaupt daran denken kann, verlegt zu werden. Beim geringsten Verdacht auf mögliche einschlägige Andeutungen habe ich mich vom Verlag zurückgezogen. Nie hätte ich eine Veröffentlichung ‚erkauft'. Alles kommt einmal. Das schon: Man muß so gut wie möglich schreiben."

Werke:

Pasos bajo el agua. Buenos Aires: Contrapunto, 1987 (autobiographischer Roman über die Folter in Argentiniens Gefängnissen; das fünfte Kapitel erhielt 1986 den „Premio Crisis" in Argentinien).

Daneben zahlreiche Artikel sowie (frühe) Lyrik in diversen Zeitschriften.

Unveröffentlichte Werke:

El séptimo sueño (Roman).

Como patas de avestruz (Roman).

Lyrik, ein Drehbuch zu *Pasos bajo el agua.*

Soeben (Februar 1991) hat sie für einen kubanischen Verlag ein poetisches Statement über ihr Schreiben und dessen Ursrpünge verfaßt.

Alicia Kozameh

Wie Straußenfüße

Für Hugo Hirsch

Was ist denn das Violettes, was da am Boden liegt, schaut aus wie ein zerknülltes Papier, aber ein zerknülltes violettes Papier ist doch merkwürdig, normalerweise sind die Papiere, die auf der Straße liegen, nicht violett, sondern grau, von Zeitungen, von zerrissenen nassen Heften. Wo man fast keine Zeilen mehr sieht.

Was ist denn das Violettes. Ich will nicht hingehen schauen. Ich will von hier aus, von der Tür aus draufkommen.

Da ist auch etwas Graues daneben, ein Bausch wie ein Knäuel mit verwickelten Fäden. Eine Matratze. Jemandem ist eine Matratze zerplatzt. Oder eine Puppe.

Ich werde müde bei dem Gedanken, daß ich womöglich bald draufkomme. Es macht mir Angst, und ich werde schläfrig davon. Am besten mach' ich die Augen zu. Ich mach' die Augen zu und drücke sie fest und sehe leuchtende goldene Punkte, alles schwarz und Striche und Punkte wie Sterne.

Wie kann ich sie nur sehen, wo ich doch die Augen zu habe. Wo sind sie. Drinnen in meiner Stirn. Meine Stirn ist innen schwarz, mit goldenen Lichtern. Wer sieht sie. Ich seh' sie nicht: Hab' doch die Augen zu. Jemand, der in mir drinnen ist, sieht sie, in meinem Kopf, und erzählt es mir von innen her. Er erzählt es mir, und ich hör' es, und dann versteh' ich es in Farbe. Ich denke es jetzt und fühle es vorher und jetzt. Ich muß die Schwärze fühlen, die sternenbedeckte Schwärze meiner inneren Stirn.

Ich fühle es jetzt. Und ich fühle es vorher, mit meinem einen Meter Körpergröße und der Feuchtigkeit in meinen noch unfertigen Achseln, die von Minute zu Minute ihre endgültigen und lächelnden Höhlungen erlangen.

Es rieselt mir durch die Äderchen in meinen Augen.

Ich mach' sie auf, hebe die Augenlider und schreie innerlich, um mir die Lust zu verkneifen, hinzuschauen, hinzulaufen zu dem violetten Papier und es anzusehen.

Ich will, daß es sich auflöst. Es soll verschwinden. Es macht mich noch verrückt.

Mir kommt vor, es glänzt. Es glänzt, und um es nicht zu sehen, muß ich die Augen zumachen und springen, die Augenlider fest zugedrückt, die Hände geballt, bis die Fingernägel ins Fleisch schneiden, hüpfen, das Kinn gegen die Brust, die Gurgel – meine Mama sagt Kehle – aufblasen, die Ohren mit aller Kraft zuhalten, bis es innerlich dröhnt, springen, schreien, ohne einen Ton von sich zu geben, schön still und laut brüllend. Innerlich.

Ich werde müde und bleib' stehen und vergesse drauf. Meine Augen gehen langsam auf. Da seh' ich das violette Papier und das, was wie Watte oder Fäden ausschaut. Ich möchte davonrennen. Mit dem Kopf gegen etwas Hartes schlagen.

Es ist besser, wenn ich langsam gehe. Schön langsam. Ich mach' ein Auge zu, das rechte, und sehe nichts als mein linkes Bein. Ich gehe mit einem Fuß. Nur mein linker Fuß bewegt sich, und der andere ist nicht mehr da. Ich bin ein Vogel Strauß mit rot- und grünkariertem Röckchen. Ich gebrauche nur ein Bein und ein Auge. Ich bin ein echter Vogel Strauß. Nicht wie die in Wirklichkeit, bei denen es nur das Bein ist, von dem sie nur eines gebrauchen. Der, der ich bin, verwendet auch ein Auge weniger. Das sind Straußenvögel: die so sind wie ich. Nicht die echten, die vielleicht vierjährige Mädchen sind, die still aufschreien, wenn sie ein violettes Papier sehen und die eine Schwester haben mit Straußenbeinen. Beine wie Straußenfüße.

Ich gehe dahin und schiele auf die Straße, auf den Straßenrand, den Gehsteigrand, um zu sehen, wie weit ich noch von dem violetten Papier weg bin. Ich kann es nicht sehen, denn jetzt hab' ich ja das Auge zu, wie der Vogel Strauß. Ich sehe meine linke Hand, die Finger, die kurzen Fingernägel kann ich sehen.

Meine Mama schneidet mir die Fingernägel und verwendet dazu die große Schere, um nicht danebenzuschneiden, sagt sie, aber ich versteck' mich unter dem Bett, denn manchmal kommt Blut aus den Nägeln oder aus dem Fleisch rundherum. Mir kommt vor, weil die Schere so groß ist, aber Mama merkt es nicht. Es ist die Schere zum Stoffezuschneiden, und immer, wenn ich das Jujuju, Jujuju von weitem höre, dann rennt meine Mama mit der Schere in der Hand auf den Gehsteig hinaus, um auf den Mann zu warten, der mit einem Fahrrad daherkommt, wo ein Rad nach oben schaut, das Funken sprüht, wenn es sich dreht, und dann gibt er meiner Mama die Schere zurück, die jedesmal besser schneidet.

Ich weiß nicht, was der Herr, der die Scheren schleift, eigentlich arbeitet, weil er vertut doch den ganzen Tag auf dem Fahrrad. Da bewegt er die

Beine, als würde er treten, aber er fährt ja nicht einmal. Den ganzen Tag am selben Fleck. Sie bringen ihm Messer und Scheren, und er gibt sie geschliffen zurück, und die ganze Zeit trödelt er dort herum, ißt nicht und schläft nicht.

Vielleicht arbeitet er nicht, wozu denn auch, wo er doch letzten Endes gar nichts ißt, und vielleicht schläft er nicht, wozu denn auch, wo er doch nichts arbeitet, und wovon sollte er denn da müde werden.

Der Onkel von der Graciela, von der ehemaligen Graciela, jetzt ist sie's ja nicht mehr, schneidet sich die Nägel nicht. Er muß wohl kein Freund von dem Scherenschleifer sein. Wahrscheinlich hat er keine Schere zum Schneiden. Er schneidet sich die Nägel nicht, aber er wäscht sie, weil sie sind nicht so schwarz wie meine, wenn ich mir die Hände nicht wasche.

Ich will die Augen zumachen, um es nicht zu sehen.

Ich will schauen, ob ich mit gesenktem Kopf und geschlossenen Augen gehen kann. Ob ich über das Papier drüber komme, ohne in den Baum hineinzulaufen. Vielleicht, wenn ich dann die Augen wieder aufmache, ist das Papier schon hinter mir, und ich seh' es gar nicht mehr. Hoffentlich.

Ich gehe mit fest zugedrückten Augen, die Augen gegen den Nacken gepreßt. Ich muß meinen inneren Nacken spüren, der von meinen Augäpfeln gedrückt wird, ich muß es vorher spüren und jetzt. Vorher, wenn ich meine Milchzähne aufeinanderpresse und presse, bis das Zahnfleisch blutet, um die Besessenheit meiner Augenlider noch zu verstärken, die mich gepackt hat, und das Klopfen in meiner Brust, zu dem noch andere Besessenheiten dazukommen. Und jetzt, wenn ich manchmal vom Schlaf, der mich überkommt, halb blöde bin und die Augenlider senke.

Ich werde hier stehenbleiben, wo ich bin. Ich rühr' mich nicht mehr weg. Still, jetzt ist es genug. Und ich mache die Augen auf. Ich dreh' mich zur Wand und mache sie auf. Langsam.

Sicher ist es eine gelbe Wand, die aber nicht gelb ist. Sie muß ausschauen wie abgeschälte Butter. Nein, die Butter hat doch keine Schale. Also dann ranzige Butter. Mit grünem Schimmel. Das klingt komisch. Und doch kommt mir vor, das gibt es.

Ich werde hier stehenbleiben. Gleich seh' ich die Wand. Ich hab' mich geirrt: Sie ist nicht gelb und auch nicht abgeschält. Sie ist grau, ohne Bemalung, wie mit Millionen von Zacken, wie eine riesige Feile. Weil immer wenn wir dort spielen, schürfe ich mich auf. Schramme mir die Haut von der Hand. Dort, wo die Finger sich abbiegen.

Was mach' ich jetzt. Soll ich mich umschauen oder steif und fest stehenbleiben. Ich hab' mich in der Wand geirrt. Bin zu weit gegangen. Zwei Häuser zu weit. Das von Oskar und das vom Fischer. Und das hier ist die Wand vom Haus von Graciela. Nein, nicht von Graciela: von ihrer Mutter und ihrem Onkel.

Graciela war früher einmal Graciela. Jetzt ist sie nichts mehr, sagen sie. Filomena hat gesagt, daß es sie jetzt nicht mehr gibt. Die beiden Alten von gegenüber sagen, sie ist jetzt eine Seele. Der Onkel sagt, sie ist schon noch etwas, aber er sagt nicht was. Aber er hat mir erzählt, daß sie im Himmel ist und dort bei einer wohnt, die Jungfrau Maria heißt, weil sie ja auch Maria heißt: Graciela Maria. Oder weil sie auch Jungfrau heißt. Weil sie sieben Jahre alt ist. Meine Mama sagt: war. Weil sie doch gestorben ist. Und das stimmt, denn so viel man sie auch suchen mag, sie ist nicht da. Und ich hab' sie nicht weggehen sehen. Nein. Was ich gesehen habe, war der weiße Sarg, wie sie ihn in die Kutsche gehoben haben, der Onkel und der Nachbar von nebenan, der Fischer. Die Pferde haben ihre Hufe bewegt und mich verstohlen angeschaut. Sie war drinnen im Sarg.

Sie hatte keine Leber. Schon seit langem ist sie nicht mehr zum Spielen herausgekommen, weil sie die Leber auskotzen mußte. Und davon ist sie so müde geworden, wenn sie wieder ein Stückchen weniger hatte, daß sie sich ins Bett gelegt hat. Es hat sie so angestrengt, sie herauszukriegen. Ich weiß nicht, ob sie faschiert oder ganz herausgekommen ist. Wahrscheinlich faschiert, weil wie kriegt man denn ein so großes Stück beim Hals heraus. Da wär' sie doch erstickt.

Das violette Papier. Was soll ich nur machen.

Es starrt mich an. Das violette Papier starrt mich von hinten an. Es hat Augen und bohrt sie mir in den Rücken. Es hat blaue Augen, das violette Papier. Blaue, und sie bewegen sich. Sehr klein sind sie.

Ich muß wohl den Blick von dem zerknüllten Papier spüren, als plötzlich die Buchstaben meines Namens einer nach dem andern in mein Ohr dringen.

Für einen Augenblick muß ich die Augen des Papiers vergessen, muß ich Vorher und Jetzt vergessen, als ich mich nach der Richtung der Buchstaben umdrehe und das lange, zahnige Gesicht des Onkels von der Graciela sah, sehe, von der mit der Leber, der ohne Leber, wie er mir sagt, wie er mich zwingt, hinzuhören: *Spielst du? Du spielst doch gar nichts. Man muß doch spielen.* Und ich muß mich anstrengen, diese Figur in den Fensterrahmen hineinzukriegen, in das Fenster mit holzeingefaßten Flügeln und Scheiben mit Vorhang aus weißem Stoff mit weißen Tüpfchen, ich muß in diesen Rahmen den Onkel hineinkriegen, diesen ganzen Onkel mit weißem Hemd und mit Armen.

Man muß doch spielen, und du spielst nichts. Ich sage, *aber doch spiele ich,* sagt er *was denn,* und ich antworte, *ich spiele, das violette Papier nicht anschauen, das da auf der Straße liegt.*

Ich muß es wohl fühlen, ich fühle es, vorher, als er mich ernster anblickte, ich fühle es jetzt, als er die Augen weniger offen hat und ich seine Zähne nicht mehr sehen kann, weil er den Mund halb zugemacht hat und mich anschaut. Und er fragt mich, ladet mich ein, *spielst du mit mir?* Und da verschwindet er, und die Fensterflügel bewegen sich langsam aufeinander zu, bis sie beisammen sind.

Kein Onkel mehr. Das violette Papier starrt auf meine Schultern. Ich muß es spüren, ich muß diese blauen Augen spüren, wie sie meine Schultern beunruhigen, als mich die aneinandergereihten Buchstaben rufen *komm' in die Garage spielen,* und ich schaue hin, und eine Hälfte des Tors geht auf, und da erscheinen das weiße Hemd und ein Stückchen einer grauen Hose. *Komm, komm nur, du hast doch mit Graciela auch hier drinnen gespielt.*

Jetzt werd' ich sie vielleicht sehen. Vielleicht ist sie da zwischen den alten Zeitungen und sucht Zeichnungen heraus, die sie mit Wachskreiden anmalen kann. Irgendwann muß sie zurückgekommen sein, irgendwer hat sie gebracht. Der Onkel hat mir nichts davon gesagt, aber vielleicht stimmt es. Mir kommt vor, das wäre möglich. Immer noch drehe ich der Straße den Rücken zu. Ich beginne, auf das Tor zuzugehen.

Ich sehe nichts, alles ist jetzt durchsichtig neben mir und vor mir, ich sehe nur den Onkel, wie er mich mit weißem Gesicht und Händen anschaut. Ich gehe über die Steinfliesen des Gehsteigs, ohne sie zu sehen, ich zähle sie nicht und spiele auch nicht Himmel und Hölle ohne Kreidestriche, ich gehe, ohne an etwas anderes zu denken als an das Gesicht von dieser grauen Hose.

Er hat Haare auf den Armen, aber nicht so wie ein Tausendfüßler. Man sieht bei ihm mehr das Weiße als die Striche von den Haaren. Die Haare auch, aber sie sind wie Zeichnungen auf dem Weißen. Es sind sehr wenige Haare, nicht so wie die Arme von meinem Papa, bei dem sieht man nämlich die Haut gar nicht mehr.

Auf den Händen hat er kein einziges.

Er schaut mich weiß an, und ich gehe in die Garage hinein, und er sperrt die Tür ab. Da ist eine Puppe in einer Nische in der Mauer, eine mit einem langen Kleid mit einem Baby, einem Baby, das so merkwürdig dreinschaut, mit Augen wie ein Großer. Unten hat ihm der Onkel Blumen hingestellt, und mir kommt vor, diese Puppe ist erst da, seit Graciela nicht mehr da ist.

Das Gesicht sagt, *komm her*, und die grauen Hosen gehen von der großen abgesperrten Tür bis zur Wand, und der ganze Onkel bleibt dort stehen mit dem Rücken zur Ecke und schaut mich an, und die Augen, die er hat, sind braun.

Die Puppe gefällt mir nicht. Sie hat viel Gewand an, ganz voller Gold.

Der Mund sagt mir *komm*, und ich gehe hin, gehe langsam, ich weiß nicht, wozu ich eigentlich in die Ecke gehe, und doch geh' ich, in der Ecke steht der Onkel von der Graciela, der mit der Leber, und ich gehe, und der Onkel bewegt die weiße Hand, die sauber ist, und ich sehe, daß er einen Knopf von der grauen Hose aufmacht, er sagt komm und macht noch einen auf, und ich komme, ich gehe, ich glaube, jetzt macht er noch einen Knopf auf und sagt komm nur, komm, da siehst du was Schönes, ich weiß, daß er haben will, daß ich meine Hand hineinstecke, die jetzt nicht schmutzig ist, in die graue Hose, damit ich das angreife, was er da drinnen hat.

Er sagt komm, und ich komme, und da packt er mich bei einer Hand, und ich geb' ihm beide, und er steckt sie mir in die Hose. Und da greif' ich es an. Ich greife es an, und was da drinnen ist, ist glatt und weich, aber es wird immer größer, ich habe beide Hände drinnen, aber sie reichen nicht aus, weil es immer größer wird, je mehr ich packe, ich brauche noch eine Hand und noch eine, aber ich hab' nur zwei, und ich möchte mehr Hände.

Die Puppe hat auch zwei Hände. Kommt mir vor.

Und ich seh' jetzt nicht mehr das Gesicht vom Onkel mit der Leber, ich schaue in die Hose hinein, und da muß er wohl merken, daß ich es sehen will, und steckt die weiße Hand hinein und holt alles aus der Hose heraus, was da so plötzlich gewachsen ist, und jetzt kann man es leichter anfassen und zum Gesicht hingeben, zu meiner Nase, ich weiß, daß ich gerne den Mund aufmachen möchte, den Mund will ich aufmachen, ich mag den Mund nicht zu haben, und da mache ich den Mund auf, und ich weiß, daß es den Onkel schüttelt, er springt gegen die Wand und nimmt mir alles weg und steckt alles in die Hose, was vorher so etwas war und jetzt ist es etwas anderes, und er nimmt mir alles weg, weil es geläutet hat, es hat an der Tür geläutet, und Rufe dringen herein, *Alcira*, Rufe, die sagen *Alcira, bist du da*? und der Onkel knöpft sich hastig und ernst die Hose zu und macht die Garage auf, und meine Mutter sagt zu mir *Kind, warum versteckst du dich, wo ich dich nicht sehen kann*, und ich komme heraus, *gehen wir*, und ich gehe neben ihr dahin, ein bißchen weiter hinten.

Auch jetzt zähle ich die Gehsteigfliesen nicht.

Alles ist durchsichtig außer meiner Mutter, außer meiner Mutter, die mit harmonischen, schweren Schritten die Hüften wiegt. Aber ich weiß, daß sie versucht, einen leichteren, eleganteren Schritt zu finden, der zu ihrem jüngsten Triumph paßt, von dem sie gar nichts weiß.

Meine Mutter schubst mich, sagt *gehen wir* mit den Händen, mit den Fingernägeln, ich gehe und sehe das violette Papier, und wenn ich es nicht sehe, so weiß ich doch, daß es da liegt und mich anstarrt.

Ich gehe ins Haus und laufe den ganzen Gang entlang, fast tanzend.

Ich muß laufen und tanzen, ich muß es spüren, vorher und jetzt, ich muß die Augen meiner Schwester mich vom Fußboden her anstarren fühlen, ich muß meine Mutter sagen hören, *da ist sie, ich hab' sie erwischt, ich hab' sie dir gebracht*. Mariana hängt ein Speichelfaden herunter, der ihr aufs Knie tropft, und sie sieht mich kommen mit ihrem breiten Mund und ihren großen Zähnen, Spachteln, sagt mein Papa, ich lache, und mir ist zum Heulen, ich muß einen Sprung machen von der warmen Hose zum kalten Speichel meiner Schwester, ich weiß nie, was für Spachteln er meint, sie streckt die Hand aus, sie sieht mich, ich schau' sie an, ich muß es spüren, ich muß dieses Wachsen behalten, während ich die Arme von Mariana sehe und einen Geruch entdecke in den Winkeln, die meine Finger bilden, ein weißer Vorhang mit weißen Tüpfelchen, lange und saubere Fingernägel, der Speichel meiner Schwester in der Luft erstarrt, das violette Papier, die blauen beweglichen Augen, die mir auf dem Rükken und dem Hals herumtanzen, auf den Fingern, in den Ohren.

Und der Bauch, der mich wie Ameisen im Hals kribbelt. Und der Onkel von der Graciela, der da ist, sie nicht, aber er schon, und von dem mir vorkommt, auch er ist unter all den Ameisen, wie er da steht in der Garage.

Auszug aus ihrem unveröffentlichten Roman Como patas de avestruz. Vorabdruck als Erzählung in der Zeitschrift Fin de siglo, Nr. 12 (Juni 1988).

Conny Rojas Sanín

(Kolumbien)

Conny Rojas Sanín

Sie ist in Medellín (Kolumbien) geboren, das Datum ist für sie – wie sie sagt – unwichtig.

Conny – in ihrem bürgerlichen Namen Consuelo, hat Abitur und arbeitet in der Werbebranche sowie als Agentin für junge Künstler, v. a. Maler. Sie ist geschieden und hat zwei Töchter.

Über die Stätten ihrer „literarischen Ausbildung" sagt sie: „Die Universität des Dichters: das Leben selbst." Sie hat an den seit fünf Jahren stattfindenden, von Agueda Pizarro de Rayo und deren Gatten initiierten LyrikerInnen-Treffen „Encuentros de Poetas Colombianas" in Roldanillo (Kolumbien) teilgenommen; zur Zeit werden ihre Gedichte ins Englische und Russische übersetzt.

Als „wichtigste Ereignisse in ihrem Leben" erwähnt sie: „Im Schmerz eines Verses auszudrücken, was der sublime Akt bedeutet, jemanden zu lieben, den zu lieben einem aufgrund der von der Gesellschaft auferlegten Gesetze verboten ist. Diese Gesellschaft zwingt mich dazu, in subtiler und irreverenter Form Schritt für Schritt zurückzulegen, schweigsam und schwerelos, den Schrei einer Frau und Dichterin ausstoßend!" (Fragebogen, März 1990). Ihr „Freund und Komplize in allem", Jorge Aníbal Gómez O., schreibt über sie: „Da kommt sie, immer gegen den Strom schwimmend, als ob sie ein ‚falsch verstandenes Gesetz der Schwerkraft' herausfordern möchte. Sie ist die andere Frau, irreverent und exzentrisch, die in den Nächten den Mond sucht, auch noch unter den bedeckten Himmeln, wo Jazz erklingt, wieder und wieder, Vivaldi, Tango oder die kubanische Nueva Trova. [...] Sie zu definieren, heißt, sie in Schablonen zu pressen. Sie verweigert jede Registrierung. Daher hat sie keine literarische Gattung und keine Metrik, wohl aber Kadenz und Wohlklang, denn sie ist wie ein Resonanzkasten, der Klagen und Sehnsucht, Lachen und geflügelte Musik von sich gibt. Das ist Conny Rojas Sanín, Kolumbianerin, Frau und Dichterin, fruchtbare Schriftstellerin, die fühlt und lebt, was um sie herum und in ihrem Inneren vor sich geht, eine Frau mit der Aureole des Mondes, von Liebe durchbohrt; sie meidet den akademischen Betrieb, obwohl sie ihn mag [...]. Eine Dichterin, die leidet und schreit, liebt und schweigt, schreibt und lebt, genießt, dahinwandelt und wächst, wie der Mond in seinen Phasen." (5. Juni 1990)

In einem Brief vom 17. April 1990 schreibt mir Conny Rojas Sanín:

„Wie ich Ihnen schon gesagt habe, zähle ich es zu den wichtigen Ereignissen meines Lebens, daß ich dem erotischen Gehalt meiner Gedichte Form verleihen konnte, und das in einem Werk, das man in seinem Kontext gewagt nennen könnte, denn das kolumbianische Milieu verpflichtet mich dazu, irreverent zu sein, auch den Frauen gegenüber, die sich vor allem davor fürchten, ihre Gefühle gegenüber dem Erotismus auszudrücken...".

Und in einem Brief vom 5. Juni 1990 erläutert sie weiter:

„Was meine Meinung über die Behandlung erotischer Themen in der Lyrik durch kolumbianische Schriftstellerinnen betrifft, so könnte ich sagen, daß wir mitten in einer konservativen Gesellschaft leben, wo die Frau eine gewissermaßen schamhafte Einstellung gegenüber allem hat, was sie umgibt. [...] Sie fürchtet das Gerede der Leute. Anders gesagt, was ich möglicherweise in meinen Gedichten ausdrücke, ist ein Wagnis, nämlich das zu sagen, was viele dem Ehemann nicht schreiben, denn... wozu kann einen eine eingefahrene Beziehung schon inspirieren? Und wenn sie es vielleicht einem Liebhaber schreiben, dann heißt es: Was werden die Leute sagen? [...] Daher glaube ich, daß dieses jüngste Werk mit meinen erotischen Gedichten wirklich eine Ohrfeige für diese Schablonisierung darstellt."

Über die gröbsten Hindernisse auf ihrem Weg als Dichterin schreibt Conny Rojas Sanín (Fragebogen, März 1990):

„Die schwierigsten Hindernisse sind eigentlich die des Verlegens gewesen, da es an und für sich schon kompliziert und kostspielig ist. Ein wenig auch das Milieu; aber dies glaube ich bereits überwunden zu haben, tagtäglich all diese Barrieren zu überwinden, welche uns die Gesellschaft von sich aus auferlegt, wo eigentlich die schreibende Frau sehr wenig Anerkennung findet..."

Werke:

Lunas y duendes. Medellín: Editorial Sánchez Angel, 1988 (^{2}1989; Lyrik).

El sol en azul bajo las noches rubias. Medellín: Editorial Cosmos, 1989 (Lyrik).

Unveröffentlichte Werke:

El último poeta de la fila (Lyrik).

El Sol en Azul bajo las noches rubias

Hacia el Edén

1

Invítame
a soñar contigo,
sobre un lecho
de amapolas.

2

Quiero soñar
con esos tus ojos
trasnochadores,
abiertos al infinito
misterio de la noche.

3

Seremos un sólo éxtasis
que nuestros cuerpos
con los poros
abiertos al amor
transpiren ese fuego
ardiente, y húmedo
a la vez.

4

Que una luz,
lo inunde todo;
y las figuras
desnudas,
hechas con la
magia de tus manos,
cobren vida.

Conny Rojas Sanín

Sonne in blau unter blonden Nächten

Gen Eden

1

Lade mich ein,
von dir zu träumen,
auf einem Bett
von rotem Mohn.

2

Träumen will ich
von diesen deinen Augen,
den nachtschwärmerischen,
offen für das unendliche
Geheimnis der Nacht.

3

Eine einzige Ekstase laß uns sein,
unsere Körper,
die ihre Poren
geöffnet der Liebe,
ausschwitzen dieses lodernde
Feuer, das feucht ist
zur gleichen Zeit.

4

Möge ein Licht
alles überfluten;
und die Figuren
nackt,
erschaffen von der
Magie deiner Hände,
zum Leben erwachen.

5

Hagamos una fiesta.
formemos una orquesta;
un saxo, un violín,
un piano, una flauta
encantada;
y en una sensual
y cadenciosa danza,
todas tus ninfas,
formen una ronda
en torno a ti.

Al galope hacia la luna

1

La magia del vino
y tú
potro mío!
mi unicornio
nocturnal…

2

Ofrendemos
nuestras copas, cabalgando;
exportemos, cabalgando,
la magia del vino.
Cabalgando…

3

Así! Así!
al galope!
hacia la luna!

5

Machen wir ein Fest.
Bilden wir ein Orchester;
ein Saxophon, eine Geige,
ein Klavier, eine Flöte,
Zauberflöte;
und in einem sinnlichen
und rhythmischen Tanz
laß alle deine Nymphen
einen Liebesreigen bilden
rund um dich.

Aus: Lunas y Duendes.Poemas. Medellín: Editorial Sánchez Angel, 1988.

Im Galopp dem Mond entgegen

1

Die Magie des Weins
und du
mein Fohlen!
mein Einhorn,
nächtlicherweile...

2

Bringen wir dar
unsre Kelche, im Galopp;
exportieren wir, im Galopp,
die Magie des Weins.
Im Galopp...

3

Nur zu! Nur zu!
im Galopp!
dem Mond entgegen!

potro mío,
mi unicornio
nocturnal!

Elixir

1

Fueron sus besos
de vino tinto;
uno, a uno,
desgajados
del racimo
de su cuerpo…

2

Y fueron
sus brazos
derramados
como clámides
de heno…

3

Y fuí…
un quejido
bajo su cuerpo;
fuí… un suspiro…
un escalofrío…
un silencio…

4

Y fuimos,
un elixir de piel…
y de vino…
un aliento!

mein Fohlen,
mein Einhorn,
nächtlicherweile!

Elixier

1

Es waren seine Küsse
von rotem Wein;
einer nach dem andern
losgerissen
von der Traube
seines Körpers...

2

Und es waren
seine Arme
hingegossen
wie Chlamyden
aus Heu...

3

Und ich war...
ein Stöhnen
unter seinem Körper;
ich war... ein Seufzer...
ein Erschauern...
ein Schweigen...

4

Und wir waren
ein Elixier aus Haut...
und aus Wein...
ein Hauch!

Aus: El Sol en Azul bajo las noches rubias. Medellín: Editorial Cosmos, 1989.

Carmen Boullosa

(Mexiko)

© Carlos Franco

Carmen Boullosa

Geboren in Mexico-City am 4. September 1954.

In einer katholisch-bürgerlichen Familie zusammen mit acht Geschwistern aufgewachsen, verlor Carmen Boullosa sehr früh ihre Mutter, ein einschneidendes Erlebnis, das sich auch in ihren literarischen Werken wiederspiegelt. Begonnene Studien der Spanischen Philologie an der Universidad Iberoamericana und der UNAM hat sie zwar nicht beendet, doch arbeitete sie zeitweise als Literatur- und Sprachlehrerin an verschiedenen Schulen. 1977 erhielt sie das Lyrikstipendium „Salvador Novo", sowie zwei Jahre später ein Stipendium des Instituto Nacional de Bellas Artes und des Fondo Nacional para Actividades Sociales. Aus dem Englischen übersetzte sie 1979 *Three Women* von Sylvia Plath für die Universidad Autónoma Metropolitana in Mexico-City. Weiters hat sie in diversen Zeitschriften als Lektorin bzw. in der Werbeabteilung mitgearbeitet. 1980 gründete sie den Druckworkshop Tres Sirenas, in dem künstlerisch gestaltete, von Hand gearbeitete Bücher sowie private Druckwerke hergestellt werden. Für die Kulturabteilung des Staatlichen Fernsehens schrieb sie wiederholt Drehbücher. 1980 erhielt sie ein Stipendium des Centro Mexicano de Escritores, wo sie unter der Anleitung von Juan Rulfo, Salvador Elizondo und Francisco Monterde ihren ersten Roman *Mejor desaparece* schrieb, eine phantastische Aufarbeitung ihrer Kindheitstraumata.

Seit 1983 betreibt sie in dem Künstler- und Intellektuellenviertel Coyoacán in Mexico-City ein Theater und Kulturzentrum mit dem Namen „El hijo del cuervo". Zuletzt war sie Gastprofessorin („distinguished lecturer") am Department of Spanish and Portuguese der San Diego State University. 1990 erhielt sie den renommierten Literaturpreis „Xavier Villaurrutia" (den 35 Jahre zuvor Juan Rulfo und Octavio Paz erhalten hatten).

Nach eigenen Angaben hat sie noch acht unveröffentlichte Bücher in der „Schublade"; zur Zeit arbeitet sie an einem Roman über Piraten in der Kolonialzeit sowie an einem Essayband über zeitgenössische lateinamerikanische LyrikerInnen.

Auf die Frage „Hast du beim Schreiben deine spezifische Situation als Frau im Auge?" antwortet Carmen Boullosa in einem Interview, das sie mir am 26. Juli 1989 in Mexico-City gegeben hat:

„Nein, überhaupt nicht. Aber ich weiß auch nicht, wie die Männer sind, ich habe nicht die leiseste Ahnung, ich verstehe sie nicht, und sie sind mir auch nicht sonderlich sympathisch. Ich habe zwar viele Freunde, aber dies mehr in intimen Belangen – und ich könnte auch nicht mit einer Frau zusammenleben, ich könnte keine affektive Beziehung zu einer Frau eingehen, mit einem Mann schon... – Aber die Männer verstehe ich einfach nicht, ich weiß nicht, was sie eigentlich sind. Die Männer sind immer auf ihr Territorium bedacht, letzten Endes sind sie wie Hunde, die... [*lacht*]. Ich denke also beim Schreiben nicht daran, daß ich eine Frau bin, das ist mir völlig schnuppe, aber ich kann nur von dieser Seite aus schreiben, denn die andere..., ich möchte nicht auf ihre Seite hinüberspringen, ich habe nicht das geringste Interesse daran, ihr Territorium kennenzulernen. Abgesehen von ganz wenigen Situationen, ist mir das kein Anliegen, nicht einmal in der Welt der Liebesbeziehungen reizt es mich, mehr darüber zu erfahren, das ist eine andere Welt, in der ich eher Befriedigung erfahre."

Auf die Frage, ob es ihrer Meinung nach so etwas wie eine „weibliche Leseweise" gebe, antwortet Carmen Boullosa (Fragebogen) 1989:

„Natürlich gibt es eine ‚weibliche Leseweise'. Sie würde einem Lesen entsprechen, das den Text mit der Intelligenz erfaßt, aber gleichzeitig auch sich hingibt, sich leidenschaftlich erregt, sich aus dem Gleichgewicht bringen läßt: ein Lesen, das erkennt, daß in den literarischen Manifestationen die Realität auf dem Spiel steht. Für mich ist wertvolles Lesen – so wie sich's gute Literatur verdient – ein weibliches Lesen."

Werke:

El hilo olvida. México: La máquina de escribir, 1978 (Lyrik).

La memoria vacía. México: Taller Martín Pescador, 1978 (Lyrik).

Ingobernable. México: UNAM, 1979 (Lyrik).

Lealtad. México: Taller Martín Pescador, 1980 (Lyrik).

Abierta. México: Colección Práctica del Vuelo, 1981 (Lyrik).

Cocinar hombres. México: Edición de La Flor de otro día – Taller Tres Sirenas, 1985 (Theater).

La Midas. México: CIDCLI, 1986 (Erzählungen für Kinder).

Mi versión de los hechos. México: Arte y Cultura Ediciones, 1987 (Theater.)

Mejor desaparece. México: Editorial Océano, 1987 (Roman.)

Teatro herético. Puebla: Universidad Autónoma de Puebla, 1987 (Theaterstücke).

La salvaja. México: Taller Martín Pescador, 1988 (Lyrik).

Antes. México: Vuelta, 1989 (Roman).

La salvaja. México: Fondo de Cultura Económica, 1989 (Lyriksammlung).

Für Kinder hat sie eine Schallplatte mit dem Titel *El pequeño pirata sin rabia* herausgegeben.

Llanto, novelas imposibles. Caracas: Monte Avila, 1991 (Roman).

La Salvaja

Abierta

I

Filo de luz,
fruta abierta que la noche
vuelves fuego
y que a la llama cambias en fresco sentido:
llego a buscar tu aliento,
más sedienta:
pozo de amor que me asombras,
cántaro del día.

VI

Noches de velos ariscos, tus ojos:
mi carne, toda un lento eyacularse,
frente a ellos se muere,
se cierra más allá del tacto,
se niega toda puerta,
y como un misterio te encuentra,
dentro de sí,
oración milagrosa,
vedada alteración sin nombre
que me obliga a entregarme.

La salvaja

A Alejandro

El fuego,
otra vez fuego,
el fuego junto a la lumbre,
en el piso,
subiendo por los sillones,
cruzando las ventanas,

Carmen Boullosa

Die Wilde

Die Offene

I

Schneidender Lichtstrahl,
offene Frucht, die du in Feuer
tauchst die Nacht
und die Flamme den Sinnen in Kühle verwandelst:
ich komme, deinen Atem zu suchen,
dürstender denn je:
Brunnen der Liebe, in deinem Schatten erschaure ich,
Kanne du des Tages.

VI

Nächte von unbändgen Schleiern deine Augen;
mein Fleisch, ein einzig langsam sich Verströmen,
erstirbt bei ihrem Anblick,
schließt sich jenseits der Berührung,
versagt sich jeden Zutritt
und findet wie ein Geheimnis dich
in sich selbst,
wundersames Gebet,
verbotne Denaturierung ohne Namen,
die mich zwingt, mich zu ergeben.

Die Wilde

Für Alejandro

Das Feuer,
wieder das Feuer,
das Feuer neben der Glut,
auf dem Boden,
die Stühle emporkriechend,
quer über die Fenster,

y tras él el fuego,
solamente el fuego.

El fuego otra vez.
¿No lo ven?
¡No lo ven! Es el fuego.
Les parezco una mujer sentada.

Quiero vestirme.
La ropa interior que yo traía puesta, abrió sus tejidos,
los venció el calor,
la blusa abrió sus tejidos,
vencida también,
la falda cedió sus hilos,
ardiendo los dejó caer…

Quiero vestirme.

El fuego. No tengo más que el fuego:
Soy la desnuda, la que no tiene encantos.

Quiero vestirme.

Quemo mis vestidos.
Mis cabellos están vencidos también por el calor,
mis pestañas, mis ojos;
mi saliva, un día intacta,
también te espera rendida, vencida, humillada,
doblada, hincada,
herida como el vapor,
como el vapor aislada,
ahogada en tu espera.

Quiero vestirme.
No hay animal con el que pueda compararme,
desnuda estoy como el ganso o el lirio,
no hay planta con la que pueda compararme,
quemada estoy, quemándome,

und dahinter das Feuer,
einzig das Feuer.

Das Feuer wiederum.
Seht ihr es nicht?
Ihr seht es nicht! Feuer ist es.
Euch scheine ich eine sitzende Frau.

Ich will mich bekleiden.
Die Wäsche, die ich am Leib trug, tat auf ihr Gewebe,
von der Hitze bezwungen,
die Bluse tat auf ihr Gewebe,
bezwungen auch sie,
der Rock trat ab seine Fasern,
brennend ließ er sie fallen...

Ich will mich bekleiden.

Das Feuer. Ich habe nichts als das Feuer:
Die Nackte bin ich, die Frau ohne Reize.

Ich will mich bekleiden.

Meine Kleider verbrenn' ich.
Auch meine Haare sind von der Hitze bezwungen,
meine Wimpern, die Augen;
mein Speichel, einst noch intakt,
erwartet dich gleichfalls ergeben, bezwungen, erniedrigt,
in die Knie gerungen, durchbohrt,
verwundet wie der Dampf,
wie Dampf isoliert,
erstickt in deiner Erwartung.

Ich will mich bekleiden.
Keinem Tier bin ich zu vergleichen,
nackt bin ich wie die Gans oder Lilie,
keiner Pflanze bin ich zu vergleichen,
in Flammen geh' ich auf, brenne,

impaciente,
interminablemente.

¡Que me ayuden los asnos!
¡Que acudan a mi ayuda
los cerdos o las garzas,
los ruiseñores o las cañas de azúcar!
¡Nada puede ayudarme!
¡Vencida estoy por ti,
por ti fui por mi abandonada!

ungeduldig,
unaufhörlich.

Zu Hilfe ruf' ich die Esel!
Zu Hilfe mögen mir kommen
die Schweine oder die Reiher,
die Nachtigallen oder das Zuckerrohr!
Nichts kann mir helfen!
Überwältigt bin ich von dir,
deinetwegen von mir verlassen!

Aus: La salvaja. México: Fondo de Cultura Económica, 1989.

Daína Chaviano

(Kuba)

© Soel Breña

Daína Chaviano

Geboren am 19. Februar 1957 in Havanna.

Sie studierte Englisch an der Universität von Havanna, leitete drei Jahre lang verschiedene Dichterwerkstätten in der kubanischen Hauptstadt und arbeitete als Übersetzerin für diverse Verlage ihres Heimatlandes. Sie schreibt Drehbücher für Kinder- und Jugendprogramme des kubanischen Fernsehens und Radios. Außerdem hält sie englische Sprachkurse an der Universität von Havanna ab.

Als eines der wichtigsten Ereignisse ihres Lebens bezeichnet sie selbst ihre Liebesbeziehung zu einem früh verstorbenen kubanischen Dichter und Schriftsteller.

Für ihren Erzählband *Los mundos que amo* wurde ihr 1979 der kubanische Literaturpreis „David" für bisher unveröffentlichte AutorInnen zugesprochen, und zwar in der Sparte Science-fiction. 1984 erhielt sie für ihr bisher noch unveröffentlichtes Manuskript *Confesiones eróticas y otros hechizos* einen Anerkennungspreis der mexikanischen Kulturzeitschrift *Plural* in der Gattung Lyrik. 1989 bekam schließlich ihr Buch *País de dragones* (derzeit im Druck) den Literaturpreis „La Edad de Oro" des kubanischen Schriftstellerverbandes in der Sparte Kinder- und Jugendliteratur.

Daína Chaviano ist eine der wenigen jungen kubanischen Autorinnen, die auch im westlichen Ausland Beachtung gefunden haben, insbesondere mit ihren phantastisch-mythischen Erzählungen, die einerseits oft in Science-fiction-Bereiche eindringen, andererseits ein erotisches Element in sich tragen, das nicht so recht zum Plansoll sozialistisch-realistischer Literatur passen will. So wurden Erzählungen von ihr in Belgien, Deutschland, Frankreich, den USA, Portugal, Argentinien, Mexiko, aber auch in Bulgarien, der Tschechoslowakei, Nikaragua und der Sowjetunion abgedruckt. In Kuba selbst zählt ihr letztes Werk, der Roman *Fábulas de una abuela extraterrestre*, mit 25.000 innerhalb eines Monats verkauften Exemplaren zu den absoluten Bestsellern und figuriert unter den zehn meistverkauften Titeln des Jahres 1989.

Auf die Frage nach einer spezifisch weiblichen Leseweise antwortet Daína Chaviano in einem Fragebogen (Nov. 1990):

„...ich habe herausgefunden, daß einige Männer gewisse psychologische Nuancen der Frau nicht verstehen, ja sie geradezu übersehen. Dasselbe passiert jedoch nicht, wenn Frauen von Männern geschriebene Bücher lesen. Ich nehme an, daß alles eine historische Ursache hat: Lange Zeit hindurch ist das weibliche Publikum sozusagen darauf ‚hintrainiert' worden, jede winzigste Faser männlicher Denkweise zu verstehen. Hingegen sind es im Lauf der Geschichte der Zivilisation nicht viele Frauen, die sich als Künstlerinnen oder

Forscherinnen haben ausdrücken können. Es ist wahrscheinlich, daß die angebliche männliche Unfähigkeit, die Seele der Frau zu begreifen, nichts als eine vorübergehende Beschränkung ist, die durch eine vorherrschend patriarchale Kultur genährt worden ist. In diesem Sinne ist es möglich, daß es einer Frau leichter fällt, gewissen Fragen, die von einer anderen Frau aufgeworfen werden, auf den Grund zu gehen; dennoch glaube ich, daß theoretisch und mit dem nötigen Training jeder Mann imstande ist, das zu tun. Zweifellos besitzen die Männer eine ebenso reiche Mentalität wie wir, aber vielleicht erscheinen uns ihre Schattierungen, nach Jahrhunderten der Selbstauslotung, nicht mehr so neuartig. Hingegen pflegt das intime Tagebuch jeder beliebigen Frau eine Quelle vielfältigster Spekulationen zu sein, nicht nur für die Männer, sondern auch für uns Frauen selbst..., schließlich und endlich beginnen wir gerade erst, uns selbst zu erkennen."

Und auf die Frage, ob weibliches Schreiben ihrer Meinung nach „subjektiver" sei als männliches, sagt Daína ebenda:

„...vielleicht ist die von Frauen geschriebene Literatur auch transparenter, da sie im allgemeinen ihr Innenleben mit größerer Unbefangenheit und Aggressivität entblößen. Die Männer sind mehr auf ihr Bild in der Öffentlichkeit bedacht, während die Frauen zu sehr davon besessen sind, ihre eigene Psyche zu ergründen, als daß sie versuchten, sie mit falschem Schamgefühl zu verschleiern."

Werke:

Los mundos que amo. La Habana: Ediciones Unión, 1980 (Erzählungen; 1982 folgte eine Populärausgabe als „fotonovela" für jugendliches Publikum, die vier Auflagen mit insgesamt 200.000 Exemplaren im Verlag Gente Nueva erreichte).

Amoroso planeta. La Habana: Letras Cubanas, 1983 (^{2}1990, Erzählungen).

Historias de hadas para adultos. La Habana: Letras Cubanas, 1986 (Märchen für Erwachsene).

Fábulas de una abuela extraterrestre. La Habana: Letras Cubanas, 1988 (Roman; erscheint in deutscher Übersetzung bei Volk und Welt).

Unveröffentlichte Werke:

El abrevadero de los dinosaurios (satirische Erzählungen).

Extraños testimonios (Erzählungen).

País de dragones (phantastische Erzählungen für Kinder und Jugendliche, in Druck).

Confesiones eróticas y otros hechizos (Lyrik).

Daína Chaviano

Unsere Liebe Frau von den Schlangen

Am ersten Tag fühlte sie einen wohltuenden Kitzel am ganzen Körper; sie räkelte sich unter der Bettdecke und lächelte.

Am zweiten Tag bemerkte sie beim Duschen ein Jucken zwischen den Schenkeln. Als sie sich ganz sanft kratzte, mit eingeseiften Fingern, sah sie, daß sich ein Teil ihrer Haut in kleinen Plättchen löste, wie durchsichtige Schuppen. Sie ließ sie vom Wasser hinwegspülen, zusammen mit dem Schaum, und rieb sich noch eine Weile unter der Dusche ab.

Am dritten Tag stand sie im Morgengrauen auf, um Wasser zu trinken. Als sie vor dem Spiegel im Eßzimmer vorbeikam, blieb sie stehen. Irgend etwas war anders an ihrem Gesicht. Sie befühlte ihre Wangen, ihre Stirn, die Umrisse ihres Mundes; aber sie fand nichts. Sie ließ ihren Blick über jedes Möbelstück gleiten, das sich in der Scheibe spiegelte, und erst da merkte sie es: Sie konnte sehen, als ob es hell am Tage wäre. Wieder schaute sie sich an und runzelte die Stirn. Ihre Pupillen veränderten sich wie die einer Katze, und sie waren hoch und langgestreckt und schmal geschlängelt.

Das Haus machte auch eine Veränderung durch.

Im ersten Monat begann die Schlingpflanze über den Rand der Mauer zu wachsen. Es sprossen Blüten, die die Luft auf der anderen Seite des Gitters mit Düften durchsetzten... Am Anfang schien es, daß mit der Ankunft des Sommers eine plötzliche Fruchtbarkeit einsetzte, doch sie sah ihren Irrtum ein, als sie bemerkte, daß nichts das Aussehen der Rosenstöcke im Nachbargarten veränderte.

Im zweiten Monat begann die Eiche im Garten sich rasch in Richtung Wolken auszubreiten, und ihre Zweige umarmten das Bauwerk, um es vor der Sonne zu schützen. Vier Fensterscheiben der Veranda fielen geheimnisvoll zu Boden; und ihr Klirren war die Klage von etwas, das dahinstarb.

Im dritten Monat konnten die spärlichen Passanten, die durch das Viertel spazierten, kaum mehr erkennen, was sich hinter jenem Dschungel verbarg, der mitten im Herzen der Stadt gewachsen war.

Sie sah ihn sofort. Er war hochgewachsen und barg zweifellos eine ungewöhnliche Kraft. Er trug ein Paar Jeans von einem zweifelhaften Blau, weiße Tennisschuhe und einen lässig über die Schultern geworfenen Pullover.

Er sah sie später, als sie sich mit dem hilflosen Ausdruck einer, die sich verirrt hatte, näherte. Ihr Gesichtsausdruck erschien ihm vertraut und wild zugleich. Sie hatte kein außergewöhnliches Gesicht, aber ihre Augen gefielen ihm.

Während er ihr den Weg erklärte, schaute er verstohlen auf ihre Beine, und er stellte sich vor, wie sie aussehen mochten, wenn sie mit den seinen verschlungen wären und den Körperbewegungen nachhälfen...

Selbstverständlich gehe sie wahnsinnig gern an den Strand, und natürlich sei er ein begeisterter Schwimmer; und diesen Sommer sei das Wetter so herrlich gewesen.

Sie verabschiedeten sich mit der Zusage für nächsten Dienstag. Früh am Morgen. Wenn es nicht regnete.

An diesem Abend, als sie unter den Ästen der Eiche auf- und abging, fiel ihr das ungewöhnliche Schweigen auf.

Weit weg konnte man das ferne Gedröhn der Fahrzeuge hören, die auf den Avenidas dahinfuhren. Nein, das war es nicht... Die Vögel. Es fehlten die Gesänge ihrer Abendmelodie. Sie konnte die leichte Musik des Kanarienvogels hören, das Trillern des Königswürgers, die fließende Arie der Spottdrossel... mehr als einen halben Häuserblock weiter weg.

Die Vögel waren aus der Umgebung geflohen, als ob sie irgendeine Gefahr witterten.

Der Strand war Felsen und Flüssigkeit und Schweigen. Sie grüßten sich lächelnd. Sie sprachen leise, um die Brise nicht zu verscheuchen. Murmelten etwas von ihren Vorlieben, den einen oder anderen Erlebnissen, ein paar Scherze... Aber wollen wir denn nicht baden gehen?

Sie warfen sich ins Wasser.

Noch schwebte die Sonne nahe des Horizonts; noch bewahrte das Meer seine Kühle. Aber das Blut floß glühend unter der lebendigen Haut dahin. Und die Vereinigung zweier Wärmen erzeugt stets Hitze.

Zuerst war das Lachen. Dann die flüchtige Berührung einer Hand – oder vielleicht eines Beins, wie sollte man es wissen? – unter Wasser. Berührung gleich einem Streicheln; Streicheln gleich einer Umarmung; Umarmung gleich einem Todeskampf. Und sie erinnerte sich an den Augenblick des Geborenwerdens: ein Geschöpf, das im wäßrigen Nirwana dahintreibt, entspannend wie ein Orgasmus. Der Samen tritt in den Schatten ein und verwandelt sich in einen Fötus; der Fötus dringt ans

Licht und verwandelt sich in ein Kind. Es ist nicht möglich, den Prozeß umzukehren: Damit etwas heraus kann, muß es zuerst hinein. Eindringen vor dem Herauskommen. Herauskommen nach dem Eintreten. Eine wellenförmige Gestalt peitscht das Wasser wie eine Schlange. Sie kneift die Augen zu. Ihre Muskeln spannen sich an: Rücken, Beine, Arme; sie fühlt sie kaum.

Ein Schreckensschrei bringt sie in die Wirklichkeit zurück. Der Mann zieht sie in Richtung Küste, ohne seinen Blick von der ruhigen Oberfläche des Meeres zu wenden.

Sie öffnet das Gartentor, und ihr Lachen erfüllt den Abend, löscht das Ende der Geschichte aus, das er erzählt. Eine Meeresschlange?, spottet sie, während sie den Schlüssel in ihrer Handtasche sucht. Womöglich war es das Ungeheuer von Loch Ness? Er konnte nicht genau sagen, ob es eine Meeres- oder Süßwasserschlange gewesen war, aber er hatte sie genau gesehen: Sie bewegte sich unter Wasser... Sie schließen das Haustor... Wenn er an Land gewesen wäre, gut; aber er konnte nicht im Wasser kämpfen, es war nicht sein Element. Ja, unterbricht sie ihn, das muß die arme Nessie gewesen sein. Sicher hatte sie so die Nase voll von den Wissenschaftlern mit ihren Fotoapparaten, die da in ihren friedlichen See eindrangen, daß sie beschloß, Urlaub in der Karibik zu machen... Sie bemerkt, daß er sie ansieht, sehr ernst, und sie streichelt ihn ein wenig. Müde? Nein, nur ein wenig heiß sei ihm; eine Dusche täte ihm gut.

Eingehüllt in den Dampf aus den Kochtöpfen, hört sie von ferne das Wasser rieseln. Sie deckt die Speisen zu und schaut in den Hof hinaus. Aus irgendeinem Grund hat sie die Erzählung von der Schlange an die Abwesenheit der Vögel erinnert. Warum sind sie wohl fortgeflogen?... Die Schlange... Die Vögel... Sie sieht die Sperlinge vor sich, wie sie über das nasse Gras hüpfen: ihre vollen, zuckenden, köstlichen Körper... Die Schlange... Die Vögel... Warum waren sie geflohen?

Sie lehnt sich an die Wand.

Die Haut am Rücken juckt sie seit dem Vormonat, als die Häutung begann. Sie läßt ihr Rückgrat der vollen Länge nach entlanggleiten und kratzt sich genußvoll. Und ihre Pupillen ziehen sich zusammen, bis sie sich in zwei Vipernschlitze verwandeln.

Sie trägt das Fleisch auf (ihrer Meinung nach zu sehr durch), die Suppe (zu stark gesalzen), den Reis (zu geschmacklos). Er gibt begeisterte Kommentare über die Würze ab, die sie aus Höflichkeit annimmt. Er ist so hungrig, daß er den unberührten Teller der Frau erst bemerkt, als er fertig ist. Hast du keinen Hunger? Sie beobachtet das Profil des Mannes. Seine dünne, ein wenig lange Nase erinnert sie an die Silhouette eines Vogels. Ich werde später essen, sagt sie. Und ihre zweispaltige Zunge gleitet zwischen dem Zahnfleisch dahin.

Das weiße Bettuch ist eine Ebene, die darauf wartet, erobert zu werden.

Sie beobachten sich gegenseitig, stehend, jeder auf einer Seite des Bettes. Beider Augen folgen den langsamen Bewegungen des anderen, die Knöpfe aufnesteln, Reißverschlüsse hinunterlassen, Strümpfe ausziehen, Nacktheiten enthüllen...

Sie betrachtet das, was jetzt zum Leben wiedererwacht: Sie muß an ein gefährliches Tier denken, das zu primitiv ist, um die Erschütterungen der Welt zu überleben, aber geschickt genug, um sich abzukapseln und einen langen Schlaf zu schlafen, bis es seine Natur wieder belebt. „Er gehört mir", denkt sie. Sie weiß ihn ihr ausgeliefert. Sie hebt den Blick, sucht die Augen, die nicht mehr in die ihren schauen, sondern auf eine gewisse verletzliche Zone, die stets unter einer Haut von Nerz verborgen bleibt. Sie läßt ihn abschätzen, geblendet werden. Dann geht sie auf ihn zu und weidet sich an ihrem elastischen, sich schlängelnden Gang. Sie weiß, daß er ihn ganz bestimmt bewundert. Sie bewegt sich auf ihre Beute zu, die erregt atmet, und entdeckt, daß die Liebe dem Entsetzen ähnlich ist. Vor ihm bleibt sie stehen. Die Augen verbleiben in seinen Augen. Eine Hand umfängt seinen Hals, und sie fühlt den Impuls, zwischen die Beine des Mannes zu kriechen. Kriechen und sich winden, sich bis zu seinem Liebespfand winden; es in den Mund nehmen; es verschlingen.

Die Hand des Mannes gleitet langsam tiefer, beseitigt Hindernisse, befühlt. Sie ist feucht wie ein Reptil, und ihr Fleisch räkelt sich vor Genuß.

Jetzt ist es die Frau, die sich nähert, um zu berühren, doch sie hält an der Oberfläche inne. Einzig ihre Finger gleiten sehr rasch nach unten und streifen die warme Behaarung.

Seine Pupillen wachsen wie die eines Nachtvogels; ihre verengen sich, bis sie fast erlöschen.

Die Körper kollern über die Ebene.

Es ist das Spiel, den fremden Widerstand zu erproben; das Begehren, das sich entladen möchte, doch nein. So lustvoll ist der Genuß, sich zurückzuhalten.

Sie öffnet halb die Augen und betrachtet das Adlergesicht, das sie fast angstvoll, fast wild betrachtet. Sie weiß, daß sie die Grenze erreicht haben, wo Angst und Liebe verschmelzen. Sie ahnt die Mutation voraus; sie kann sie nicht vermeiden. Ihre Wirbel dehnen sich wundersam, ihre Beine umschlingen den Körper des Mannes..., und da bemerkt sie die Veränderung an ihrem Opfer: die Weiche des Flaumhaars, daunenähnlich, den saugenden Mund gleich dem Hakenschnabel eines Raubvogels, seine Haltung eines geflügelten Wesens, das zum Abheben bereit ist...

Du wirst mir nicht entkommen, zischt sie, ich bin eine Schlange. Er lächelt, hingerissen von dem Scherz: und ich ein Schlangenvogel. Für einen Augenblick lockern ihre Beine den Druck. Was ist denn das? Er beugt sich über ihre Brüste. Ein Vogel, der Schlangen ausrottet. Sie lacht befriedigt und rammt ihre Giftzähne in seinen Hals. „Es macht mir Spaß zu verschlingen", denkt sie. Da spürt sie den Schmerz: Zwei Fänge krallen sich in ihre Arme, während etwas ihre Brüste pickt.

Die Frau schließt die Augen und läßt sich verschlingen.

Aus: Extraños testimonios (unveröff. Erzählband), als Einzelerzählung abgedruckt in Cuentos cubanos contemporáneos 1966–1990, *Xalapa (Mex.): Universidad Veracruzana, 1989.*

Iliana Godoy Patiño

(Mexiko)

Iliana Godoy Patiño

Geboren am 22. Jänner 1952 in Mexico-City.

Sie studierte Architektur an der UNAM und absolvierte ein Post-Graduate-Studium in Prähispanischer Architektur und Restaurationstheorie sowie einen Lehrgang über Diskursanalyse, ebenfalls an der UNAM. Neben der Ausübung ihres Berufs als Architektin ist sie als Dozentin und Forscherin an der Fakultät für Architektur der UNAM sowie am Instituto Cultural Helénico tätig. Zudem ist sie Mitarbeiterin und Konsulentin für architektonische Belange in der interdisziplinären Gruppe INTEGRUPO, die vom Architekten Jorge Villanova P. koordiniert wird und sich mit Planung, Ausführung und Bauleitung sowie Architekturkritik beschäftigt.

1982-84 nahm sie an der Literaturwerkstätte von Juan Bañuelos in der UNAM teil. 1986 erhielt sie den Literaturpreis „Luis Cernuda", der von der spanischen Stadt Sevilla vergeben wird, für ihren Gedichtband *Mástil en tierra*, und 1989 wurde ihr der nach der berühmtesten mexikanischen Dichterin des 17. Jahrhunderts benannte Lyrikpreis „Sor Juana Inés de la Cruz" für ihren Gedichtband *Vislumbres de Sor Juana* (Mexico, 1989) zugesprochen. Zur Zeit leitet sie einen Lyrikworkshop für Frauen.

In einem Brief vom 27. Februar 1990 führt Iliana Godoy über das weibliche Schreiben aus:

„Ich glaube nicht an die Opposition männlich-weiblich in der Literatur. Ich glaube an unterschiedliche Erfahrungen von Mann und Frau, aber ich glaube nicht, daß dieser Unterschied die Qualität und den Wert eines Werkes beeinflussen, was ja das wirklich Entscheidende ist. Unbestreitbar gibt es eine historische Phasenverschiebung der Frau gegenüber dem Mann, aber das ist auf Faktoren der äußeren Bedingungen zurückzuführen und nicht auf solche, die ihrem Geschlecht innewohnend sind. In dem Maß, wie die Frau sich bildet und sich ihrer gleichen Rechte bewußt wird, werden die ‚sexistischen' Unterschiede das Menschengeschlecht immer mehr einen, anstatt es zu trennen. Für mich sind der ‚Machismus' und der ‚Feminismus' vorübergehende Phasen der Unreife, die das menschliche Wesen überwinden muß. Als Frau strebe ich nicht nach dem halben Königreich, sondern danach, es in seiner Gesamtheit, ohne jegliche Diskriminierung, miteinander zu teilen."

Auf die Frage, ob es in ihrem literarischen Schaffen Themen gibt, die sie als „spezifisch weibliche" Themen einstufen würde, antwortet Iliana Godoy (Fragebogen, Februar 1990):

Die Verherrlichung des männlichen Körpers, wie er von den Frauen gesehen wird, denn der Mann kann auch als ‚Objekt des Verlangens' betrachtet werden; auch er kann ‚Muse' sein. Und nicht nur Akteur der Leidenschaften."

Außerdem schreibt sie in dem oben erwähnten Brief:

„Die Themen in der Lyrik sind zweitrangig, wichtig ist, daß der oder die Schreibende imstande ist, das noch nicht Gesagte aufzuzeigen. Die Frau schneidet gegenwärtig autobiographische oder erotische Themen an, weil sie dabei ist, sich selbst in der Literatur zu entdecken; aber das ist nur ein Schritt in ihrer Entfaltung als Künstlerin und als menschliches Wesen; ihr stehen ebenso wie dem Mann alle Optionen offen, das Wichtige ist die Authentizität der Botschaft."

Werke:

Así hasta ocho (Sammelband mehrerer AutorInnen). México: Ed. Punto de Partida, 1985 (Lyrik).

Interregno. México: Oasis, 1985 (Lyrik).

Contralianza. México: Stylo, 1986 (Lyrik).

Mástil en tierra. México: Ed. Armella, 1988 (Lyrik).

Invicta carne. México: Ed. Armella, 1989 (Lyrik, Illustrationen von Francisco Corzas).

Derrumbe del fuego. Malinalco (Mex.): Patronato Cultural Iberoamericano, 1990 (Lyrik).

Verschiedene Aufsätze, v.a. zur mexikanischen Architektur, aber auch Literaturkritik, in diversen Zeitschriften des Landes.

Unveröffentlichte Werke:

Ein Gedichtband mit dem Titel *Seducir a la muerte* sowie ein Band mit Erzählungen, *Larvario.*

Invicta carne

Es tu saliva un rastro
de la sangre oxidada entre cobres de sombra.

Sólo quiero beber a bocanadas
tu sueño y sucumbir
así, la boca abierta,
el paladar florido en tu fermento.

Estás en la mañana,
en el temblor de mi piel que desdibuja
tu última caricia,
en la sonrisa amarga del café
caliente semen.

Estás en mi deseo de olvidarte,
en mi necio restañar puñaladas del tango.

Ciegas mi lámpara con la negrura de tu árbol.

El sabor de tu sexo invade el pan, el agua,
el aire que respiro;
ya posees la cifra de la sangre que me estalla por dentro,
en cada pulsación que repite tu nombre.

El dardo de tu lengua mueve mi cauce oscuro,
lo derrama y penetra en cada célula,
horadando el plasma azul de la memoria.

Unbesiegtes Fleisch

Dein Speichel ist eine Spur
von oxydiertem Blut zwischen Schatten von Kupfer.

Trinken will ich nur in vollen Zügen
deinen Traum und mich ergeben,
so, den Mund geöffnet,
den Gaumen getränkt in deinem Ferment.

Du bist in diesem Morgen,
im Zittern meiner Haut, die von sich streift
dein letztes Streicheln,
im bittren Lächeln des Kaffees
heißer Samen.

Du bist in meinem Wunsch, dich zu vergessen,
in meiner Torheit, Dolchstiche des Tangos zu stillen.

Du blendest meine Lampe mit der Schwärze deines Baumes.

Der Geschmack deines Geschlechts durchdringt das Brot, das Wasser,
die Luft, die ich atme;
schon besitzt du die Chiffre des Bluts, das mir im Innern kocht,
in jedem Pulsschlag, der deinen Namen wiederholt.

Der Speer deiner Zunge wühlt in meiner dunklen Kuhle,
überschwemmt sie und dringt in jede Zelle ein,
durchbohrt das blaue Plasma der Erinnerung.

Aus: Invicta carne. México: Ed. Armella, 1989.

Mercedes Valdivieso

(Chile)

Mercedes Valdivieso

Geboren am 1. März 1927 in Santiago de Chile.

Schon ihre Mutter war eine für ihre Zeit außergewöhnliche Frau, da sie Medizin studiert hatte und nebenbei auch Lyrik schrieb. Zwischen 1949 und 1951 studierte Mercedes Valdivieso Literaturwissenschaft an der Universidad de Chile in Santiago, 1967–69 machte sie den M. A. in Hispanoamerikanischer Literatur an der University of Houston, Texas. Weiters studierte sie auch Spanische Philologie an der Rice University in Houston. 1962/63 war sie Lektorin für Spanische Sprache und Hispanoamerikanische Literatur an der Universität Peking, 1968–75 Gastprofessorin für Lateinamerikanische Literatur in den USA. Seit 1976 durchlief sie die akademische Karriere an der Rice University in Houston, angefangen von Universitätslektorin (1976–80) über Assistenzprofessorin (1981–88), Ordentliche Professorin (1988–89) und seitdem Emerita. Zur Zeit leitet sie einen Workshop für Frauenliteratur an der Academia de Humanismo Cristiano de Chile und hält einen Kurs über Erzählliteratur von Frauen am Instituto Latinoamericano de Estudios Sociales.

Ein für die Frauenliteratur in Lateinamerika und ihre Protagonistinnen nicht untypisches, fast makabres Detail am Rande: In einer der neuesten Biobibliographien, *Women Writers of Spanish America*, von einem Team unter Diane E. Marting 1987 in den USA herausgegeben, scheint die Autorin mit Todesdatum 1965 auf; zum Glück erfuhr ich durch Zufall, daß sie aktiv und lebendig wie eh und je, nur eben etwas abseits des Rampenlichts von Bestseller- und Nobelpreisrummel, zwischen USA und Chile hin- und herpendelt, und konnte so mit ihr in Kontakt treten…

Mercedes Valdivieso erregte in ihrem Heimatland einiges Aufsehen mit ihrem ersten Roman *La brecha* (Die Bresche), der tatsächlich so etwas wie eine Bresche für die chilenische Frauenliteratur schlug, wurden doch in ihm zum ersten Mal „weibliche Themen" wie Scheidung, Abtreibung etc. angesprochen (wofür sie sich auch z.T. herbe Kritik einhandelte). Nach einer relativ langen Schaffenspause, die sie ihrer Lehrtätigkeit in den USA widmete, hat Mercedes Valdivieso nun wieder einen Roman in Vorbereitung, *Maldita yo entre las mujeres*, der einer für Chile fast mythologischen Frauengestalt aus dem 17. Jahrhundert, der „Quintrala" gewidmet ist. „La Quintrala", mit „bürgerlichem" Namen Doña Catalina de los Ríos y Lisperguer, wurde Jahrhunderte hindurch als Inkarnation des weiblichen Bösen, als Prototyp der „Hexe" verstanden, weil sie sich den patriarchalischen Normen ihrer Zeit nicht unterwarf. Aus dem (noch unveröffentlichten) Manuskript bringen wir hier Ausschnitte aus dem ersten Kapitel.

Auf die Frage „Sind Sie der Ansicht, daß es einen ausgeprägten Unterschied zwischen den von männlichen und weiblichen Autoren gewählten Themen gibt?" antwortet Mercedes Valdivieso in einem Fragebogen (April 1990):

„Für mich liegt der Unterschied nicht in der Thematik an sich, sondern in der Behandlung, die man diesen Themen zukommen läßt. Was im allgemeinen als trivial oder der intimen häuslichen Welt zugehörig betrachtet wird, hat im heutigen weiblichen Diskurs eine Dimension erreicht, die derjenigen der als „große Themen" angesehenen gleichkommt, wie sie von der literarischen Tradition behandelt worden sind. Ich denke, daß eine weibliche Stimme in der Literatur daraufhin angelegt ist, das Bild der Frau, wie es uns die männliche Literatur hinterlassen hat, zu dekonstruieren. Das heißt, die Frau muß dieses Bild zerstören, um sich wahrhaft zu erschaffen und für ihre eigene Wahl zu optieren. [...] Die Inkorporation des weiblichen Körpers ist eine der großen Errungenschaften der Schriftstellerinnen. [...] Die Frau ist bisher gedacht worden, und man hat ihr ein Modell aufgepfropft, nach dem sie denken und handeln soll; deswegen ist auch eines der Themen, das mich obsessiv beschäftigt, die Darstellung der Frau, die im Begriff ist, mit diesen Modellen zu brechen."

Werke:

La brecha. Santiago de Chile: Editorial Zig Zag, 1961 (Roman; fünf weitere Auflagen in Chile folgten; neuerdings wieder erhältlich in der Neuauflage von 1987, Pittsburgh: Latin American Literary Review Press; englische Übersetzung unter dem Titel *Breakthrough* ebendort).

La tierra que les di. Santiago de Chile: Editorial Zig-Zag, 1963 (^{2}1965; Roman; Literaturpreis des Chilenischen Schriftstellerverbandes; ins Polnische übersetzt und 1968 in Warschau verlegt).

Los ojos de bambú. Santiago de Chile: Editorial Zig-Zag, 1964 (Roman; 2 Auflagen).

Las noches y un día. Barcelona: Seix Barral, 1971 (Roman).

Daneben verschiedene Artikel in Zeitschriften der USA, Chiles und Mexikos.

Unveröffentlichte Werke:

Mujer de dos mundos (Roman).

Enrique y Yo (Roman).

Alegretto (Erzählungen).

Maldita yo entre las mujeres (Roman).

Mercedes Valdivieso

Ich, verdammt unter allen Frauen

(Ausschnitt)

„Ihr mögt kommen, um zu sterben, hat die Herrin gesagt", wiederholte meine Botin, als Enrique Henríquez auf die Ankündigung seines Dieners hin aus seinem Zimmer kam: „Meine Herrin läßt Euch heute nacht ihre Tür angelehnt."

Der Statthalter legte eine Dublone in ihre Hand und wandte ihr lächelnd den Rücken zu. Sie blieb noch auf einen Schwatz mit dem Bedienten und sah den zufriedenen Gesichtsausdruck Don Enriques in einem Spiegel. Auch sah sie, daß er sich aus der Nähe betrachtete und sich gemächlich entfernte, den Umhang am Arm und den breitkrempigen Hut schief am Kopf. Dann nahm er seinen Körper aus dem Spiegel und warf sich aufs Bett.

Der Diener mußte einem Ruf des Herrn Folge leisten und konnte, als er zurückkam, nur mit Mühe das Lachen verbeißen; er hatte Befehl, sein bestes Hemd und seinen Samtrock herzurichten, außerdem duftendes Puder und frische Sellerie für den Atem. Eilig rüstete er sich für sein Vergnügen, aber diesmal würde er es nicht auf Zwischenfälle wie die Messerstecherei ankommen lassen, die er mit Segundo a Secas in der Nacht des Begräbnisses meiner Mutter hatte.

Enrique Henríquez sprach von meiner Wollüstigkeit und wie er sie mir zur Genüge und darüber hinaus stillen würde. Juan Pacheco, mein Vetter, verdiente nur seine Verachtung, zur Hölle würde er ihn befördern diese Nacht, nachdem er mein Bett verlassen hätte, das Bett von Catalina de los Ríos y Lisperguer.

Das Duell zwischen Juan Pacheco und Henríquez war für den nächsten Tag angesetzt. Und daß er meinen Vetter töten würde, daran zweifelte keiner der Zeugen. Alles war mit der größten Diskretion vereinbart worden, die königlichen Verordnungen erlaubten keine Degenspielereien, bei denen die Seele auf dem Spiel steht.

Der Diener erzählte meiner Botin, daß er, bevor er das Zimmer verlassen hatte, seinen Herrn hatte sagen hören: „Ich gehe hin, aus Liebe zu sterben."

[...]

Ich hörte, wie sich der letzte Diener zurückzog, hüllte mich in ein Tuch und ging zum Hinterausgang, wo mich die Tatamai an die Wand gelehnt und mit geöffnetem Riegel erwartete. Wir sputeten uns in der Finsternis und eilten an der Kirche von San Agustín vorbei, die geschlossen vor ihrem kleinen Platz dastand.

In meinem Haus Ríos schlief die Dienerschaft, und niemand würde von diesem nächtlichen Besuch erfahren. Die Tatamai ging Perdón del Socorro zu wecken, die begierig in meinem Schlafgemach erschien und die ich zu Henríquez schickte mit der Botschaft, welche sie sich auswendig eingeprägt hatte. Ich zündete eine Kerze an, das Messer mit fein gearbeitetem und rubinbesetztem Knauf, das ich von Juan Pacheco genommen hatte, blinkte auf dem Tisch, das Messer erwartete meine Hand, um seine Bestimmung zu erfüllen. Die Winkel des Raumes flackerten im Dunkeln. Ich riß mir den Umhang herab, schleuderte ihn auf einen Stuhl und begann mir das Kleid auszuziehen.

Später erfuhr ich, daß Henríquez den Gesten der Tatamai, welche ihm bedeutete, ihr zu folgen, sofort nachgekommen war. Sie durchschritten den Korridor, eilten durch den Hof, und sie wies ihm den Eingang, den wir mit einem seidenen Vorhang bedeckt hatten. Ohne daß auch nur ein einziges Wort zwischen ihnen gefallen war, trat die Tatamai zurück und verschwand in der Nacht.

Mit einer Hand, die den Stoff in Unruhe versetzte, bahnte sich Henríquez den Weg in diesen für ihn unbekannten Räumen und trat schnell ein, um es sich nicht doch anders zu überlegen. Ich sah, wie es ihn einige Augenblicke kostete, um sich an das täuschende Spiel des Kerzenlichtes zu gewöhnen, und er schien zunächst zu zweifeln angesichts der Realität meines Körpers. Ich blieb aufrecht stehen, dort wo das Licht kaum hinreichte, ich war ruhig, fast würde ich sagen, vergnügt, und forderte seine Lust mit meinem nackten Körper heraus, noch verlockender zwischen den Schatten.

Henríquez nahm seinen Hut ab, löste seinen Umhang und blickte mich an, ohne sich zu regen, hingerissen. Auf dem Kohlenbecken brannten Kräuter, so erregend wie eine Liebkosung.

Er trug Festtagsgewand, aber ohne seine Ordensketten und kaiserlichen Auszeichnungen. Es gefiel mir, daß er hübsch und gepflegt gekleidet kam, so wie er sich wohl immer herausputzte für seine Eroberungen. Ein Vogel kreischte draußen, und dann war das Schweigen noch stärker zu hören. Der Statthalter machte einen Schritt und blieb stehen. Die Kerze tat, als wollte sie verlöschen, um dann desto intensiver zu leuchten. Ich schüttelte mich sanft, damit er meinen Körper besser sehen könne und sich das Messer, das ich in meiner Hand hielt, im Halbdunkel abzeichne.

Henríquez warf den Kopf zurück, atmete tief ein und schritt mir entgegen. Das Zimmer erfüllte sich mit gespannter Erwartung, so dicht, daß sie sein Vorwärtskommen verzögerte. Ich sagte: „Komm", ohne mich zu regen. Auf dem Messer spiegelte das Licht der Kerze und teilte sich in zwei. Er hielt eine Sekunde lang inne, und ich fühlte alle seine Muskeln gespannt in der Hose aus feinem Tuch und dem Samtrock. Aber das war nur eine Sekunde, mit fester Hand suchte er die Schnüre, die sein Gewand festhielten und löste eine nach der anderen, bis er nur mehr im Hemd dastand, unter dem seine Brust schwellte, als er langsam seine Schritte wiederaufnahm.

Da glitt ich mit derselben Saumseligkeit, mit der er sich bewegte, zu ihm und pflanzte meinen Körper vor dem Schwarz-Weiß des seinen auf. Wir blickten uns zwischen Schatten und Kerzenschimmer an, und Henríquez begann heftig zu atmen, ohne zu lächeln oder irgendetwas zu sagen. Nur noch ein kurzes Stück trennte uns. Er verfolgte aufmerksam den Weg, den das Messer im Halbdunkel nahm, um ihn zu erwarten, und dann strich er mir mit der Zunge seines Blicks von oben bis unten über meine nackte Haut. Er breitete die Arme aus, und im Gesicht begann ihm der Schweiß zu perlen, schnell überbrückte er den Raum, der uns trennte, und umarmte mich, eng an mich gepreßt.

Ich nahm ihn auf, den Duft einatmend, welcher vom Kohlenbecken ausströmte und der meinen Leib in Wallung brachte, ruhig hielt ich einen ausgedehnten Seufzer lang inne, und dann hob meine Hand das Messer in die Luft und ließ es mit voller Wucht in Henríquez' Rücken hinabsausen.

„Quintrala!" hörte ich ihn rufen, aber ohne die Kraft, sich von mir zu lösen, mit mir vereint und zuckend. Das Messer wiederholte seinen Weg in der Luft und sein Herniedersausen, und Henríquez riß sich aus der Umarmung los und fiel auf die Knie. Das Blut begann ihm aus dem Mund zu strömen und sein Hemd zu beflecken. Er krümmte sich, ohne ein weiteres Wort von sich zu geben, und stürzte zu Boden.

Ich trennte mich vom Messer, legte es auf einen Tisch und bückte mich, um den Mann anzublicken. Nichts war von seiner Eleganz geblieben, ein verknitterter, leerer Rest seiner selbst. Ohne viel Umstände packte ich ihn bei den Beinen und schleifte ihn zu den Vorhängen. Da erinnerte ich mich an das Umhängetuch, lief es holen und hüllte mich rasch ein. Ich zerrte von neuem an Henríquez, der sich an der Schwelle verheddert hatte, sodaß ich alle meine Kräfte zu Hilfe nehmen mußte. Aber ich schaffte ihn hinaus auf den Gang, und auf den Steinfliesen fiel es mir leicht, ihn zu ziehen.

Die Tatamai erschien mit einem Knüppel in der Hand und darüber zeternd, daß ich alles allein machte. Ihre Ankunft und ihr Zetern verschafften uns eine Pause, die sich mit schwachem Stöhnen füllte. Die Tatamai zog den Knüppel nach hinten auf und ließ ihn wütend herabsausen, der Schlag brachte ein etwas stärkeres Röcheln zum Verstummen. Zu zweit schafften wir Henríquez aus dem Haus und überquerten die Straße. Das Tuch glitt von meinen Schultern, und nackt stand ich da vor der Kirche von San Agustín. Ohne uns aufzuhalten, warfen wir Enrique Henríquez auf den steinernen Vorplatz und zwischen die frisch gepflanzten Sträucher. Mit dem Gesicht nach oben ließen wir ihn fallen, die Augen offen.

Aus: Maldita yo entre las mujeres (unveröffentlichtes Manuskript).

Lucía Guerra

(Chile)

Lucía Guerra

Geboren am 30. Juni 1945 in Santiago de Chile.

Sie studierte Anglistik und Amerikanistik in den virulenten 60er Jahren mit deren unzähligen Streiks, Demonstrationen und herausragenden Persönlichkeiten wie Pablo Neruda, Violeta Parra und Salvador Allende am Instituto Pedagógico der Universidad de Chile. Aufgrund hervorragender Leistungen bekam sie ein Fulbright-Stipendium, das sie in die USA führte, wo sie Postgraduate-Studien in Linguistik betrieb. Ihr Doktoratsstudium aus Lateinamerikanischer Literatur an der University of Kansas verstand sie als Möglichkeit, sich auf das Eigene inmitten der Fremde – die damals von Hippie-Kultur, puritanischer Ethik, den Gesichtern der Kickapoo-Indianer und dem alten Pionierstolz bestimmt war – zu besinnen. Als Dissertation schrieb sie eine Arbeit über die Geschichte des chilenischen Romans von seinen Ursprüngen bis in die 60er Jahre. Seit 1974 ist sie Professorin für lateinamerikanische Literatur an der University of California in Irvine, wo sie sich in Literaturtheorie, Hispanoamerikanischer Erzählliteratur und Frauenstudien spezialisierte. In einer Zeit, als die (männlichen) Autoren des lateinamerikanischen „Boom" den Höhepunkt ihres beispiellosen Widerhalls in Europa und Nordamerika erlebten, machte sie sich auf die Suche nach den vom „Kanon" der Weltliteratur Ausgeklammerten, insbesondere der bis dahin praktisch unbeachtet gebliebenen Frauenliteratur. So reiste sie 1977 in ihr Heimatland, um María Luisa Bombal zu interviewen; die Begegnung mit jener großen chilenischen Erzählerin, die in lyrisch gefärbten Prosatexten weiblichen Lebenszusammenhang mit all seiner Tragik schildert, wurde für Lucía Guerra zum Meilenstein ihrer wissenschaftlichen und literarischen Laufbahn. So übersetzte sie das Werk der Bombal ins Englische und widmete ihr eine ausgedehnte Studie unter dem Titel *La narrativa de María Luisa Bombal.* Auch ihre ersten eigenen Erzählungen stehen noch unter dem Einfluß ihrer Lehrmeisterin, wohingegen sie später, stimuliert vom französischen und nordamerikanischen Feminismus, eine eher kämpferische Richtung einschlägt, etwa auf der Linie radikalerer Schriftstellerinnen wie Mercedes Valdivieso und Rosario Ferré. So stellt ihr erster Roman, *Más allá de las máscaras*, nach ihren eigenen Angaben in gewisser Hinsicht eine Art „Kontratext" zu *La última niebla* von M. L. Bombal dar, insofern sie darin traditionell „weibliche" Werte ummünzt in eine offen subversive Haltung gegenüber der patriarchalischen und bürgerlichen Ordnung. Es ist dies eine Absage an alle „Masken", die der Frau – vor allem in Lateinamerika – bisher auferlegt waren (weswegen das Manuskript auch von einigen Verlagen als „unmoralisch" und „skandalös" abgelehnt wurde). Den in unsere Anthologie aufgenommenen Text hat Lucía Guerra übrigens ausdrücklich für diesen Zweck verfaßt – daher wohl auch die Anspielungen auf Freud und Wien...

Auf die Frage, welches Erlebnis oder Motiv den entscheidenden Anstoß für ihr Schreiben gegeben habe, antwortet mir Lucía Guerra in einem Fragebogen (10. Mai 1990):

„Die von Tag zu Tag offensichtlicher werdende Notwendigkeit, der Frau eine Stimme zu verleihen innerhalb der Literatur, einem männlichen Raum par excellence. Ich begann wütend zu werden über das Schweigen und die ausgesparten Stellen, was unseren eigenen Körper, unsere Sexualität, unsere Erfahrung einer mit Euphemismen beladenen Unterordnung betraf. Als Literaturkritikerin wurde mir klar, daß die Frau auch ein Recht auf Phantasie hat. [...] Mein Schreiben entspringt immer Augenblicken von Beklemmung, Unruhe oder Unglücklichsein. Es erwächst aus einem impulsiven Bedürfnis, sich Luft zu machen, indem ich eine Geschichte erfinde, wo es mir gelingt, das zu sagen, was ich zu einer rein rationalen oder darstellenden Sprache nicht artikulieren kann. Nach dieser Art von Erbrechen korrigiere ich viel, vielleicht zu viel."

Auf die Frage, ob man ihrer Meinung nach von einer „weiblichen Schreibweise" sprechen könne, die sich von einer „männlichen" oder „neutralen" abhebe, antwortet sie ebenda:

„‚Die Schreibweise bin ich', könnte man in Abwandlung von Flaubert sagen. Wenn Männer und Frauen die gleichen Rechte hätten oder wenn Männer auch menstruierten oder Kinder gebärten, wäre es müßig, die Literatur in eine männliche und eine weibliche einzuteilen. Zweifellos ist dem aber nicht so, und obwohl sich die Schriftstellerinnen in der Vergangenheit gezwungen gesehen haben, die dominanten männlichen literarischen Formen nachzuahmen, ist es leicht, an den Rändern dieser Texte das Weibliche auszumachen."

Auf die Rolle der Literaturkritik und -theorie befragt, meint Lucía Guerra:

„Die Kritik, wie jede andere kulturelle Aktivität, legitimiert die literarische Produktion und weist ihr einen Platz zu. Wenn diese Kritik die Texte von Randgruppen studiert, so besteht ihre Funktion darin, den Kanon zu dynamisieren, dem nicht Bewerteten Wert zu verleihen."

Werke:

La narrativa de María Luisa Bombal: Una visión de la existencia femenina. Madrid: Editorial Playor, 1980 (Literaturwissenschaftl. Analyse des Werkes der berühmten chilenischen Schriftstellerin María Luisa Bombal).

Lucía Guerra

Mujer y sociedad en América Latina. Santiago de Chile: Editorial del Pacífico, 1980 (Soziologische, anthropologische und kulturkritische Studien über Frau und Gesellschaft in Lateinamerika).

Más allá de las máscaras. México: Premiá Editora, 1984 (2. Aufl. Pittsburgh: Latin American Review Press, 1988; Roman).

Tradición y marginalidad en la literatura chilena del siglo veinte (zus. mit Juan Villegas). Los Angeles: Ediciones de la Frontera, 1984 (Literaturgeschichtl. Werk über chilenische Literatur des 20. Jahrhunderts).

Texto e ideología en la narrativa chilena. Minneapolis: Prisma Institute, 1988 (Ideologiekritische Studie über chilenische Literatur).

Splintering Darkness. Pittsburgh: Latin American Literary Review Press, 1990 (Essays).

Außerdem mehrere Erzählungen in diversen Zeitschriften sowie zahlreiche literaturwissenschaftliche Artikel in Fachperiodika. Für die Erzählung „La pasión de la virgen" bekam sie 1989 den internationalen Literaturpreis der Zeitschrift *Plural.*

Unveröffentlichte Werke:

Frutos extraños (Erzählungen).

Muñeca brava (Roman).

La mujer mutilada: Territorialización y escritura en Hispanoamérica (Feministische Literaturtheorie, angewandt auf lateinamerikanische Beispiele).

Lucía Guerra

Von Spiegeln und Satyrn

„Schuld daran ist Freud“, murmelte sie in dieser Nacht vor dem Badezimmerspiegel, während sie sich mit den Fingerspitzen Klümpchen von Ejakulat aus ihren dunklen Stirnlocken zupfte.

Und als sie die Überbleibsel ihres rituellen Gelages in die Toilette warf, sagte sie sich wieder einmal, wie schon so oft, daß es der Psychiater aus Wien gewesen war, der die unscheinbaren Protuberanzen zu üppigen Früchten der Libido erhoben hatte.

„Freud und alle Männer“, fügte sie in dem Moment hinzu, da sie die Armaturen am Waschbecken säuberte und hierbei zufrieden ihr Bild betrachtete, das allmählich unter der beschlagenen Oberfläche des Spiegels wiederzuerstehen begann. Die Düfte einatmend, die von dem zerwühlten Bett drüben im Zimmer kamen, hörte sie auf, den Wasserhahn zu polieren, selig, endlich wieder diese Leidenschaft für sich selbst ausleben zu können, die ihr das Gefühl absoluter Freiheit verlieh. Mit einer genüßlichen Bewegung ließ sie die Handflächen über ihre Schenkel und die üppige Kurve ihrer Hüften gleiten, um sie kurz in der warmen Geborgenheit der Lenden schwelgen zu lassen und die ersten Flügelschläge ihrer Vagina auszukosten, die viele Tage hindurch in dumpfer Benommenheit befangen gewesen war. Dann streichelte sie die Seide, die ihre Brüste bedeckte, und reckte diese liebevoll hervor, bis sie aus dem Ausschnitt quollen, während sie sich, den Blick fest auf ihr Bild gerichtet, an der strotzenden Rundung ihrer geliebten Lippen weidete. Sie schloß halb die Augen und sog wieder diese süßsaure Luft ein, die sie nährte und ihr ein heiseres Stöhnen entlockte, bei dem sie sich wie eine dicke Schlange fühlte, die aus einer langen Lethargie erwachte.

Vorsichtig, um nicht die marmorne Oberfläche mit den Fingerkuppen zu streifen, nahm sie ihr Taschentuch zu sich und ging aus dem Bad, der Zimmertür zu. Als sie schon im Begriff war, die mit dem feinen Batist umgebene Türklinke zu öffnen, drehte sie sich halb um und hüllte noch einmal den stillen Gast in einen rituellen Blick ein, der ihren Leib mit satter Befriedigung erfüllte. Und während sie durch den mit Teppichen ausgelegten Gang des Stundenhotels am Stadtrand davonging, nahm sie mit halbgeöffneten Lippen den kräftigen Anstrom dieses neuen Blutes auf, das ihre Adern schwellen und die Poren ihrer Haut in unermeßlicher Wollust pochen ließ.

Bereits in der Straßenbahn, erinnerte sie sich jener Jahre, in denen sie die Gelage nicht notwendig gehabt hatte. Damals war für sie hinter den Hosenknöpfen ihres Vaters ein weißer Fleck, und nie hatte sie dem runzeligen Stückchen Fleisch größere Bedeutung beigemessen, das ihre Vettern eilig herausholten, um im Garten zu urinieren, während sie und die anderen Kinder weiterspielten. Nein. Sie hätte Freud versichern können, daß sie keinen Augenblick lang Neid gefühlt hatte wegen dieses schlaffen Fleischlappens, der sich in lächerlicher Weise aufrichtete, um die dampfende Flüssigkeit des Urins herauszulassen, auch hätte sie ihm im Namen jedweder Gottheit des Himmels oder der Erde schwören können, daß sie niemals den Drang verspürt hatte, in ihr Zimmer zu laufen, um ihre Klitoris zu inspizieren und einen Vergleich anzustellen, der ihr erdrückende Minderwertigkeitsgefühle eingeflößt hätte. Nein. Das hätte sie auf der Couch des Psychoanalytikers auf dem Rücken liegend sagen können. Sie hatte keines dieser Traumata sexueller Art erlitten. Sehr wohl hatte sie wegen anderer Dinge gelitten, wegen so vieler anderer Dinge... Das herzzerreißende Weinen ihrer Mutter, jedesmal wenn der Vater mit einer verächtlichen Geste aus dem Haus ging, nachdem er ihr zweihundert Pesos abgeschlagen hatte, um die Schulden in der Fleischhauerei zu bezahlen, den Bienenschwarm von Jammereien, die sie an den Winterabenden über sich ergehen lassen mußte, wenn die Tanten Tee trinken kamen und sie durch die Fensterscheiben den Regen herniederfallen sah, während die Wellen von Verwünschungen und Schimpfkanonaden gegen alle Männer der Familie an ihre Ohren peitschten. Und sie hätte viele Sitzungen für den Versuch gebraucht, dem Psychoanalytiker all diesen bitteren, gärenden Bodensatz darzulegen, der in ihr heranwuchs aufgrund der nicht enden wollenden Kette von Schockerlebnissen, die ihr Vater um Mitternacht vom Zaun brach, wenn er betrunken und wütend ihre Mutter verprügelte und dabei schnaubend Flüche von sich gab, die die Luft vergifteten.

Alles in jener Epoche war für sie ein grauer Dunst gewesen, der ihr Leben trübte und sie jeden Tag hinter sich bringen ließ wie eine blinde Pilgerin, die sich entlang eines schmalen, mit Befehlen, Schlägen und mürrischen Bemerkungen gepflasterten Pfades vorwärts tastete, ohne sich Fragen zu stellen. Einzig und allein kurz vor dem Einschlafen öffnete sich für einen kurzen Augenblick dieser Schleier, der alles mit einem Belag bedeckte, und gab ein Stück Helligkeit frei. Die Schreie der Mutter und die geröteten Augen des Vaters fielen in einen tiefen Brunnenschacht, und sie senkte den Blick, als wäre sie ein geprügelter Hund, der seine Wunden leckte, steckte ihre Hände unter die Bettdecke und streichelte ihren Bauch, wobei sie einen Augenblick lang an dem knöchernen Berg innehielt, der sie einlud, hinabzusteigen bis zum feuchten Fleisch, das sich mit den Jahren mit verfilzten Algen zu bedecken begann. Ihre Finger nahmen genußvoll die Liebkosungen der weichen Höhle entgegen, welche gleichzeitig ein seines Panzers beraubtes Insekt war, das sie im Rhythmus einer Sonate ungeahnter Akkorde massierte. Und wenn die Halsmuskeln nachzugeben begannen und sich in winzige Schmetterlinge auflösten, dann schlief sie ein unter leichtem Flattern, das hinabstieg, bis es sich in der Fußsohle einnistete. Wegen dieses wohligen Gefühls ertrug sie stoisch die herben Windstöße, die der Tag ihr brachte, in der vollen Gewißheit, daß die nächtliche Geborgenheit dieses Lichtes auf sie wartete, das am Rande des Hasses und der Gewalt in jenem Haus aufflakkerte, das ihre Eltern Heim nannten.

Aber Sigmund Freud hatte wie ein satanischer Jehova den Zusammenbruch dieser zwei so verschiedenen Welten verursacht, um sie zu einer einzigen schlammigen Masse zu verschmelzen, die seine gelehrten Worte nach und nach wieder entwirrten, bis sie sie zur Einsicht brachten, daß alle ihre Tage und alle ihre Nächte zusammen ein rissig gewordenes Universum waren, das um den Phallus kreiste. Mit gierigen Händen hatte sie an jenem Nachmittag die Seiten des Textes jenes Vortrags über die Weiblichkeit umgeblättert, welchen der Weise, schon hochbetagt, in einem Hörsaal der Universität Wien gehalten hatte. Von diesem fernen Ort aus, den sie sich als Stadt mit alten Gebäuden und engen, schneebedeckten Gassen vorstellte, hatte er ihr den wahren Grund all der Klagen und all des Weinens aufgezeigt. Nach einem kurzen Moment des Nachdenkens begriff sie zum ersten Mal, daß ihre Mutter dieser Unzahl von hysterischen Frauen angehörte, die sich unbewußt weigerten, die Überlegenheit des Gatten anzuerkennen. Und seine Schlußfolgerungen nachvollziehend, stellte sie fest, daß das Keifen und das mürrische Gehabe der Schuldirektorin, einer über fünfzigjährigen alten Jungfer, zweifellos auf eine verheerende sexuelle Frustration zurückzuführen waren, welche die arme Frau vergeblich durch ihre mittelmäßigen intellektuellen Aktivitäten zu sublimieren trachtete. „Kastrierte Wesen", sagte sie, wie ein Echo die Worte des Genies, der die Psychiatrie revolutioniert hatte, wiederholend. „Wesen, die unauslöschlich durch das Fehlen eines Penis geprägt sind", fügte sie hinzu und hob das Kinn, als stünde sie hinter einem Rednerpult, von dem aus sie sich an ein in schwarze Mäntel und Hüte gekleidetes Publikum wandte. Und in diesem Augenblick hatten das selbstbewußte Gehabe der Männer, ihr selbstgefälliges Lächeln und der teilnahmslose Tonfall ihrer Stimmen, wenn sich wieder einmal eine der Tanten über einen fürchterlichen Migräneanfall beklagte, wie durch ein Wunder ihre wahre Bedeutung erlangt.

Ja. Durch ihn hatte sie begriffen, daß die Welt kategorisch aufgeteilt war in einen anderen Tag und eine andere Nacht, in Frauen mit verkümmertem Penis und allmächtige Männer. Aber sie wußte an diesem Nachmittag noch nicht, daß von diesem Augenblick an die Welt von Phallen überschwemmt werden würde. Überdimensionalen Phallen, die nun die Hose des Vaters anschwellen ließen jedes Mal, wenn er sich mit gespreizten Beinen in den Lehnstuhl setzte. Erigierte Stämme, die sich in Reih und Glied in der Allee aufpflanzten, die zum Park führte. Gigantische, vom Reif steifgefrorene Schilfrohre. Dicke stählerne Drahtseile, die von den Gerüsten an der Kathedrale glitten, die gerade renoviert wurde. Schwerter, Pfeile und Maschinenpistolen, die nur darauf warteten, in die unterjochte Feuchtigkeit dieser anderen Lippen einzudringen, die nicht einmal die Alternative hatten, sich zu beklagen oder in melodramatischem Ton die Wechselfälle ihres Leidensweges zu erzählen.

Als ob die Worte Freuds einen biblischen Fluch in sich trügen, verschwand mit einem Mal jegliches Licht aus ihrem Leben, und ihre Nächte verwandelten sich in höllische Delphine, die ihr bis zum Morgengrauen zusetzten. Dicke, klebrige Rüssel rammelten im Bett im synkopischen Rhythmus der Schreie des Vaters und des Jammerns der Mutter, während sie sich vergeblich an ihren stillen Schamhügel anklammerte, der sich nun für immer in ein Stück Holz verwandelt zu haben schien, das von den gnadenlosen Stößen der riesigen Fische stromabwärts getrieben wurde. Verzweifelt angesichts des schrecklichen Gefühls, daß ihr Körper eine leere Hülle sei, auf Gedeih und Verderb der höllischen Flut ausgesetzt, drückte sie fest die Augen zu, versuchte vergebens den Rüsselstößen auszuweichen und fiel schwer in den Schleim eines Traumes, der sie in eine Wüste glühender Erde trug. Dort sah sie sich mit gesenktem Kopf inmitten einer Menge von Männern stehen, die sie befummelten und ihr Anzüglichkeiten ins Gesicht schleuderten, dann legten sie sie schweigend mit dem Rücken auf den Boden, und der Kreis der Männer stimmte ein Militärlied an, als ein Alter mit langen Ohren und Ziegenbart Einzug hielt. Ehrfurchtgebietend kam er auf sie zu, ohne den Blick von ihr zu lösen, und indem er mit arroganter Gebärde seinen Hosenschlitz aufmachte, stellte er unter den bewundernden Rufen der Menge seinen monumentalen Phallus zur Schau. Nachdem er mit dem rechten Arm eine starre Geste ausgeführt hatte, warf sich der Alte mit den satanischen Augen, die ihr Angst und Schrecken einjagten, auf sie und drang wie ein monströses Insekt mit seinem rauhen Stachel in sie ein, der ihre Eingeweide in einem Strom von Blut zum Bersten brachte. Voller Entsetzen wachte sie schweißgebadet auf und hörte zwischen den Bettüchern die schrillen Schreie der Delphine, die sie wieder bedrängten mit den dicken Peitschen ihrer unersättlichen Rüssel.

Eines Tages, als sie sich gerade die Halsschleife ihrer blauen Bluse band, um in die Schule zu gehen, rief die glatte Haut ihres Halses ein leichtes Lustgefühl in ihr hervor, das kaum eine Zehntelsekunde andauerte; überrascht hob sie das Kinn und sah sich in der Oberfläche des Spiegels wie ein zerstreuter Schwan, der inmitten eines stillen Sees dahinschwamm. Da sie dieses neue Gefühl länger auskosten wollte, begann sie, den Rock der Schuluniform in die Höhe zu heben, um die Rundungen ihrer Knie zu betrachten, die sich im Spiegel wie zwei strahlende Monde ausnahmen. Und seit damals gab sie sich der Aufgabe hin, vor dem alten Kleiderschrank, den ihre Mutter nicht hergeben wollte, die leere Hülle ihres Körpers wieder in Besitz zu nehmen. Im schwachen Licht der Straßenlaterne vor ihrem Schlafzimmerfenster tauchte sie Nacht für Nacht in ihr schattenhaftes Bild ein und erkannte mit den Fingerkuppen die schwellende Rundung ihrer Hüften, den kaum merklichen Hügel ihres Leibes, der sich bis zu den Algen und dem feuchten Fleisch hinab senkte. Sehnsüchtig setzte sie sich auf den Boden und spreizte kaum merklich die Beine, die einen lauwarmen Pfad bildeten, auf dem sich ihre Hände vorwärtstasteten, bis sie zu der Grotte der feuchten Schluchten gelangten. In der Lust ihrer Liebkosungen konnte sie nun, hinter ihrem Bild, das sich im Spiegel reflektierte, dieses Licht aufblitzen sehen, das früher all ihre Nächte erhellt hatte, und indem sie das kaum merkliche Zittern ihrer Lippen betrachtete, stellte sie sich vor, eine seltsame Reisende zu sein, die bei der Erforschung des Territoriums ihres Körpers zugleich auch das verlorene Paradies wiederfand.

Es war in jener Epoche, als sie in einer Zeremonie von festlich gekleideten Eltern und eleganten Verlobten ihren Schulabschluß feierte. „Ich wünsche dir alles Gute", sagte Helga zu ihr, die einzige Schulkollegin, die ihr in all diesen Jahren etwas Zuneigung bezeigt hatte, „obwohl ich das Vorgefühl habe, daß du nie heiraten wirst." Sie lächelte, ohne der Bemerkung größere Bedeutung beizumessen, weil sie wußte, daß das Glück nur von ihrem eigenen Körper abhing. Von der Zuflucht ihres Zimmers und ihres nächtlichen Bildes aus erschien ihr die starre Ordnung der Familien, die durch eheliche Bande besiegelt wurde, eine rostige Kette, die an den Rändern ihres eigenen Daseins aufgespannt war. Sie war sicher, daß sich die Verlobten im Laufe der Jahre in zeternde Tyrannen verwandeln würden und daß diese Mädchen mit Zöpfen und naivem Blick wie die Frauen ihrer Familie enden würden, voller Wahnideen und zänkischem Geschnatter. Sie hingegen, die sich selbst jede Nacht vor dem Spiegel gebar, hatte ein Weizenfeld voll Leidenschaft zum Keimen gebracht, das sie vor Hysterie und Macht schützte.

Eines Nachts jedoch, als sie bereits als Sekretärin im Notariat zu arbeiten begonnen hatte, bemerkte sie plötzlich, daß ihre Brustwarzen an Straffheit verloren, als ob unbemerkt ein mörderischer Hauch über die Oberfläche des Spiegels geblasen hätte. Bestürzt rieb sie mehrmals an ihnen und fügte sich zum ersten Mal Schmerz zu. Sich auf die Unterlippe beißend überprüfte sie jedes Detail ihres heiß geliebten Körpers, und in dem Augenblick, als sie wieder ihre Brüste betrachtete, kam es ihr vor, als sähe sie zwischen ihnen den spitzen Bart des Alten, der sie unter den kriegerischen Beifallsrufen der Männer in der Wüste vergewaltigt hatte. Und wie wenn sie Opfer eines bösen Zaubers geworden wäre, begannen ihre Nächte wieder von Phallen und Qualen heimgesucht zu werden. Die Stunde hinauszögernd, da sie aufzustehen und auf Zehenspitzen nackt vor den Spiegel zu treten pflegte, blieb sie rücklings im Bett liegen, während sie sich fest auf die Brust griff, um ihr heftiges Atmen zu beschwichtigen. Dann, im Halbdunkel, trat sie wieder ihrem Bild gegenüber, das sie einlud, ihr Ritual zu beginnen, aber plötzlich begann der Spiegel grauenerregende Phalli auszuspeien, die ihren Körper überlagerten und ihn auf groteske Art entstellten, aus dem gerundeten Umriß ihrer Hüften tauchte ein spitzer Stummel auf, der sich in der Luft wiegte, ihre Brüste wurden in widerwärtiger Art länger, und aus ihrem Schamhaar stand ein runzliger Wurmfortsatz heraus. Angewidert kehrte sie ins Bett zurück und vernahm von weitem das schallende Gelächter des satanischen Alten, der von Zuckungen geschüttelt seine spitzen Ohren bewegte, und erschöpft fiel sie in einen Traum voll von Abgründen und Abstürzen.

Tagsüber konnte sie sich nur schwer auf ihre Arbeit konzentrieren, gegen ihren Willen irrte sie sich beim Aufkleben der Stempelmarken auf die Dokumente, und mehr als einmal mußte sie eine lange Beglaubigung noch einmal machen, weil ihr gerade beim Unterschreiben die Hand so heftig zitterte, daß sie einen Tintenfleck auf das Papier patzte. An einem Freitag, als zufällig gerade kein Kunde kam, blätterte die Kassenbeamtin in einem Buch über Malerei, und sie kam neugierig näher, um die großen Farbtafeln mit Engeln, purpurnen Umhängen und Königen hoch zu Roß anzuschauen. Plötzlich kam ihr die Szene eines Ziegenbocks zu Gesicht, der sich vor einem Kreis zerlumpter Frauen aufbäumte. „Der ‚Hexensabbat' von Goya", sagte das Mädchen in gleichgültigem Tonfall, und sie bat sie, ihre Erregung unterdrückend, die Seite nicht umzublättern. In den Augen des Tieres hatte sie soeben den Alten aus ihren Alpträumen wiedererkannt, und so merkte sie fast nicht, wie die Kassierin sich von ihrem Sitz erhob und sagte, sie wolle sich einen Kaffee holen.

Mit größter Anstrengung bemühte sie sich, dem lüsternen Blick des Tieres auszuweichen, und beobachtete eingehend den grobschlächtigen Rumpf, der sich über die Köpfe der auf dem Boden sitzenden Frauen erhob, eine schwarz gekleidete Alte streckte ihm als eine Art Opfergabe etwas hin, das wie ein neugeborenes Mägdlein aussah, während eine andere ihn mit unterwürfigem Blick ansah, dankbar, daß er ihr die Gunst erwies, ihre Schulter mit seiner Vorderklaue zu streifen. Zwischen den Hügeln waren verschwommen die Figuren weiterer Frauen zu erkennen, in Anbetungshaltung gegenüber dem Ziegenbock, der den bewölkten Himmel mit seinen langen, lorbeerbekränzten Hörnern verwundete. Diese Gruppe von kastrierten und kläglichen Frauen rief plötzlich ein zorniges Kribbeln in ihr hervor, so, als ob diese absichtlich verzerrten Bilder imstande gewesen wären, die Grausamkeit offensichtlich zu machen, die vom gelehrten Jargon Freuds kaschiert wurde. „Schluß mit den kastrierten Weibern!" rief sie und fühlte, wie ihr Zorn sie aus einem Morast zu ziehen begann. Starr auf die glühenden Augen der Bestie blickend, fügte sie hinzu: „Ich werde schon herausfinden, wie ich zu deinen Füßen sein kann, ohne mich zu unterwerfen". Und mit einem sicheren Schlag schloß sie das Buch.

In dieser Nacht bereitete sie jede Einzelheit ihres Planes vor, mit der gleichen fieberhaften Vorfreude, mit der jemand dem Wiedersehen mit einem lange im Nebel der Entfernung verschwundenen Geliebten entgegensieht. Verstohlen schielte sie in Richtung des von der Straßenlaterne nur spärlich beleuchteten Schrankspiegels und flüsterte ihrem heiß begehrten Bild zärtliche Worte zu, wobei sie ihm und sich selbst versprach, sich in Kürze im Schutz des nächtlichen Brokats wieder zu vereinigen.

Und am nächsten Morgen ging sie, wie wenn sie dort Stammkundin wäre, in jenen luxuriösen Frisiersalon fünf Straßenreihen von ihrem Haus und ließ sich ihre lange, glatte Mähne kräuseln, die sie dann auf der Straße wieder zu dem Knoten band, der bei den anderen Frauen ihres Büros stets harmlose Neckereien hervorrief. Um sieben Uhr Abend spazierte sie, anstatt direkt nach Hause zu gehen, durch die Arkaden im Stadtzentrum, auf der Suche nach passender Kleidung und anderen Accessoires, die ihren Plan verwirklichen helfen würden.

Am darauffolgenden Freitag gab sie dem Notar Bescheid, daß sie früher gehen müsse, und tauschte auf der Toilette eines Restaurants ihr Schottenkleid gegen einen engen Rock und eine Seidenbluse, deren Ausschnitt die Rundung ihrer Brüste halb freigab. Lachend wie ein gefangenes Wesen, das kurz vor seiner Freilassung steht, nahm sie sich den Kranz von Haarnadeln heraus, der ihre Mähne bändigte, und zeichnete eine dunkle Linie über ihre Augenbrauen, die ihrem Gesicht ein kesses Aussehen verlieh. Dann zog sie die Linie ihrer Augen mit einem Kohlestift nach, malte sich die Lippen grellrot an und trug eine ordentliche Schicht Rouge auf ihre Wangen auf. „Was die sagen würden, wenn sie mich sehen könnten...", sagte sie sich und erinnerte sich an die unzähligen Male, da irgendein Familienmitglied oder die Angestellten des Notariats bemängelten, sie sei zu blaß und farblos. Darauf faltete sie sorgfältig das Schottenkleid und steckte es tief in die Handtasche, zusammen mit den Haarnadeln, wobei sie darauf achtete, daß das Rohr des Schalldämpfers in Griffweite blieb. Nach einem letzten prüfenden Blick auf ihr Aussehen warf sie sich den Riemen der Tasche über die rechte Schulter und verließ die Toilette, auf den hohen Stöckeln der neuen Schuhe balancierend, die sie erst vor einigen Tagen im Zentrum gekauft hatte.

Es fiel ihr nicht schwer, sich unter die anderen Frauen zu mischen, die durch eine der Straßen des Stadtviertels flanierten, das die Zeitungen den Rotlichtdistrikt der Stadt nannten. Zwei oder drei schauten sie mit der Neugier derer an, die jemand zum ersten Mal sieht, doch es genügte, daß ein potentieller Kunde vorbeikam, damit sie sich umdrehten und sie ignorierten. Nach etwa einer Viertelstunde, die sie dort, ohne nachzudenken, verbracht hatte, stemmte sie die Hände in die Hüften, lehnte sich sinnlich gegen die Wand und blickte den Passanten herausfordernd in die Augen. Ein schlanker Mann mit angenehmen Gesichtszügen näherte sich ihr und lächelte ihr mit einem Augenzwinkern zu. „Komm mit mir,

Täubchen", sagte er zu ihr mit leiser Stimme, und sie folgte ihm zu seinem Auto, das ein paar Häuser weiter geparkt war.

Während der Fahrt stellte er ihr unaufhörlich Fragen, und sie erfand eine Geschichte, erzählte, sie sei die achte Tochter einer kinderreichen Familie und sei in die Stadt gekommen, um sich den Lebensunterhalt zu verdienen.

„Dein Alter muß ganz gut unterwegs gewesen sein im Kindermachen, wie?" meinte er und hielt vor einer Ampel. „Ich hoffe, daß du auch so gut im Bett bist", fügte er hinzu und betapschte ihre Knie.

Und sie warf lachend den Kopf zurück, so wie sie gesehen hatte, daß es die Vamps in den amerikanischen Filmen machten. „Fürs nächste Mal muß ich mir eine schwarze Zigarettenspitze mit Goldrand kaufen", dachte sie, während sie verstohlen nach ihrem Colt 22 tastete, von dem sie noch nicht wußte, in welchem Augenblick sie ihn verwenden würde. Doch eines wußte sie mit Bestimmtheit, nämlich, daß irgendwann einmal dieser Mann, der ihr nun die Hand unter den Rock steckte, unachtsam sein würde.

Er ließ sie die Stiegen des Stundenhotels hinaufsteigen, wobei er sie leicht von hinten schubste, und als sie zur Zimmertür kamen, gab er ihr einen Kuß auf den Nacken, der auf ihrer Haut ein unangenehmes Gefühl von Feuchtigkeit hinterließ. Bereits im Zimmer, umarmte er sie heftig und zog sie allmählich, unter Küssen und lüsternen Bemerkungen, hin zum Bett. Wie inmitten eines Sturmes hielt sie die Augen geschlossen und ließ das Grapschen an ihrer Taille und die Zudringlichkeit dieser Zunge über sich ergehen, die nun in ihren Mund eindrang, daß ihr fast der Atem wegblieb, um diesen dann überraschend zu verlassen und sich in ihrem Dekolleté einzunisten. „Zieh' dich aus, meine Süße", sagte er, während er sich die Hose aufknöpfelte, und sie ließ, bevor sie den Reißverschluß des Rockes aufmachte, die Handtasche ans Bettende fallen. Unter diesem hechelnden Mann, der sie unbeholfen mit seinen kräftigen Händen, an denen die Fingernägel abgebrochen waren, streichelte, fühlte sie, daß ihr Körper in einem seltsamen Tod verweste, der sie in eine gallertartige Masse verwandelte, und ohne ein Stöhnen unterdrücken zu können, machte sie sich Mut, indem sie sich sagte, diese Opfer seien ihr gleichgültig, wenn es ihr nur gelänge, ihr verlorenes Spiegelbild wiederzuerlangen. „Ah! Du beginnst ja schon, warm zu werden, Kleine...", seufzte er, warf sich nach vor und hielt ihr seinen erigierten Phallus vor den Mund. „Bésame, bésame mucho", murmelte er nach der Melodie des bekannten Bolero, und sie öffnete mit einer mutigen Geste die Augen, um den Feind anzusehen, der kaum einen Zentimeter von ihren Zähnen entfernt war. „Küß mich", insistierte er, und sie schloß wieder die Augen und feuerte Küßchen ab, so wie sie es machte, wenn sie sich bückte, um ihre kleinen Neffen zu begrüßen. Unvermutet streckte sich der Mann rücklings im Bett aus und begann schallend zu lachen. „Du bist mir ja ein schöner Neuling in dem Gewerbe, Baby", meinte er und blickte sie wohlwollend an. „Komm, ich werd' es dir zeigen, damit du von heute an dein Gehalt aufbessern kannst", und indem er sie auf seinen Körper legte, ließ er sie mit dem Kopf über seinen hageren Körper gleiten und über seinen Bauch, der in ein Gestrüpp von Haaren mündete. „Lutsch' dran, als ob's ein herrliches Bonbon wäre", hörte sie ihn sagen, während sie wieder das steife Glied vor sich hatte, das er in ihren Mund steckte. Das Würgen unterdrückend, das ihr die Kehle zusammenschnürte, begann sie an diesem Stück Fleisch zu saugen, das ihr den Gaumen entlangglitt, im Rhythmus der Sätze des Mannes, die sie plötzlich an die ihres Vaters erinnerten, wenn er betrunken war. „Gut so..., noch ein bißchen, meine Süße, wie herrlich du das machst..., du hast schon dazugelernt, du Supernutte...", rief er, bis ihm die Stimme brach und ihr mit einem Mal ein Strahl salziger Milch den Mund füllte, daß sie fast daran erstickte. Benommen und halbtot vor Angst hob sie den Kopf, während sie fühlte, daß ihr die zähe Flüssigkeit übers Kinn rann, und sah ihn daliegen, mit geschlossenen Augen, wie in tiefer Trance. Schnell streckte sie die Hand nach ihrer Handtasche aus, nahm vorsichtig die Pistole heraus und setzte den Schalldämpfer auf. Sie strich zärtlich mit der Hand darüber, kroch bis zum Kopfende des Bettes, zielte mit dem Schaft auf den halb geöffneten Mund, richtete ihn zögernd gegen die geschlossenen Augenlider und drückte, schnell entschlossen, gegen die linke Schläfe. Sein Körper wurde von einem heftigen Zucken geschüttelt und streckte sich dann entspannt wieder auf die Matratze, die noch ein paar Sekunden lang vibrierte. Mit einem tiefen Seufzer ließ sie den Blick über die weit aufgerissenen Augen, den zu einer Grimasse verzogenen Mund, den Rumpf und den eingesunkenen Bauch gleiten, hielt einen Augenblick bei dieser seltsamen haarigen Linie inne, die am Nabel entsprang und immer breiter wurde, bis sie zu einem dichten Haarschopf winziger, kastanienbrauner Kräusel wurde, die den noch erigierten Penis beherbergten. Während sie sich den Mund mit einem Zipfel des Leintuchs abwischte, beobachtete sie ihn aufmerksam; unmerklich begann das Fleisch zu erschlaffen und zog sich schließlich, in einem letzten Zucken, endgültig zusammen, sodaß es gleich runzelig und schlaff wurde wie dieser kleine Stummel, der zwischen den Beinen ihrer Vettern baumelte, wenn sie sich nackt im Teich badeten.

Erwartungsvoll lief sie ins Bad, um sich mit ihrem Bild zu treffen, und lächelte ihm glücklich zu, weil nun diese Leidenschaft eines Weizenfeldes in ihr wiedererstand, die sie beide frei machte. Auf dem Rückweg zu ihrem Haus betrat sie unbekümmert ein Nachtcafé und ging in die Damentoilette, wo sie sich das Gesicht einkremte, um die Schminke zu entfernen, dann zog sie sich wieder ihr Schottenkleidchen an und band ihre Mähne zu dem strengen Knoten ihrer Tagesbeschäftigungen.

Von diesem Tag an ging sie jedesmal, wenn im Spiegel die widerwärtige Figur eines Phallus auftauchte, der die vollkommenen Linien ihres Körpers zu deformieren drohte, mit der schwarzen Handtasche ins Büro, in der all ihr Zubehör leicht Platz hatte. An der Straßenecke im bewußten Viertel kannte man bald ihren Spruch, der halblaut die ausgefinkeltsten Zärtlichkeiten für Kunden verhieß, die auf neue, ihre Männlichkeit steigernde Körperempfindungen begierig waren. Mehrmals wunderte sich irgendein Besucher des Nachtcafés, das zehn Straßen von ihrer Wohnung entfernt lag, eine unscheinbar und nüchtern aussehende Frau herauskommen zu sehen, die um Mitternacht langsam durch die Avenida ihres Weges ging. Absichtlich die Begegnung mit dem geliebten Wesen hinauszögernd, ging sie dem Bindeglied mit sich selbst entgegen, das sie im Halbdunkel des Spiegels erwartete, in der Gewißheit, daß es angesichts des leisesten mörderischen Hauches genügte, an den reglosen Körper eines Mannes zu denken, aus dessen Schläfe sich der Blutstrom ergoß, der das Kissen tränkte und sie viele Nächte lang mit satter Befriedigung erfüllte.

(Unveröffentlichtes Manuskript).

Die Herausgeberin

Erna Pfeiffer wurde 1953 in Graz geboren und hat auch ihr Studium in dieser Stadt absolviert: Dolmetscherausbildung aus Spanisch (1971–1975), Doktoratsstudium aus Romanistik und Slavistik (1975–1981).

Im Jahre 1977 hat sie durch ein Forschungsstipendium am Instituto Caro y Cuervo in Bogota (Kolumbien) ersten direkten Einblick in die Problematik lateinamerikanischer Lebensverhältnisse gewonnen, zumal sich auch ihr Dissertationsthema mit Literatur in Zusammenhang mit gesellschaftlich relevanten Fragen beschäftigte *(Literarische Struktur und Realitätsbezug im kolumbianischen Violencia-Roman,* masch. Diss. Graz 1981; Druckversion: Frankfurt a. M. 1984).

Nach mehreren Jahre Tätigkeit in der Erwachsenenbildung hat Erna Pfeiffer seit 1978 verschiedene Lehraufträge an der Universität Graz inne, wobei der akademische Werdegang stets eingeflochten in die Privatbiographie zu sehen ist (Eheschließung und Geburt zweier Kinder, das letzte 14 Tage nach dem Hauptrigorosum 1981). Nach langem „Warten auf den Präsidenten" folgte endlich 1982 die Promotion sub auspiciis und ein Jahr später die Anstellung als Vertragsassistentin am Grazer Institut für Romanistik.

Hier widmet sich Erna Pfeiffer folgenden Arbeitsgebieten: Literaturtheorie, spanische und lateinamerikanische Literatur mit besonderer Blickrichtung auf historische und sozialpsychologische Thematik (Violencia, Machismo, Utopie, Erotik etc.), Fachdidaktik des Spanischen (Lehrbuchanalyse, Geschichte des Fremdsprachenunterrichts), Dritte-Welt-Problematik (insbesondere Geburtenkontrolle in Lateinamerika) und Frauenforschung.

Zum letztgenannten Schwerpunkt, zu dem auch mehrere Aufsätze in Fachzeitschriften und Sammelbänden erschienen sind, ist die Arbeit an einer Habilitationsschrift über lateinamerikanische Frauenliteratur mit besonderer Berücksichtigung Mexikos im Gange; zu diesem Zweck erhielt Erna Pfeiffer 1989 ein Forschungsstipendium am Colegio de Mexico in Mexico-City.

Neben dieser „Halbtagsbeschäftigung“ ist die Herausgeberin von *AMORica Latina* auch als leidenschaftliche literarische Übersetzerin tätig: 1988 etwa übertrug sie Ausschnitte aus *Makbara* von Juan Goytisolo im Rahmen des „Steirischen Herbstes“, im Jahr darauf erschien ihre deutschsprachige Version von *Tristana* des spanischen Realisten Pérez Galdós beim Suhrkamp-Verlag; weitere Übersetzungsprojekte sind in Vorbereitung.

Seit 1985 arbeitet Erna Pfeiffer auch am Projekt Interdisziplinäre Frauenstudien an der Universität Graz mit.

Publikationen:

1. Bücher:

Literarische Struktur und Realitätsbezug im kolumbianischen Violencia-Roman. Frankfurt a. M.: Peter Lang, 1984.

(Hg., zus. mit Hugo Kubarth): *Canticum Ibericum. Neuere spanische, portugiesische und lateinamerikanische Literatur im Spiegel von Interpretation und Übersetzung.* Frankfurt a. M.: Dieter Vervuert, 1991.

2. Artikel in Zeitschriften und Sammelbänden:

„Violencia und Machismo in Kolumbien“, in: *Iberoromania* 21, Neue Folge (1985), S. 146–168.

„Die Hauptströmungen der Fremdsprachendidaktik auf dem Hintergrund der historischsozialen Entwicklung“, in: *Beiträge zur Romanischen Philologie XXV* (1986), H. 1, S. 45–61.

„La condición femenina: Weiblicher Lebenszusammenhang unter den Bedingungen des lateinamerikanischen Machismo“, in: Beate Frakele/Elisabeth List/Gertrude Pauritsch (Hg.): *Über Frauenleben, Männerwelt und Wissenschaft. Österreichische Texte zur Frauenforschung.* Wien: Verlag für Gesellschaftskritik, 1987, S. 191–210.

„Spanischlehrbücher im Vergleich. Versuch einer Gegenüberstellung neuerer Spanischlehrwerke der BRD und DDR auf der Basis quantitativer Analysen“, in: *Neusprachliche Mitteilungen aus Wissenschaft und Praxis 2* (1987), S. 108–114.

„Geburtenkontrolle: Der neue Malthusianismus in der Dritten Welt am Beispiel Lateinamerikas“, in: Gertrude Pauritsch/Beate Frakele/Elisabeth List (Hg.): *Kinder machen. Strategien der Kontrolle weiblicher Fruchtbar-*

keit. REIHE FRAUENFORSCHUNG Band 6, Wien: Wiener Frauenverlag, 1988, S. 209–232.

„Mujeres libres – Spaniens Frauen auf dem schwierigen Weg aus der Mütterlichkeitsfalle. Diskurs über Kind, Kinderlosigkeit und Frauenbefreiung in ausgewählten Romanen der letzten 100 Jahre", in: Barbara Neuwirth (Hg.): *Frauen, die sich keine Kinder wünschen. Eine liebevolle Annäherung an die Kinderlosigkeit.* REIHE FRAUENFORSCHUNG Band 8, Wien: Wiener Frauenverlag, 1988, S. 121–137.

„Entwicklungspolitische Aspekte im Romanwerk von María Luisa Puga (Mexiko)", in: *Journal für Entwicklungspolitik,* VI. Jg., 1990, S. 59–68.

„Frauen entdecken die Liebe. Weibliche Sexualität und Erotik in der neueren lateinamerikanischen Literatur", in: Walter Pieringer/Brigitte Verlic (Hg.): *Sexualität und Erkenntnis.* Graz: Leykam-Verlag, 1990, S. 28–42.

„Als die Puppen zu sprechen begannen: Die neue Stimme der Frau in der lateinamerikanischen Literatur", in: Martina Kampmann/Jolanda M. Koller Tejeiro (Hg.): *¡Madre mia! Kontinent der Machos? Frauen in Lateinamerika.* Berlin: Elefanten Press, 1991, S. 134–143.

Inhaltsverzeichnis